Zu diesem Buch

Ich erkannte das Geräusch. Der Schauspieler machte einen stummen Schritt zurück, und ein roter Fleck breitete sich langsam auf dem Kostüm aus. Ich setzte mich in Richtung Bühne in Bewegung, während der Schauspieler auf die Knie sank und dann rückwärts auf den Boden fiel. Das Publikum kapierte immer noch nicht.

Eigentlich bin ich kein großer Freund von Theaterbesuchen, außer es gibt Shakespeare, und den seh ich am liebsten in einer alten Verfilmung. Aber gestern wurde von der Port City Stage Company ein Stück mit einem überraschenden Finale geboten: Der Hauptmime fiel mitten in der Szene um. Erschossen. Und das gehörte keineswegs zum Stück. Ein paar Besucher glaubten den Täter gesehen zu haben, konnten ihn aber nicht eindeutig beschreiben.

Susan, meine Freundin und Mitglied im Theatervorstand, bittet mich, den Mörder zu suchen. Dabei ist Chief of Police DeSpain überhaupt nicht erbaut, mich in Port City wiederzusehen. Wegen einer alten Geschichte. Ich sage, ich tret ihm schon nicht auf die Füße. Er ist ein harter Bursche. Genau wie ich. Da nehmen wir uns beide nichts. Kaum habe ich die ersten Erkundigungen eingezogen, habe ich einem anderen harten Burschen auf die Füße getreten. Lonnie Wu, sozusagen Geschäftsführer für organisiertes Verbrechen in China Town von Port City, oder auf chinesisch: er ist der dai low des Kwan Chang *tong*.

Es ist ziemlich ungesund, sich den dai low zum Feind zu machen. Er hat vietnamesische Kids angeheuert, die Death Dragons, die, ohne mit der Wimper zu zucken, alles, aber auch alles für ihn tun. Und diese Kids habe ich ausgetrickst. Damit haben nicht nur sie, sondern auch Lonnie Wu das Gesicht verloren.

Jetzt brauche ich doch Hilfe, Manpower sozusagen. Und die kommt in Gestalt von Hawk und Vinnie Morris. Vinnie ist der schnellste Schütze nördlich des Rio Grande, und Hawk ist schnell und clever. Was kann uns da noch passieren. Aber warten Sie's ab.

Robert B. Parker

Die unsichtbaren Killer

Deutsch von
Jürgen Bürger

Rowohlt

rororo thriller
american crime scene
herausgegeben von Bernd Jost

Deutsche Erstausgabe
Veröffentlicht im Rowohlt Taschenbuch Verlag GmbH,
Reinbek bei Hamburg, August 1995
Copyright © 1995 by Rowohlt Taschenbuch Verlag GmbH,
Reinbek bei Hamburg
Die Originalausgabe erschien 1994 unter dem Titel
«Walking Shadow» bei G. P. Putnam's Sons, New York
Copyright © 1994 by Robert B. Parker
Redaktion Jutta Schwarz
Umschlagfoto Fred Dott
Umschlagtypographie Peter Wippermann/Susanne Müller
Satz Aldus (Linotronic 500)
Gesamtherstellung Clausen & Bosse, Leck
Printed in Germany
1290-ISBN 3 499 43178 5

Danksagung

Den größten Teil des wenigen, das ich über die Kultur der Chinesen Amerikas weiß, habe ich durch *Chinatown: A Portrait of a Closed Society* von Gwen Kinkead erfahren. Es ist ein informatives Buch und, besser noch, ein ausgesprochenes Lesevergnügen.

Für Joan:
«Whom if ye please, I care for other none.»

Die Hauptpersonen

Spenser (P. I.): «Wir sind die guten Jungs. Die bösen liegen da auf dem Boden.»

Hawk (P. I.): «Um's wirklich richtig zu machen, hätten sie reinkommen und dann das Feuer eröffnen sollen.»

Vinnie Morris (Scharfschütze): «Mann, meine Karriere hebt ab.»

Dr. Susan Silverman (Psychiaterin): «Ich denke, sie könnte womöglich einen Dachschaden haben.»

Craig Sampson (Schauspieler): «*What else matters if you're lucky in love.*»

Jocelyn Colby (Schauspielerin): «Haben die versucht, mich umzubringen?»

Jimmy Demetrius Christopholous (Intendant): «Kunst beflügelt das kollektive Bewußtsein.»

Lou Montana (Regisseur): «Das ist doch lächerlich.»

Leonard O (Dramaturg): «Mensch sein bedeutet bedroht sein.»

Rikki Wu (Ehefrau): «Ich weiß gar nichts.»

Lonnie Wu (dai low): «Es würde nicht gut aussehen, aber Sie würden leben.»

Fast Eddie Lee (Berater): «Sein chinesische Angelegenheit.»

Herman Leong (Dolmetscher): «Wenn die Death Dragons Sie tot sehen wollen, dann sind Sie normalerweise tot.»

Mei Ling Chu (Sinologin cand.): «Ich brauche das Geld, Sir.»

Captain Healy (CID): «Martinis enttäuschen einen nie.»

DeSpain (Chief of Police): «Sie haben jetzt die Chance, einfach zu gehen. Nutzen Sie sie.»

Pearl the Wonder Dog hat meistens die Schnauze voll.

Kapitel 1 Das letzte Mal hatte ich 1989 in Port City gearbeitet. Damals sollte ich die Ehefrau eines einflußreichen Softwaretycoons zurückholen, die mit einem Fischer namens Costa durchgebrannt war. So unglaublich es klingt, sie hieß Minerva, und als ich sie fand, ging es ihr blendend. In einer Hütte direkt am Meer lebte sie mit Costa zusammen, der als Eintreiber für den ortsansässigen Geldhai arbeitete, wenn die Fische mal nicht bissen, was meistens der Fall war. Dies verleitete Costa zu dem Irrglauben, ein härterer Bursche zu sein, als er tatsächlich war. Am Ende war ich gezwungen, ihn darauf aufmerksam zu machen. Anschließend verbrachte er einige Tage im Krankenhaus, und solange er dort war, weigerte Minerva sich strikt, von seiner Seite zu weichen. Letztlich gelangte ich zu der Überzeugung, daß sie trotz all seiner Fehler besser mit ihm zurechtkam als ich mit dem einflußreichen Softwaretycoon, und ich verabschiedete mich. Der Tycoon weigerte sich zu bezahlen. Und als ich ihm nicht verraten wollte, wo seine Frau steckte, versuchte er, mir die Lizenz als Privatdetektiv entziehen zu lassen. Wie ich später hörte, fuhr er dann selbst runter nach Port City und wurde von dem Police Chief aus der Stadt gejagt, einem ehemaligen State Cop namens DeSpain, der trotz der offiziellen Anwesenheit eines Bürgermeisters und eines Stadtrates dort das Sagen hatte, soweit ich das beurteilen konnte. Ein paar Jahre später rief ich Minerva an, weil ich hören wollte, wie es ihr ging. Sie waren fortgezogen. Ich erfuhr nie, wohin.

Als ich nun mit Susan durch einen heftigen, kalten Regen fuhr, der schräg und ununterbrochen gegen die Windschutzscheibe prasselte, hatte sich nur wenig verändert. Die Lage der Stadt erinnerte an eine Bowlenschüssel: das Land fiel jäh zum Hafen hinunter ab. Es war schon immer ein Fischerort, und vor langer Zeit war hier ebenfalls Textilindustrie ansässig gewesen. Nach dem Krieg waren die Fabriken auf der Suche nach billigeren Arbeitskräften in den Süden abgewandert. Heute gab es nur noch fischverarbeitende Betriebe, und ein entsprechender Geruch hing über der Stadt. In der Blütezeit der Webereien hatten die Yankees, denen die Fabriken gehörten, in hübschen Häusern aus dem neunzehnten Jahrhundert auf dem Cabot Hill oberhalb der Stadt gewohnt, in sicherem Abstand von dem Fischgestank und den Fischern und Fabrikarbeitern, die unter ihnen direkt am

Wasser lebten. Für die Erziehung ihrer Kinder hatten sie ein kleines, geisteswissenschaftliches College gegründet und mit einer ansehnlichen Stiftung ausgestattet. Sie hatten Golf gespielt und Tennis, waren geritten und mit Zwölf-Meter-Schaluppen aus ihrem Yachtclub am nördlich der Stadt gelegenen Sippican Point gesegelt, wo das Wasser immer noch blau war und an klaren Tagen das Sonnenlicht fröhlich auf den Kämmen kleiner Wellen tanzte.

Als die Fabriken fortzogen, wankte die feine Gesellschaft von Cabot Hill, ging jedoch nicht unter. Sie straffte sich, man kaufte sich in die Fischbranche ein, blieb weiterhin reich, nahm die Akademiker vom Cabot Hill in ihre Reihen auf und drängte sich um das College wie Überlebende eines gekenterten Bootes an eine Boje. Es gab eine Schule auf dem Cabot Hill sowie ein Einkaufszentrum, in dem man importierte Anzüge von Brie und Armani kaufen konnte. Es gab zwei Spirituosengeschäfte, ein Kino und einen privaten Sicherheitsdienst mit blaugelben Streifenwagen. Was braucht man mehr zum Leben?

Der einzige Grund, die Innenstadt aufzusuchen, war die Port City Stage Company, in deren Vorstand Susan saß. Das Theater war in mehrfacher Hinsicht mit dem Cabot College verbunden. Sein künstlerischer Direktor gehörte zum Lehrkörper des Cabot. Das College subventionierte es. Und aus Cabot Hill kam der Großteil des Publikums. Aus unerfindlichen Gründen florierte das inmitten der mit Brettern vernagelten Geschäfte und verlassener, schrottreifer Autos in der Nähe des Hafens gelegene Theater, das nun in der fünfzehnten Spielzeit Stücke aufführte, die zu schwer für mich waren. Das war unser Ziel.

«Wie bist du ausgerechnet hier oben im Vorstand eines Theaters gelandet?» fragte ich.

«Das war das nächstgelegene, das mich haben wollte», erwiderte Susan.

«Und du willst in einem Theatervorstand sein, weil...?»

«Du weißt, wie sehr ich das Theater liebe», unterbrach Susan. «Es war eine Möglichkeit, sich zu engagieren.»

«Du denkst doch nicht über einen Berufswechsel nach», fragte ich.

«Nein. Dafür ist es vielleicht schon ein bißchen spät, und ich bin sehr gern Psychiaterin. Aber für mich ist es eine ganz tolle Sache, auf diese Weise Theaterluft zu schnuppern, selbst wenn es nur ganz am Rande ist.»

Ein scharfer Nordostwind peitschte den Regen vom Wasser aufs

Land. Ich hatte schon immer vermutet, daß die spezielle Konstellation von Bergen und Meer es in Port City mehr regnen ließ als an jedem anderen Ort in Massachusetts. Meine Theorie fand nie viel Unterstützung, aber ich hielt daran fest. Es regnete ununterbrochen und etwas stärker als die Scheibenwischer bewältigen konnten, und durch den Vorhang aus Regenwasser zwischen den Bewegungen der Wischblätter wirkte der entgegenkommende Verkehr wie eine Fata Morgana.

«Was genau machst du?» fragte ich.

«Als Vorstandsmitglied? Geld verteilen, Geld sammeln und der Verwaltung des Theaters große Seriosität verleihen.»

«Du hältst dich aus inhaltlichen Entscheidungen heraus?»

Susan lächelte.

«Stimmt.»

Wir befanden uns auf der stadtwärts gelegenen Seite von Cabot Hill, wobei die Stadt unter uns lag, dicht ans Wasser gedrängt und im Regen erheblich ansehnlicher wirkend, als sie, wie ich wußte, tatsächlich war. Wir passierten ein Fahrzeug des Cabot-Hill-Sicherheitsdienstes, das an einer Kreuzung parkte. Ich grinste.

«Von hier ab herrschen die Monster», sagte ich.

«Die Demarkationslinie ist eindeutig», sagte Susan.

«Kann man hier abends gefahrlos ins Theater gehen?»

«Es sind immer einige dieser privaten Sicherheitsdienstleute in der Nähe. Wenn man wirklich ängstlich ist, parkt man oben auf dem Berg am Einkaufszentrum. Das College unterhält einen Buspendelverkehr, der die Leute vom Berg runterbringt.»

«Du parkst wahrscheinlich nicht oben auf dem Berg und nimmst den Bus», sagte ich.

«Nein.»

«Woher weiß ich das?»

«Als ein...» – sie senkte wichtigtuerisch die Stimme – «Vorstandsmitglied...» – ihre Stimme wurde wieder normal – «darf ich direkt neben dem Theater parken.»

«Ganz schön harte Stadt», kommentierte ich.

Susan zuckte mit den Achseln.

Auf der anderen Seite der Kreuzung begann Port City. Dreistöckige Häuser säumten die Straßen und standen so dicht nebeneinander, daß man sich kaum durch die winzigen Gäßchen dazwischen zwängen konnte. In den Rinnsteinen der steilen Abhänge riß das

Wasser Müll mit sich. Wo das Gefälle geringer wurde, waren die Gossen blockiert, und das Regenwasser bildete tiefe Pfützen auf der Straße, die auf den Bürgersteig überliefen. Der Regen hatte die Menschen von den Straßen vertrieben, auch wenn ich vereinzelt ältere Chinesen auf überdachten Veranden sitzen sah, eingemummelt in graue Kleidung rauchten sie und starrten in den Regen hinaus. Wir kamen an einer der leerstehenden Fabriken vorbei. Ein verbogener und rostiger Maschendrahtzaun grenzte das Gelände ab, die verfallenden Ladeplattformen hingen durch, Holzpaletten verrotteten auf dem vom Frost aufgeplatzten Asphalt des Parkplatzes, drum herum zerbrochene Bierflaschen und leere Bierdosen, deren Etikette zu einem einheitlich blassen Gelb verschossen waren. Es hatte Versuche gegeben, die riesigen Ziegelruinen für andere Verwendungszwecke umzubauen. Das Geld war vom Berg gekommen, und die Investoren hatten ihr Geld in Dinge gesteckt, die ihnen gefallen hätten, würden sie *downtown* leben. Die abblätternden Schilder von Kunstgewerbegeschäften und Boutiquen und Joghurtläden und Antiquitätengeschäften hingen schief durch Alter und Witterung über sinnlos gewordenen Türen. Die alten Webereien blieben leer.

«Ist es nicht scheußlich?» bemerkte Susan.

«Wo einst süße Vögel sangen[1]», erwiderte ich.

Alle paar Blocks gab es ein winziges, schummerig beleuchtetes Geschäft mit chinesischen Schriftzeichen in den Fenstern. An einer Straßenecke kauerte ein alter Mann in einem schwarzen Schlafanzug unter einem Schirm und verkaufte etwas aus einer Pappschachtel zwischen seinen Füßen. Als wir vorbeifuhren, hatte er keine Kunden. Auf der Straße waren weder Hunde noch Kinder zu sehen. Nirgendwo Spielzeug, keine Schulbusse. Am Bordstein parkten keine Autos. Hin und wieder ein leerstehendes Grundstück, gelegentlich das verrostende Skelett eines verlassenen Autos, von dem alles abmontiert war, das sich irgendwie verkaufen ließ. Alles durchweicht im Wolkenbruch, eng, bitter und naß. Alles garte düster auf dem trägen Feuer des Verfalls.

«Warum gibt es hier so eine große chinesische Bevölkerung?» fragte Susan.

«Ich weiß auch nicht genau, wie es angefangen hat. Jedenfalls sind die ersten hergekommen, um in den Fischfabriken zu arbeiten. Und andere sind ihnen gefolgt, und dann hat es sich eben so weiterentwickelt. Sie arbeiten hart. Viele von ihnen sind illegal hier, daher beklagen sie sich über nichts. Gewerkschaften und Gewerbeaufsicht gegenüber sind sie mißtrauisch, und sie nehmen den Lohn, den man ihnen gibt.»

«Der Traum eines jeden Fabrikbesitzers», sagte Susan.

Am Hafen bogen wir links auf die Ocean Street ein. Hier gab es keine Chinesen mehr. Hier wohnten die Fischer. Es gab mehr eingeschossige Häuser, mehr Platz dazwischen. Aber auch hier hatte man nicht das Gefühl, daß der Regen fruchtbar war. Daß er neues Leben hervorbrachte. Auch hier schien der Regen beinahe verpestet zu sein, wie er schwer auf die zusammengewürfelten, improvisierten Häuser trommelte, die sich am Saum des schlüpfrig irisierenden Meeres aneinanderdrängten, wo die öligen Wellen gegen das im Wasser stehende Holz der Fischereipiers wogten. Praktisch die einzige Farbe, die ich gesehen hatte, seit ich den Berg verließ, war das Rubinrot der Ampeln, das in unregelmäßigen Abständen durch die triste Düsternis schimmerte.

Kapitel 2

Der künstlerische Direktor der Port City Stage Company Demetrius Christopholous erwartete uns mit einem Manhattan in der Hand in der Lounge eines chinesischen Lokals namens *Wu's Restaurant*, einen Block vom Theater entfernt. Susan machte uns bekannt. Christopholous schaute sich in der Lounge um, in deren Mitte sich eine Miniaturbrücke über einen winzigen Zierteich spannte. Auf die rückwärtige Wand war ein Vulkan gemalt.

«Der Besitzer gehört auch zum Vorstand», sagte er.

«Ist das da auf der Wand ein chinesischer Vulkan?» fragte ich.

Christopholous lächelte.

«Ich glaube, es soll der Vesuv sein», sagte er. «Früher war das hier mal eine Pizzeria.»

«Ach, so. Sparsamkeit», sagte ich.

Ein desinteressierter Kellner brachte mir ein Bier und Susan ein Glas Rotwein.

«Leisten Sie uns heute abend Gesellschaft?» erkundigte sich Christopholous.

«Ja», erwiderte ich. «Susan hat mir erzählt, daß Sie verfolgt werden.»

«Genau, reden wir nicht lange drum herum. Eine recht unerfreuliche Geschichte, aber das *ist* schließlich der Grund, warum Sie hier sind, nicht wahr.»

«Ich bin hier, weil Susan mich darum gebeten hat.»

«Nun, angefangen hat es vor ein paar Wochen», begann Christopholous. «Zuerst habe ich es ja noch für Überempfindlichkeit meinerseits gehalten. Man liest ja soviel in den Zeitungen. Wir leben in gefährlichen Zeiten. Aber schon bald war offensichtlich, daß mich tatsächlich jemand verfolgte.»

«Können Sie Ihren Schatten beschreiben?»

«Immer ganz in Schwarz, abends, in einiger Entfernung. Er kam mir mittelgroß vor. Durchschnittliche Statur. Das Gesicht war immer im Schatten eines Hutes verborgen.»

«Was für ein Hut?»

«So eine Art Schlapphut.»

«Haben Sie Ihren Schatten mal angesprochen?»

«Nein. Ehrlich gesagt, dazu hatte ich viel zuviel Angst.»

«Ich mache Ihnen keinen Vorwurf», sagte ich. «Hat die Person Sie auf irgendeine Weise bedroht?»

Christopholous schüttelte den Kopf.

«Hat er Sie angesprochen?» fragte ich.

«Nein.»

«Gab es Belästigungen? Briefe? Anrufe? Schmutzige Tricks?»

«Nein.»

«Können Sie sich einen Grund vorstellen, warum jemand Sie verfolgen sollte? Ein verstimmter Schauspieler vielleicht? Ein verbitterter Dramaturg?»

Susan warf mir einen schiefen Blick zu. Der «Dramaturg» war Angeberei, und sie wußte es.

«Der künstlerische Direktor eines Theaterensembles muß Entscheidungen treffen, die manche Leute für falsch halten», sagte Christopholous. «Das liegt in der Natur der Sache. Aber ich kann mir nicht vorstellen, daß hier jemand eine künstlerische Meinungsverschiedenheit mit mir durchspielt. Selbst wenn dem so wäre, warum sollte er so etwas tun?»

«Viele Leute, die anderen nachschleichen, ziehen daraus ein Gefühl von Macht», sagte ich.

Christopholous hob die Augenbrauen und zuckte mit den Achseln.

«Ist das alles, was sie normalerweise wollen? Dieses Gefühl von Macht? Oder glauben Sie, ich befände mich in ernster Gefahr?»

«Ich kann nicht sagen, daß Sie nicht in Gefahr sind. Ich kann aber sagen, es ist ein gutes Zeichen, daß es bislang keine Drohung gegeben hat. Aber es ist unmöglich zu sagen, was noch passieren wird. Haben Sie schon mit den Cops gesprochen?»

«Nein.»

«Vielleicht sollten Sie das.»

«Was können die schon tun?»

«Das hängt ganz von deren Personalstärke und Tüchtigkeit ab. Sie müßten zum Beispiel eigentlich eine Akte von Leuten haben, die schon mal einschlägig aufgefallen sind. Sie könnten einen Namen wiedererkennen. Wahrscheinlich könnte man Ihnen einen gewissen Schutz anbieten. Möglicherweise können die Cops den Burschen festnehmen.»

«Ich... ich würde das lieber als Privatangelegenheit behandelt wissen.»

«Warum?»

«Ich... nun, ich möchte das Theater schützen.»

«Ah-hah.»

Keiner sagte ein Wort. Ich wartete.

«Und, äh, ich, also, ich habe nicht sonderlich viel Vertrauen zu unserer Polizei.»

«Ist DeSpain hier immer noch Chief?» fragte ich.

«Sie kennen ihn?»

«Ich bin ihm schon zweimal über den Weg gelaufen», sagte ich. «Beim erstenmal war er noch State Cop, und einmal vor etwa fünf Jahren, als ich beruflich hier in Port City zu tun hatte.»

«Ja, er ist immer noch Chief.»

Es war Christopholous eindeutig unangenehm, über DeSpain zu reden. Ich ließ es dabei bewenden.

«Gibt es irgendwelche ungelösten romantischen Verwicklungen in Ihrem Leben?» erkundigte ich mich.

Christopholous war froh, das Thema wechseln zu können. Er lächelte.

«Nein, das habe ich, zum Besseren oder Schlechteren, hinter mir gelassen.»

«Keine früheren Geliebten, die Ihnen vielleicht nachlaufen?»

Christopholous lächelte noch breiter.

«Nein.»

«Eifersüchtige Ehegatten?»

Christopholous kicherte leise und sah Susan an.

«Er ist ziemlich feinfühlig für einen Mann seines Berufes», sagte Christopholous. «Er hat seine Fragen formuliert, ohne Vorurteile meinen sexuellen Neigungen gegenüber einfließen zu lassen.»

«Hart, aber einfühlsam», bestätigte Susan.

«Irgendwelche eifersüchtigen Gatten?» wiederholte ich.

«Nein. Ich wünschte, es wäre anders.»

«Haben Sie Schulden?»

«Nur die Ratenzahlungen auf meinen Wagen. Denen ich aber regelmäßig nachkomme.»

«Was soll ich Ihrer Meinung nach tun?» fragte ich.

«Stellen Sie den Schatten», sagte Christopholous.

«Okay.»

«Glauben Sie, Sie können ihn erwischen?» fragte Christopholous.

«Sicher», sagte ich. «Ihn oder sie.»

Ich bin schließlich kein Sexist.

Kapitel 3

Die Port City Stage Company war im ehemaligen Gemeindesaal einer Kirche am östlichen Ende einer tristen Allee namens Ocean Street untergebracht. Dahinter befand sich ein Parkplatz, und hinter dem Parkplatz lag der Hafen, dessen Wasser durch den Ölschlick irisierte und wo sich die Möwen lauthals um die wohlriechenden Abfälle der fischverarbeitenden Fabriken zankten. In der Kirche waren heute mehrere schäbige Boutiquen und Cafés und Läden untergebracht, in denen man Theaterandenken kaufen konnte, und der Saal selbst, in dem früher Kuchenbasare abgehalten wurden, war von Cabot Hill zu einem Theater mit 350 Sitzplätzen umgebaut und renoviert worden. Christopholous ließ uns vorne rein und verschwand dann nach hinten zum Bühneneingang.

«Müssen wir uns das ansehen?» fragte ich.

«Natürlich», sagte Susan. «Ich bin im Vorstand. Ich kann nicht einfach kommen, mit dem künstlerischen Direktor ein Gläschen trinken und mir dann das Stück nicht ansehen.»

«Ich schon.»

«Aber du liebst mich», sagte Susan, «und du willst mit mir zusammen sein.»

«Natürlich», sagte ich. «Um was geht's bei dem Stück?»

«Das scheint niemand zu wissen.»
«Was sagen denn die Schauspieler, worum's geht?»
«Die wissen es auch nicht», sagte Susan. Verlegener als in diesem Augenblick wurde sie nicht.
«Die Schauspieler wissen nicht, um was es geht?»
«Nein.»
«Was ist mit dem Direktor?»
«Lou sagt, daß ein Stück nicht notwendigerweise von etwas handeln muß.»
«Und wie lange, sagst du, dauert es?»
«Viereinhalb Stunden. Einschließlich Pause.»
Susan lächelte aufmunternd.
«Es ist sehr kontrovers», sagte sie.
«Ausgezeichnet», sagte ich. «Vielleicht gibt's eine Schlägerei.»
Sie lächelte mich wieder an, ein Lächeln, das perfekt geeignet schien, tausend Schiffe vom Stapel laufen zu lassen, und das höchstwahrscheinlich auch die Türme von Troja niederbrennen konnte. Wir erreichten die Kasse, holten unsere Eintrittskarten ab und betraten den Theaterraum. Das Theater war voller Menschen, die auf dem Cabot Hill wohnten und ihre Stammbäume bis zu den Britischen Inseln zurückverfolgen konnten. Es sah aus wie ein Lehrkörpertreffen des Cabot College. In einer Stadt, die zu fünfzig Prozent aus Portugiesen und zu fünfzig Prozent aus Chinesen bestand, war das Theater zu hundert Prozent weder das eine noch das andere.
«Seit dem Parteitag der Republikaner habe ich nicht mehr so viele Angelsachsen auf einem Haufen gesehen», sagte ich.
«Du bist doch nie auf einem Parteitag der Republikaner gewesen», sagte Susan.
«Man hat mich ja auch noch nie eingeladen», sagte ich.
Das Licht im Saal ging langsam aus. Das Stück begann. Auf der Bühne befanden sich Männer gekleidet als Frauen und Frauen gekleidet als Männer, und weiße Menschen mit schwarz geschminkten Gesichtern und schwarze Menschen mit weiß geschminkten Gesichtern, und ein Rabbi namens O'Leary und ein Priester namens Cohen. Ich kannte die Namen, weil sie auf großen Reklametafeln standen, die jeder der Schauspieler auf Bauch und Rücken während des ersten Aktes trug. Dann war da noch jemand in einem Hundekostüm, der immer wieder *Miau* machte. Es gab nur äußerst sparsame Dialoge, und die Schauspieler bewegten sich mit kantiger Gestik langsam über die

Bühne, erstarrten regelmäßig zu einem Tableau, während eine Stimme hinter der Bühne etwas Unheilschwangeres rezitierte, das wie eine Hip-hop-Adaption von *Also sprach Zarathustra* klang.

Nach etwa einer Stunde beugte sich Susan zu mir und sagte: «Wie findest du's?»

«Es ist schwerfällig, aber unergründlich», sagte ich.

«Ganz schöne Leistung», sagte Susan.

Der Hauptdarsteller trug ein Narrenkostüm, das vertikal in zwei Hälften geteilt war. Die eine Seite war eindeutig weiblich, die andere eindeutig männlich. Er/sie trat an den Bühnenrand und begann, das Publikum direkt anzusprechen.

«Ich bin Tiresias», sagte er/sie. «Ein alter Mann mit runzligen Zitzen.»

Er/sie drehte sich zur Seite und schaute zu einer Gestalt in einer Art dreieckigem Kostüm vorne links am Bühnenrand. Unvermittelt begann das Orchester flotter und lauter zu spielen, und er/sie begann zu singen.

«Lucky in love, lucky in love,
what else matters if you're lucky in love?»

Der Schauspieler hörte auf. Gleichzeitig ertönte ein dumpfer Knall aus dem hinteren Teil des Theaters. Ich erkannte das Geräusch. Das Orchester fuhr mit der musikalischen Begleitung fort. Der Schauspieler machte einen stummen Schritt zurück, und ein roter Fleck breitete sich langsam auf dem Kostüm aus. Ich stand auf und setzte mich Richtung Bühne in Bewegung, während der Schauspieler auf die Knie sank und dann rückwärts auf den Boden fiel, wobei die Unterschenkel nach hinten abgewinkelt blieben. Das Publikum kapierte immer noch nicht. Die übrigen Schauspieler blieben einen Augenblick bewegungslos, und dann sprang einer von ihnen, eine große Schauspielerin mit schwarz geschminktem Gesicht, vor und hockte sich neben den Schauspieler, gerade als ich sie erreichte.

Leute standen in den Kulissen. Einem von denen brüllte ich zu.

«Rufen Sie 911 an», schrie ich. «Sagen Sie, er ist erschossen worden.»

Ich tastete nach dem Puls des Schauspielers. Nichts. Ich neigte seinen Kopf, versuchte es zweimal mit Mund-zu-Mund-Beatmung.

«Verstehen Sie was von Wiederbelebung?» fragte ich.

Sie schüttelte den Kopf. Ich schob sie mit einem Arm behutsam aus dem Weg und begann mit der Herzmassage. Die Vorderseite seines Hemdes war glitschig vor Blut. Während ich rhythmisch seinen Brustkorb bearbeitete, tauchten neben mir braune Hosenbeine auf. Halbschuhe von Allan Edmonds. Keine Socken.

Eine Stimme: «Ich bin Arzt.»

«Gut», sagte ich. «Übernehmen Sie.»

Zu irgendwem sagte er: «Holen Sie mir Handtücher, irgendwas.» Und zu mir: «Puls?»

«Nein», sagte ich.

Ich sah seine Hand auftauchen und den Arm des Schauspielers nehmen und auf seinem Handgelenk nach dem Puls tasten. Er hielt es fest, suchte. Dann kamen einige Handtücher in mein Blickfeld, und er sagte: «Hören Sie einen Moment auf.»

Was ich tat. Er riß das Hemd des Schauspielers herunter und wischte den Brustkorb mit einem gefalteten Handtuch ab. Direkt über dem Herzen befand sich eine kleine Eintrittswunde. Das Fleisch um das Loch war leicht angeschwollen, aus dem das Blut so schnell hervorschoß, wie er es wegwischen konnte.

«Scheiße», fluchte der Arzt, faltete das Handtuch noch einmal und drückte es auf die Wunde. «Blöde Sache», murmelte er. Er schien mehr mit sich als zu uns zu reden. «Der Druck auf den Brustkorb verstärkt die Blutung, aber wenn sein Herz nicht wieder zu schlagen anfängt, stirbt er sowieso.»

«Die Kugel dürfte genau ins Herz gegangen sein», sagte ich zwischen zwei Atemzügen. «In Anbetracht der Eintrittswunde.»

«Wahrscheinlich», sagte der Arzt. «Wodurch die Sache ziemlich akademisch wird.»

Er schwieg einen Moment. Dann zuckte er mit den Achseln.

«Mehr können wir nicht tun», sagte er.

«Der kommt nicht mehr auf die Beine», sagte ich.

«Ich weiß», sagte der Arzt.

Aber wir machten weiter – scheinbar eine Ewigkeit, noch lange nachdem der Schauspieler gestorben war, noch lange nachdem irgendwer glaubte, er lebe noch.

Der Krankenwagen kam, und die Notfallspezialisten übernahmen die vergeblichen Bemühungen. Ich stand auf, und mir war leicht schwindlig, registrierte dann, daß das Theater immer noch voll war und absolut still. Das Ensemble stand bewegungslos in einem Kreis um uns herum. Susan war auf die Bühne gekommen, und eine hübsche, schwarzhaarige Frau mit einem großen Diamanten und einem Ehering stand am Orchestergraben, wartete dort anscheinend auf den Arzt. Zwei Port-City-Cops waren eingetroffen. Ein Cop sprach in sein Funkgerät. Schon sehr bald würden es viele Cops sein.

«Hat er Chancen?» fragte Susan.

Ich zuckte mit den Achseln.

«Er hat ein Loch im Herz», sagte ich.

Susan sah den Arzt an. Er nickte.

«Nicht mein Spezialgebiet», sagte er. «Ich bin Chirurg für Orthopädie. Aber ich würde sagen, er war schon tot, als er den Boden berührte.»

Ich sah zu der großen Schauspielerin hinüber, die mit ihrem lächerlichen schwarzen Make-up neben uns stand. Ihr Gesicht war ausdruckslos. Ihre Pupillen wirkten sehr groß.

«Mit Ihnen alles okay?» fragte ich.

Sie schüttelte den Kopf. Weitere Cops trafen ein. Uniformierte, Leute von der Spurensicherung und Detectives. Ich erkannte DeSpain.

«Ich kenne Sie», sagte er.

«Spenser», erwiderte ich. «Wie geht's denn so, DeSpain?»

«Sie haben doch mal für die Staatsanwaltschaft von Middlesex gearbeitet.»

«Ist schon lange her», sagte ich. «Heute bin ich Privatdetektiv.»

DeSpain nickte.

«Sie haben vor fünf, sechs Jahren schon mal hier oben gearbeitet», sagte DeSpain.

Er sah den Arzt an.

«Wer sind Sie?» fragte er.

«Steve Franklin», antwortete der Arzt. «Ich war im Publikum – ich bin Arzt.»

DeSpain nickte. Er war ein kräftiger, blonder Bursche mit strahlend blauen Augen, die überhaupt keine Tiefe zu besitzen schienen.

«Mein Name ist DeSpain», sagte er. «Ich bin hier der Chief of Police. Wird er es schaffen?»

«Ich glaube nicht», antwortete der Arzt.

DeSpain sah wieder mich an.

«Also», sagte DeSpain. «Erzählen Sie mir davon.»

«Ein Schuß», sagte ich. «Aus dem hinteren Teil des Theaters. Den Schützen habe ich nicht gesehen. Dem Knall und der Eintrittswunde nach zu schließen wahrscheinlich eine .22er, vielleicht eine Sportwaffe. Ein verdammt guter Schuß. Mitten durchs Herz.»

«Der Mörder versteht vielleicht etwas von Anatomie», sagte der Arzt. «Die meisten Menschen wissen nicht, wo genau sich das Herz befindet.»

«Ein guter Schütze, der etwas von Anatomie versteht», wiederholte DeSpain wie zu sich selbst. «Verdammt, wir haben den Bastard in die Enge getrieben.»

Wir kamen sehr spät dort weg und fuhren Christopholous nach Hause. Er wohnte im Erdgeschoß eines Zweifamilienhauses direkt neben einem chinesischen Supermarkt und gegenüber einer fischverarbeitenden Fabrik.

«Können Sie uns bei dieser Sache helfen?» fragte Christopholous, als ich vor dem Haus hielt.

«Bei dem Mord?»

«Ja.»

«Ich kann nicht gleichzeitig Ihren Schatten jagen», sagte ich.

«Glauben Sie, das eine hat etwas mit dem anderen zu tun?»

«Ich hasse Zufälle», sagte ich.

«Ich... denke, der Mord hat Vorrang», sagte Christopholous.

«Kennen Sie mein Honorar?»

«Ich dachte... wir haben kein Geld... Ich hatte gehofft, als Freund des Theaters...?»

Ich sah Susan an.

«Mein übliches Honorar?» fragte ich.

«Ich verdopple es», sagte sie.

«Okay», sagte ich zu Christopholous. «Ich behalte Sie im Auge, bis Sie an Ihrer Tür sind. Wenn Sie drin sind, schließen Sie hinter sich ab. Wenn jemand rein will, vergewissern Sie sich vorher, daß Sie denjenigen kennen, dem Sie aufmachen.»

«Glauben Sie, ich bin in Gefahr?»

«Nicht auszuschließen», sagte ich. «Um wieviel Uhr verlassen Sie morgens das Haus?»

«Normalerweise um neun. Im Theater bin ich gegen zehn, nachdem ich vorher auf einen Sprung irgendwo Kaffee trinken gehe.»

«Jemand wird Sie abholen», sagte ich, «und auf Sie aufpassen und darauf achten, ob der Schatten in der Nähe ist. Wahrscheinlich wird's ein Schwarzer etwa von meiner Statur sein, allerdings nicht ganz so gutaussehend.»

Christopholous nickte. Er zögerte, zuckte dann mit den Schultern und stieg aus dem Wagen. Ich beobachtete, wie er die Eingangsstufen hinaufging, in seinem schäbigen Haus verschwand und die Tür hinter sich schloß. Kurz darauf ging hinter mehreren Fenstern rechts der Haustür das Licht an. Ich fuhr los.

Auf der Heimfahrt sagte Susan: «Frisch mein Gedächtnis doch noch mal auf, was dein übliches Honorar ist.»

«Zwei Nächte voller Ekstase.»

«Das Doppelte wären demnach vier», sagte Susan. «Zahlbar innerhalb von dreißig Tagen?»

«Normalerweise, aber Verdopplung des Honorars bedeutet automatisch Halbierung der Zeit.»

«Also vier Nächte Ekstase in zwei Wochen», sagte Susan. «Ist das unser Deal?»

«Ja.»

Wir schwiegen, während wir durch die leere Dunkelheit nördlich von Boston glitten. Susan kicherte.

«Trottel», sagte sie.

«Findest du, ich berechne zuwenig?» fragte ich.

«Ist schon genug», sagte Susan, «aber das hättest du sowieso gekriegt.»

«Ich weiß.»

Kapitel 4

Die meisten Leute, die im *Upstairs at the Pudding* zu Abend aßen, hatten noch nie jemanden wie Hawk gesehen. Bei seinen einsachtundachtzig brachte er zweihundert Pfund auf die Waage und hatte einen Taillenumfang von vierundsiebzig. An diesem Abend war er monochromatisch. Schwarze Haut, schwarze Augen, schwarzer Anzug, schwarzes Hemd, schwarze Krawatte, schwarze Schuhe. Sein Schädel war glattrasiert.

«Der Laden hier ist so Cambridge-like», sagte Susan, «da kriege ich eine Gänsehaut.»

«Kriegst du auch eine Gänsehaut von Cambridge?» fragte ich Hawk.

«Ausschlag», erwiderte Hawk.

Der Hauptraum des Restaurants war gut und gerne neun Meter hoch, und die dunkelgrünen Wände waren mit Plakaten geschmückt, die für Erzeugnisse des *Hasty Pudding Club* vom Anfang des neunzehnten Jahrhunderts warben. Wir wählten einen Tisch draußen auf der Terrasse.

«Meint ihr, durch mich können demnächst auch Schwarze hier rein?» fragte Hawk.

«Du bist überempfindlich», sagte Susan. «Erst letztes Jahr war ein kenianischer Diplomat hier.»

Hawk grinste.

«Nicht lächeln», sagte ich. «Das versaut den Eindruck.»

Susan winkte emsig irgendwelchen Leuten zu.

«Du bist hier so was wie der Bürgermeister», sagte Hawk.

«Und das mit Recht», sagte Susan.

Die Kellnerin kam und nahm unsere Bestellung entgegen.

«Jedenfalls, kein Mensch folgt deinem Griechen», sagte Hawk. «Ich beschatte den Mann, seit ihr mich gerufen habt.»

«Meinst du, der Schatten könnte dich bemerkt haben?» fragte Susan.

Hawk starrte Susan an, als hätte sie wirres Kauderwelsch geredet.

«Entschuldige», sagte Susan.

«Sicher», sagte Hawk. «Könnte bedeuten, der Schatten hat schon von mir gehört.»

«Womit er höchstwahrscheinlich zum Ensemble gehört oder doch wenigstens zu Christopholous' Freundeskreis», sagte ich.

«Ah-hah. Oder der Mord hat Unruhe gestiftet und ihn verscheucht», sagte Hawk.

«Oder?»

«Oder Christopholous hat ihn nur erfunden», sagte Hawk.

«Oder sie», korrigierte Susan.

Hawk und ich lächelten und nickten.

Ein junges Paar mit einem Baby blieb an unserem Tisch stehen.

«Das hier ist meine Freundin Diane», stellte Susan vor. «Und Dennis, ihr Mann. Und ihre Tochter Lois Helen Alksninis.»

Hawk streckte einen Finger aus, und das Baby ergriff ihn.

«Der Name ist größer als das Kind», meine Hawk. Lois Helen ließ den Finger wieder los. Und sie gingen weiter zu ihrem Tisch.

«Hast du mit diesem Polizisten gesprochen?» fragte Susan.

«Mit DeSpain? Ja. Ich bin heute morgen bei ihm gewesen.»

«DeSpain?» fragte Hawk. «Ein State Cop? Kräftiger, blonder Bursche, Augen wie Stein?»

«Ja», sagte ich. «Nur daß er heute in Port City der Chief ist.»
«Port City ist eine harte Stadt», sagte Hawk.
«Ich weiß.»
«DeSpain ist ein harter Bursche», sagte Hawk.
«Was für ein Zufall», sagte ich.

Ein magerer Mann in einem blauen Blazer, der aussah, als sei er viel in der freien Natur, kam auf dem Weg zur Tür an unserem Tisch vorbei. Er bemerkte Hawk und nickte knapp. Hawk antwortete mit einem Nicken.

«Wer ist das?» fragte Susan.

«Hall Peterson», sagte Hawk. «Er kümmert sich für mich um verschiedene Kapitalanlagen.»

«Kapitalanlagen, Hawk?» sagte Susan. «Du versetzt mich immer wieder in Erstaunen.»

«Immer wieder», sagte Hawk.

«Der Name des Opfers war Craig Sampson», erklärte ich Hawk. Ich sah Susan an. «Was wissen wir über ihn?»

«Er war einundvierzig, zweiundvierzig», sagte Susan. «Alleinstehend. Arme Familie. War nie auf einem College. Abends hat er mit Hilfe eines Stipendiums der Army die Schauspielschule besucht, und er hat gekellnert, für einen Partyservice und eine Reinigungsfirma gearbeitet, er hat Wohnungen renoviert und in scheußlichen Einzimmerapartments in *Downtown*-New York gewohnt, hat überhaupt all die schrecklichen Sachen gemacht, die man eben so macht, wenn man Schauspieler werden will. Vor einem Jahr hat er schließlich bei der Port City Stage Company vorgesprochen und ist engagiert worden.»

«Das ist alles?»

«Klingt nicht nach besonders viel, was?» sagte Susan.

«Und wird auch nicht viel mehr», sagte Hawk.

Susan nickte. Hawk und ich schwiegen. Der Eßbereich auf der Terrasse war von Bäumen gesäumt, und das Geländer war mit Pflanzen bewachsen. Es gab kein Dach. Es war, als würde man in einem privaten Baumhaus in einem üppigen Garten dinieren, auch wenn wir nur gut sechs Meter oberhalb des Harvard Square saßen. Die entlang der Balkonkonstruktion über uns befestigten Lichterketten funkelten wie gefangene Sterne, und darüber spannte sich die Dunkelheit ins Unendliche. Ich sah Susan über den Tisch hinweg an. Ihre Augen wirkten so tief wie der Weltraum; und ich fühlte mich, wie ich mich immer fühlte, wenn ich sie anschaute, nämlich als würde ich in die

Ewigkeit starren. Fast rechnete ich schon damit, daß Peter Pan angerauscht kam und mich wieder jung machte.

«Soll ich an dem Griechen dranbleiben?» fragte Hawk.

«Christopholous, ja.»

«Und wenn ich einen Schatten sehe, dann soll ich ihn mir schnappen...» – er sah Susan an – «...oder sie.»

«Ja, wäre nett, wenn wir mit ihm plaudern könnten... oder mit ihr.»

«Was machst du?» fragte Hawk.

«Susan und ich werden auf einen Empfang und eine Sitzung des Vorstands ins Theater gehen», sagte ich.

«Was könnte es Schöneres geben», sagte Hawk.

«Wie wär's, wenn ich dir einen Ziegel auf die Nase schlage?» antwortete ich.

«Also, ja», sagte Hawk. «Das wär schon mal was.»

Susan blickte zum Nachthimmel auf.

«Anderthalb Milliarden Männer gibt es auf diesem Planeten», sagte sie, «und ich esse mit Heckel und Jeckel.»

Die Hauptgerichte kamen. Susan teilte ihr Thunfischsteak in zwei Teile und schob die eine Hälfte auf ihren Butterteller. Hawk beobachtete sie.

«Willst du abnehmen?» fragte Hawk mit unverbindlicher Stimme.

«Ja. Ich habe drei oder vier Pfund ekelhaftes Fett, das ich gern los werden möchte.»

Hawk machte: «Ah-hah.»

«Ich weiß, vielleicht siehst du es nicht, aber es ist da.»

Hawk sah mich an.

«Ich hab's auch übersehen», sagte ich. «Und ich bin ein geschulter Detektiv.»

«Vergeßt nicht, wo wir sind», sagte Susan. «Ich könnte euch beide wegen sexueller Belästigung verhaften lassen.»

«Ich kontere mit einer Anzeige wegen rassistischer Gefühllosigkeit», sagte Hawk.

«Ja», meinte Susan. «Das würde passen. Dann könnten wir uns gegen unseren gemeinsamen Unterdrücker zusammentun.»

Beide drehten sich zu mir und starrten mich an.

«Natürlich, der weiße Macho», sagte ich.

Kapitel 5 Susan und ich trafen Christopholous oben im Besprechungszimmer, in dem sich Vorstandsmitglieder und geladene Gäste durstig um die geöffnete Bar drängten.

«Nennen Sie mich doch bitte Jimmy», sagte Christopholous. «Das ist die englische Version von Demetrius. Ich gebe mir Mühe, nicht zu sehr meine Abstammung zu betonen.»

«Aber Christopholous verrät es trotzdem irgendwie», meinte ich.

Er lächelte.

«Tja, mehr als sein Bestes kann man nicht geben», sagte er. «Vielen Dank, daß Sie sich zu diesem Treffen bereit erklärt haben. Ich habe Ihren schwarzen Angestellten nicht gesehen.»

«Er ist aber dagewesen», sagte ich.

«Wirklich? Er ist schwer faßbar.»

«Genau wie Ihr Schatten», sagte ich. «Keine Spur von ihm.»

«Vielleicht wurde er von dieser schrecklichen Sache verscheucht», meinte Christopholous. «Susan, Sie sehen strahlend aus wie immer.»

«Das liegt nur an der Vorstandsbesprechung», erwiderte sie. «Ich bin ja so aufgeregt.»

«Natürlich», sagte er und drehte sich zu einer älteren Frau in einem geblümten Kleid um, deren Hände er ergriff. Susan und ich entfernten uns dezent.

«Aufreibende Zeiten, Dodie, aufreibende Zeiten. Aber strahlend siehst du auf jeden Fall aus, genau wie immer.»

Wir befanden uns in einem Konferenzraum über dem Theater, in dem Cocktails und ein Buffet angeboten wurden. Im Raum wimmelte es von Vorstandsmitgliedern, Angehörigen des Ensembles, Regisseuren, Inspizienten, Bühnenbildnern, wichtigen Gästen wie mir und diversen Kids vom Partyservice in Smokinghemd und Kummerbund, die flink und geschickt durch das Gewühl wieselten und Platten mit Horsd'œuvre herumreichten. Ich sah die große Schauspielerin, die neben Craig Sampson gekniet hatte. Ich lächelte sie an. Sie nickte.

«Wie heißt sie?» fragte ich.

«Jocelyn», antwortete Susan. «Jocelyn Colby.»

Ich besorgte mir ein Bier von der Bar, die auf einem Tisch vor den Fenstern aufgebaut worden war. An den Wänden des Konferenzzimmers hingen gerahmte Plakate früherer Theaterproduktionen: Zwei Fechter in elisabethanischen Kostümen; eine teilweise bekleidete und elegant an einen Stuhl gefesselte Frau; die von hinten beleuchtete

Silhouette zweier Menschen, die Köpfe dicht beieinander und umrahmt von einem gigantischen weißen Mond; der Kopf eines weißen Pferdes mit geblähten Nüstern und wilden Augen vor einem schwarzen Hintergrund. Die Plakate paradierten in mehreren Reihen an jeder Wand. En masse waren sie verschieden und doch gleich; alle waren typische Theaterplakate. Ich sinnierte eine Weile darüber, was genau das war, bis ich mein Bier geleert hatte. Dann hörte ich auf, über die Natur und Vielfalt von Theaterplakaten nachzudenken, und zog statt dessen in Erwägung, mir ein weiteres Bier zu besorgen. Ich entschied mich dafür und setzte den Gedanken in die Tat um.

«Lädt man die Schauspieler normalerweise zu Vorstandstreffen ein?» fragte ich mit einer neuen, kalten Flasche Bier in der Hand. Ich versuchte, sie nicht zu fest zu umklammern, um sie nicht unnötig aufzuwärmen.

«Normalerweise sind ein paar dabei, um Small talk mit den Vorstandsmitgliedern zu machen. Aber heute abend ist es schon etwas Besonderes.»

«Weil ich hier bin?»

Susan lächelte.

«Das ist immer etwas Besonderes, findest du nicht?»

Eine junge Frau mit üppiger Frisur baute sich direkt vor mir auf. Sie hatte einen Brustumfang, auf den sie offensichtlich stolz war.

«Susan», sagte sie. «Ist er das? Ich muß ihn kennenlernen. Ist er nicht super?»

Susan lächelte und machte uns bekannt. Die junge Frau hieß Deirdre Thompson.

«Gehören Sie zum Ensemble?» erkundigte ich mich.

«Ja. Aber ich denke daran, im Anschluß an diese Spielzeit nach L. A. zu gehen. Haben Sie eine Kanone?»

«Die Macht der Gewohnheit», sagte ich. «Aber ich brauche sie eigentlich nicht, wenn Susan bei mir ist.»

Deirdre sah wieder Susan an und pumpte mit ihrer Faust.

«Prima, Susan», sagte sie. «Die Stadt der tollen Männer.»

Dann wendete sie sich ab und verschwand auf der Suche nach einem Drink in der Menge.

«Glaubst du, die hat's auf mich abgesehen?» fragte ich. «Sexuell, meine ich?»

«Ich würde sagen, fast mit Sicherheit», sagte Susan.

«Weil ich aus der Stadt der tollen Männer komme?»

«Weil du ein Mann bist.»

Wir schoben uns durch das Getümmel und versuchten einen Platz zu finden, in den ich hineinpaßte. Unterwegs stellte Susan mich vor. «Myra und Bob Kraft – Foxboro Stadium... Jane Burgess. Sie trainiert mit mir am Mt. Auburn... Rikki Wu. Dienstagabend haben wir in ihrem Restaurant ein Gläschen getrunken.»

«Im Restaurant meines Mannes», sagte Rikki Wu. «Ich habe wirklich keinen Sinn für Geschäfte.»

«Und den brauchen Sie vermutlich auch nicht», sagte ich, nur um irgendwas zu sagen.

«Sehr freundlich von Ihnen», erwiderte Rikki Wu. «Ich bin entzückt, endlich den mysteriösen Freund kennenzulernen.»

Ich lächelte. Susan lächelte. Wir gingen weiter.

«Sind alle außer Rikki informell gekleidet?» fragte ich.

«Nein», sagte Susan. «Hier ist Dan Foley.»

Susan stellte uns vor.

«Sind Sie allein hier?» fragte ich.

Er schüttelte den Kopf.

«Schade», sagte ich. «Ich wollte Sie schon mit Deirdre bekanntmachen.»

Dan entfernte sich zu seiner Frau. Wir erreichten das Buffet. Es gab Shrimpscocktail und einen Salat aus schwarzen Bohnen, Hühnchensaté, kalten, aufgeschnittenen Braten, Frühlingsrollen und Hummermedaillons mit Avocado.

«Verliere ich Glaubwürdigkeit beim Vorstand», fragte ich, «wenn ich mir Bohnensalat auf die Krawatte kleckere?»

«Absolut.»

«Andererseits», sagte ich, «sind die vielleicht so gespannt darauf, endlich den geheimnisvollen Freund kennenzulernen, daß sie mir wahrscheinlich jede Taktlosigkeit verzeihen.»

«Wahrscheinlich.»

Wir aßen. Oder, um genauer zu sein, der Vorstand spachtelte, ich aß und Susan pickte. Als schließlich nichts mehr zu spachteln, essen oder picken übrig war, versammelten sich die Vorstandsmitglieder eher widerstrebend um einen großen Tisch im Sitzungssaal, und die Besprechung begann. Schauspieler und andere Ensembleangehörige standen an den Wänden.

«Ich möchte mich bei Ihnen allen bedanken, daß Sie heute gekommen sind», begann Christopholous und wartete einen Augenblick, bis auch das letzte Getuschel verklang. «Ursprünglich war eine Präsentation unserer Herbstveranstaltung durch den Kapitalbeschaffungsausschuß vorgesehen.»

Niemand sagte auch nur ein Wort. Ein Bursche mit einem knallroten Gesicht sah sogar aus, als würde er ein Nickerchen machen.

«Aber in Anbetracht der schrecklichen Tragödie in dieser Woche habe ich mir die Freiheit genommen, dies zu verschieben, und statt dessen sämtliche Mitglieder der Theaterfamilie gebeten, heute abend zusammenzukommen, um über diese Tragödie zu sprechen. Ich weiß, daß viele von Ihnen beim Empfang bereits den Ehrengast des heutigen Abends kennengelernt haben, aber für alle, die ihn noch nicht kennen...» Er deutete, wie ich fand, ein wenig theatralisch auf mich. Andererseits befanden wir uns ja auch in einem Theater.

«Mr. Spenser ist ein professioneller Detektiv», sagte Christopholous. «Und gewissermaßen gehört er auch zur Port-City-Familie, da er der besondere Freund von Dr. Susan Silverman ist, unserer wunderbaren Vorsitzenden.»

Susan warf mir einen Blick zu und sagte lautlos *Halt den Mund*.

«Susan hat uns Mr. Spenser empfohlen. Im Zusammenhang mit einem anderen Zwischenfall. Er ist ehemaliger Polizeibeamter und heute als Privatdetektiv tätig. Er hat sich bereit erklärt, uns bei dieser furchtbaren Sache mit seinem professionellen Rat zur Seite zu stehen. Mr. Spenser, vielleicht könnten Sie die Diskussion eröffnen.»

Ich meinte, eigentlich müßte ich einen Zeigestock bekommen. Ich blieb sitzen.

«Wir haben es hier womöglich nicht mit einem normalen Mord zu tun», sagte ich. «Die meisten Morde geschehen zum Beispiel nicht in einem vollbesetzten Theater. Sollte sich aber herausstellen, daß dem Mord normale Motive zugrunde liegen – Liebe und Geld –, dann werden sich die Cops wahrscheinlich besser um die Sache kümmern können, als es mir möglich ist. Sie besitzen das nötige Personal. Andererseits müssen sie sich aber auch noch um andere Dinge kümmern. Und wenn sich dieser Fall nicht schnell aufklären läßt, werden sie von anderen Dingen in Anspruch genommen. Ich nicht. Ich kann mich für Sie ausschließlich um diese eine Sache kümmern.»

Rikki Wu hob die Hand. Sie sah aus wie etwa vierzig, trug ein kleines, enges schwarzes Kleid, Saphirohrringe, ein mit Saphiren und Diamanten besetztes Collier und einen Hochzeitsring mit einem Diamanten so groß wie ein Ei. Sie war gekonnt geschminkt. Sie hatte einen breiten Mund. Sie hatte große, dunkle Augen. Und sie schien sehr viel Wert auf ihr Äußeres zu legen.

«Ja, Ma'am.»

«Befindet sich einer von uns anderen in Gefahr?»

«Ich weiß es nicht», antwortete ich.

«Was werden Sie unternehmen?»

«Versuchen, den Mörder zu fassen.»

«Wie können wir Ihnen dabei helfen?»

«Indem Sie mir erzählen, was Sie wissen», sagte ich.

«Ich weiß gar nichts.»

Ich lächelte sie an.

«Seien Sie nicht so hart zu sich selbst», sagte ich. «Spielte die Liebe in Craig Sampsons Leben eine Rolle?»

«Das kann ich Ihnen nicht sagen», erwiderte sie.

Ich sah Christopholous an. Er schüttelte den Kopf.

«Hatte er eine Freundin?»

Christopholous schüttelte den Kopf.

«Einen Freund?»

«Ich weiß es nicht», sagte Christopholous.

Rikki Wu runzelte die Stirn. Es ging alles viel zu schnell für sie.

«Ich verstehe nicht ganz, warum Sie all diese Fragen stellen. Wollen Sie vielleicht andeuten, daß Craig schwul war?»

«Ich frage nur», sagte ich.

«Und warum fragen Sie? Was hat das mit seinem Tod zu tun?»

«Ich weiß es nicht», sagte ich. «Ich weiß nicht, ob er schwul war. Ich weiß nicht, ob seine Sexualität irgend etwas mit seinem Tod zu tun hatte. Wenn er einen Freund oder eine Freundin hat, könnte das jemand sein, mit dem ich vielleicht sprechen sollte. Falls aber nicht, warum nicht?»

Rikki Wu reagierte temperamentvoll.

«Nun, ich denke, das geht Sie wohl einen Dreck an», sagte sie.

«Das sehe ich anders. Dies hier ist eine Ermittlung in einem Mordfall. Wir wissen nichts außer der Tatsache, daß jemand ermordet wurde. Alles andere müssen wir herausfinden, und so etwas findet man heraus, indem man Fragen stellt. Ich habe keine Fakten. Ich suche Fakten. Also stelle ich Fragen. Achtzig, neunzig Prozent der Fakten, die man durch Fragenstellen erhält, sind wahrscheinlich wertlos, allerdings kann man dies nur erfahren, indem man Fragen stellt.»

«Ich finde, Sie packen die Sache zu ungehobelt an.»

«Wenn Sie erst mit DeSpain gesprochen haben, werden Sie mich noch für Jascha Heifetz halten», sagte ich. «Wie steht's mit Geld? Hatte er Schulden? Hatte er Besitz?»

Niemand hatte etwas zu sagen.

«Was ist mit Drogen?»

Rikki Wu reichte es.

«Dies ist unanständig», sagte sie. Ihr Gesicht war gerötet, und die Augenbrauen hatte sie zu einem überaus hübschen Stirnrunzeln gekräuselt, das ihr zweifellos den Diamanten eingebracht hatte.

«Der arme Craig ist das Opfer. Sie tun ja gerade so, als wäre er der Schuldige.»

«Ach, um Himmels willen, Rikki», mischte sich Susan ein. «Normalerweise werden Menschen aus irgendwelchen Gründen ermordet. Und diese Gründe haben oft mit Sex und Geld zu tun.»

«Mir gefällt das einfach nicht», sagte Rikki.

Sie hatte ihre glänzende Unterlippe eine Idee vorgeschoben, was bedeutete, ich sollte jetzt über den Tisch springen und mich vor ihr auf den Boden werfen. Ich taxierte den Tisch und beschloß, daß er zu breit war.

«Es geht hier doch nicht um dich, Rikki», sagte Susan.

Rikki schien erschreckt.

«Ich möchte aber nicht darüber diskutieren», sagte Rikki. «Jimmy?»

Christopholous hatte mit leerem Blick in den Raum gestarrt und wahrscheinlich an die letzten Stücke des Wakefield Master gedacht. Langsam kehrte er in die Gegenwart zurück und lächelte Rikki Wu liebevoll an.

«Darling», sagte er. «Du solltest tun, was immer du möchtest.»

«Ich gehe», sagte sie.

«Ach, Rikki», sagte Christopholous, «mach das nicht. Wir werden alle untröstlich sein. Hol doch bitte mal jemand ein nettes Glas Champagner für Rikki.»

Jemand bot ihr ein Glas an. Der Sturm zog vorüber. Rikki lächelte Christopholous an, akzeptierte ihr «nettes» Glas Champagner und war stillschweigend einverstanden, bei der Besprechung zu bleiben. Der rotköpfige Bursche, der seine Augen ausgeruht hatte, stieß einen blubbernden Schnarcher aus, sein Kopf zuckte, und er starrte einen Moment verdutzt aus der Wäsche, wußte nicht mehr, wo er war. Dann erspähte er sein Champagnerglas, immer noch fast gefüllt, nahm es in die Hand und leerte es, lehnte sich auf seinem Stuhl zurück und setzte eine Miene auf, als wisse er genau, was los war. Es war ein Gesichtsausdruck, den ich selbst schon oft bemüht hatte.

«Okay», sagte ich. «Hier kommt noch eine Frage. Um was zum Teufel ging es bei diesem Stück?»

Wie üblich folgte Stille.

«Es ist keine leichtfertige Frage», sagte ich. «Der Mord könnte etwas mit dem Stück zu tun haben.»

«Das ist doch lächerlich.» Es war Lou Montana, der korpulente und rotgesichtige Regisseur in einer Safarijacke.

«Ein Schauspieler, der auf der Bühne erschossen wird, während er ein Narrenkostüm trägt und ‹Lucky in Love› singt, ist *lächerlich*», sagte ich.

«Nun wie haben *Sie* denn auf das Stück reagiert?» fragte Lou Montana mit unheilverkündender Stimme. Er mußte angehenden Schauspielern eine Scheißangst einjagen.

«Ich fand, es war ein hochgestochener Mischmasch über Schein und Sein.»

«Kunst ist nicht ‹über› etwas», erwiderte Lou müde und setzte dicke, fette Anführungszeichen vor und hinter das *über*. «Es ist Bewegung und Sprache in Raum und Zeit.»

«Vielen Dank», sagte ich.

«Ich habe nicht erwartet, daß Sie das verstehen», sagte Lou.

«Ich auch nicht.»

So ging es den Rest des Abends weiter. Der Vorstand war *wichtig*. Und man war wild entschlossen, mir das auch zu beweisen. Glücklicherweise ging der Wein vor meiner Geduld aus, und die Besprechung war zu Ende. Ich wußte nichts, was ich nicht auch schon vorher gewußt hatte. Vielleicht sogar noch weniger.

Auf dem Weg zum Wagen hielten Susan und ich Händchen. Die feuchte, menschenleere Straße wirkte im unversöhnlichen Licht der Straßenlaternen gnadenlos schäbig. Susan schaute mit einem Lächeln zu mir auf.

«Du willst nicht mit dem Bus des Sicherheitsdienstes zum Berg rauf?» fragte sie.

«Ich bin bewaffnet», sagte ich. «Wagen wir's allein bis zum Auto.»

Während wir gingen, legte Susan ihren Kopf gegen meine Schulter. Ich hörte sie leise lachen.

«Was ist so komisch?» fragte ich.

«Jascha Heifetz?» sagte sie.
Ich zuckte mit den Achseln.
«Manchmal sage ich auch Yehudi Menuhin.»

Kapitel 6

Christopholous' Büro bestand im wesentlichen aus hellem Holz und unverputztem, rotem Ziegel. Die laminierten Deckenbalken, die Fensterrahmen und das breite, gelbe Kiefernparkett waren etwa in der Farbe eines Palominopferdes gefleckt. Christopholous saß hinter einem wuchtigen Eichenschreibtisch, der mit dem restlichen Raum harmonierte. Er trug eine Tweedjacke, und sein breites, rundliches Gesicht über dem graumelierten Bart war sonnengebräunt und sah gesund aus.

«Zunächst möchte ich mich bei Ihnen für den Vorstand entschuldigen», begann Christopholous.

«Intelligent zu sein ist nicht notwendigerweise die vorrangige Funktion eines Vorstandes», sagte ich.

Christopholous lächelte.

«Wie wahr», sagte er. «Die Bereitschaft, Geld zu sammeln oder zu spenden, zählt jedoch sehr viel.»

«Bedeutet so ziemlich alles, würde ich meinen.»

Das Lächeln verschwand nicht, doch Christopholous verlieh ihm einen ironischen Ausdruck.

«Die Künste sind heutzutage ein sehr prekäres Geschäft. Reagan und Bush haben uns die Luft abgedreht. Nicht zu vergessen der liebe Jesse Helms, der argwöhnt, *Vier Schwestern* vertrete ein lesbisches Programm.»

«Die Subventionen sind versiegt, richtig?»

«Im Namen der Sparsamkeit», antwortete Christopholous. «Tabak wird gottverdammt immer noch subventioniert, und das ist ein beschissenes Gift, entschuldigen Sie meine ordinäre Sprache. Geld wird eingespart, indem man den Rotstift im Kulturbereich ansetzt.»

«Das liegt daran, daß in North Carolina keine Kultur angebaut wird», sagte ich.

«Sicher, das weiß ich. Aber die tun so, als ob sie glaubten, Theater und andere darstellenden Künste sollten finanziell unabhängig sein. Um Himmels willen, Shakespeare wurde subventioniert. Wenn die darstellenden und bildenden Künste sich selbst finanzieren sollen, dann müssen sie populär sein. Fernsehen bekommt man, wenn man versucht, die Kunst zu kommerzialisieren. Stücke wie *Handy Dandy* würden dann niemals aufgeführt.»

Ich lächelte.

«Ich weiß. Sie meinen, das wäre kein großer Verlust. Um Ihnen die Wahrheit zu sagen, und ich werde öffentlich leugnen, es je gesagt zu haben, mir gefällt das Stück auch nicht. Aber es ist ein Versuch, sich künstlerisch mit einigen grundlegenden Themen auseinanderzusetzen, und, wie unbeholfen die Umsetzung auch immer sein mag, es ist ein Versuch, der Ermutigung verdient.»

«Besonders, wenn Sie ein Loch in Ihrem Spielplan haben», sagte ich.

«Besonders dann. Ich bin kein Heiliger. Wäre ein besseres Stück verfügbar gewesen, dann hätten wir das inszeniert. Ich versuche hier, mir einen Lebensunterhalt zu verdienen, und sorge dafür, daß das Theater sein Auskommen hat und Publikum anzieht und Geld einbringt, damit dieses Theater läuft. Es bedeutet auch, daß ich Dinge aufführe, die mir nicht gefallen, daß ich Leuten in den Hintern krieche und Kretins ertrage. Andererseits steht uns kein *Cats* für eine schier unendliche Spielzeit zur Verfügung.»

«Dafür können Sie nur dankbar sein», sagte ich.

«Echtes Theater, jede Kunst, bringt die andernfalls wortlosen Impulse der Kultur zum Ausdruck», sagte Christopholous. «Kunst beflügelt das kollektive Bewußtsein. Für das Wohlergehen einer Gesellschaft sind die Künste lebenswichtiger als Raketen oder gesetzliche Krankenversicherung. Wußten Sie, daß das englische Theater aus frühen religiösen Ritualen entstanden ist?»

Christopholous war ein hyperbolischer Laberkopf und ein erbarmungsloser Spendenbeschaffer, und er machte mich müde. Doch außerdem war er einer der großen Denker bezüglich der Rolle des Theaters in dieser Welt. Ich hatte mehrere seiner Bücher gelesen, und die Stimme der Bücher war die gleiche Stimme, die er auch jetzt verwendete.

«*Quem quaeritis*», sagte ich.

Ich gab wieder an, genau wie ich angegeben hatte, als ich «Dramaturg» sagte. Und es funktionierte wieder. Christopholous sah mich an, als hätte ich mich gerade in die Lüfte erhoben.

«Sie sind ein gottverdammt komischer Detektiv», sagte er.

«Ich lese viel bei Überwachungen», sagte ich. «Unterhalten wir uns doch ein bißchen über das Stück.»

«*Handy Dandy?*»

«Ja. Wenn Sie schön langsam reden, kann ich Ihnen auch folgen.»

«Diese Pose kaufe ich Ihnen nicht ab», sagte Christopholous. «Sie wissen erheblich mehr, als man vermuten würde, wenn man Sie so anschaut.»

«Wär schwer, weniger zu wissen», erwiderte ich. «Woran liegt es Ihrer Meinung nach, daß dieses Stück soviel Kritik provoziert?»

«Obgleich krude», sagte Christopholous, «provoziert es die vorgefaßten Meinungen aller. Nicht nur die vorgefaßten Meinungen bezüglich rechts oder links, Rassismus oder Humanismus, sondern jedwede vorgefaßte Meinung. Wenn sie voller mitfühlender, vorgefaßter Meinungen bezüglich Frauen oder Schwarzen in das Stück kommen, werden diese zerstört. Wenn Sie mit feindseligen, vorgefaßten Meinungen über Frauen und Schwarze in das Stück kommen, werden diese zerstört. Es fordert die Leute heraus, über jede einzelne menschliche Erfahrung ohne einen historischen Bezugsrahmen nachzudenken.»

«Ein historischer Bezugsrahmen ist nicht überflüssig», sagte ich.

«Ganz gewiß nicht», sagte Christopholous. «Aber Leonard würde sich auf den Standpunkt stellen, daß man zunächst die schlampig errichtete Fassade einreißen muß, bevor man ein solides Grundgerüst errichten kann. Leonard O stößt jeden vor den Kopf: säkulare Humanisten, fundamentalistische Christen, Konservative, Liberale, Libertäre, Schwarze, Weiße, Frauen, Männer, Juden, Homosexuelle, Heterosexuelle, Bisexuelle, Hare Krishnas, die Amerikanische Ärztevereinigung... wen Sie wollen.»

«Leonard ist der Dramatiker?» fragte ich.

«Ja.»

«Und war das vorhin ‹O›?» sagte ich. «Wie in ‹— verstehen Sie?› oder wie in ‹Die Geschichte der —›?»

«Letzteres.»

«Ist das sein richtiger Name?»

«Das bezweifle ich.»

«Ich muß mit ihm sprechen.»

«Das dürfte interessant werden», sagte Christopholous.

Kapitel 7 Ich saß in DeSpains abgeteiltem Büro in der hinteren Ecke des Großraumbüros in der schmucken, kantigen, einstöckigen und aus rotem Ziegel errichteten Port City Police Station. DeSpain hatte die Jacke abgelegt, seine Waffe aus dem Schulterhalfter genommen und auf den Schreibtisch neben dem Telefon deponiert.

«Beim Zurücklehnen bohrt sich mir das beschissene Ding jedesmal in die Rippen», sagte er.

«Das ist das Problem mit 9-mm-Kanonen», sagte ich. «Die sind einfach nicht bequem.»

DeSpain zuckte mit den Achseln, wie sich ein Pferd schüttelt, wenn eine Fliege auf ihm landet.

«Haben Sie irgendwas über den Sampson-Mord, oder wollen Sie nur quatschen?»

«Ich habe gehofft, Sie hätten etwas.»

«Ich kann Ihnen sagen, was ich habe», sagte DeSpain. «Der Mörder war vermutlich männlich. Es besteht keine Übereinstimmung, was seine Kleidung betrifft, außer daß sie schwarz war. Er hatte so was wie eine schwarze Maske auf dem Kopf, mit Löchern für die Augen, die er hineingeschnitten hat. Er kam während des Stückes herein und stand vielleicht zehn Minuten am hinteren Ende des Mittelganges. Die Leute dachten, er gehört zum Stück. Die Kanone könnte eine Sportpistole gewesen sein, aber um Ihnen die Wahrheit zu sagen, keiner der Augenzeugen kann eine Handfeuerwaffe von seinem Schwanz unterscheiden. Einig sind sich alle Zeugen darin, daß er einen Schuß abgefeuert und die Waffe weggesteckt hat und dann hinausgegangen ist. Kein Mensch hat gesehen, wohin er gegangen ist. Die Gerichtsmedizin hat eine .22er-Kugel rausoperiert.»

DeSpain nahm seine Kanone vom Tisch und richtete sie auf einen Punkt über meiner Schulter.

«Bingo», sagte er. «Mitten durchs Herz.»

«Vielleicht ist der Bursche ein Sportschütze», sagte ich. «Gibt mit seiner .22er an.»

«Die waren vor einiger Zeit mal groß in Mode», sagte DeSpain. «Mafiatypen haben .22er benutzt.»

«Oder vielleicht ist es auch die einzige Kanone, die er in die Finger kriegen konnte.»

«Und es war nur ein Glückstreffer», ergänzte DeSpain.

«Was wissen Sie über das Opfer?»

«Was soll das hier werden, eine Hilfe in Notlagen oder was?» sagte DeSpain.

«He, ich erzähle Ihnen alles, was ich weiß», sagte ich.

«Einen Scheißdreck haben Sie mir erzählt», knurrte DeSpain.

«Stimmt, aber immerhin alles, was ich weiß.»

DeSpain schüttelte den Kopf, und mit einer langsamen Kreisbewegung seines Fingers durch den Abzugsbügel drehte er die Kanone auf dem Schreibtisch.

«Ich weiß auch nicht viel mehr als Sie. Hat in New York Schauspielerei studiert. Hat in Stücken mitgespielt, von denen ich noch nie gehört habe, in Theatern, von denen ich auch noch nie gehört habe. Hat hier oben ein Engagement gefunden. War Einzelgänger. Hielt sich von Schwierigkeiten fern. Klingt das so, als kämen wir der Sache näher?»

«Fingerabdrücke?»

«Keinerlei Unterlagen, daß ihm jemals irgendwo Abdrücke genommen wurden.»

«Und, was meinen Sie?» sagte ich.

«Ich meine, keiner von uns weiß einen Furz», sagte DeSpain. Er ließ die Kanone weiter langsam kreisen.

«Tja», sagte ich. «Wegen irgendwas ist er ja wohl ermordet worden.»

«So ist das normalerweise», sagte DeSpain.

«Ja, aber bei diesem Fall mehr als bei den meisten anderen», sagte ich. «Ich meine, wenn man den Typen einfach auf Eis legen will, dann zieht man sich doch kein schwarzes Kostüm an und erschießt ihn auf der Bühne mitten in einem vollbesetzten Theater.»

«Ich würd's nicht so machen», sagte DeSpain.

«Genau. Aber jemand wollte damit was sagen.»

«Und hat's auch getan», sagte DeSpain. Er lächelte ein breites Wolfsgrinsen. «Nur daß wir leider nicht wissen, *was* er uns damit sagen wollte.»

«Er war eine ganze Weile dort», sagte ich. «Worauf hat er gewartet?»

«Vielleicht darauf, daß Sampson an den Bühnenrand trat», sagte DeSpain. «Um einen sauberen Schuß plazieren zu können.»

«Oder vielleicht auch darauf, daß Sampson den Text sagte, den er sagte, damit der Mord eine Bedeutung erhielt.»

«Für wen?»

«Keine Ahnung.»

«Ich auch nicht», sagte DeSpain. Er hörte auf, die Kanone herumzuwirbeln, und trommelte statt dessen leicht mit einem Zeigefinger von der Größe eines Totschlägers darauf.

«Aber es könnte auch etwas mit Liebe zu tun haben», sagte ich. «Davon hat er gesungen, als er erschossen wurde.»

«*Lucky in Love*», sagte DeSpain.

«Dann haben Sie also auch schon darüber nachgedacht.»

«Etwas.»

«Dann könnte es für eine Geliebte oder einen Geliebten also etwas bedeuten», sagte ich.

«Nur daß er eben niemanden hatte», erwiderte DeSpain.

«Von dem oder der Sie wissen», sagte ich.

«Wissen Sie von jemandem?»

«Nein.»

DeSpain zeigte wieder das Wolfsgrinsen, zog ohne eine Spur Wärme oder Humor die Lippen von den Zähnen zurück. Er hatte große Zähne und vorstehende Eckzähne.

«Vielleicht war's ein Bekloppter», sagte er. «Hält sich für einen Ninja-Mörder. Kauft sich eine Eintrittskarte. Geht durch die Eingangstür, setzt die Maske auf, kratzt seinen Mumm zusammen, begeht die Tat.»

«Ah ja, deshalb hat er auch so lange da gestanden», sagte ich. «Um seinen Mumm zusammenzukratzen.»

«Klar. Fällt manchen Leuten gar nicht so leicht.»

«Haben Sie eine Psycho-Akte?» fragte ich.

«Klar.»

«Paßt es auf irgendwen?»

«Erst wenn wir überhaupt nicht mehr weiterwissen», sagte DeSpain.

«Dann machen Sie's passend», sagte ich.

«Ich habe schon eine Menge Kanthölzer in runde Löcher gequetscht», sagte De Spain. «Man muß nur einfach kräftig drücken.»

DeSpain hatte die Schußwaffe inzwischen aufgenommen und ließ sie nun wie ein Filmcowboy am Abzugsbügel um den Zeigefinger wirbeln.

«Sie waren mal Cop», sagte er.

«Kann ich die Akte einsehen?» fragte ich.

DeSpain hörte nicht auf, mit der Kanone zu spielen, griff aber zu dem Computer hinter seinem Schreibtisch und schaltete ihn mit der linken Hand an. Als der Bildschirm leuchtete, bearbeitete er eine Weile die Tasten. Eine Namenliste tauchte auf dem Monitor auf.

«Wollen Sie einen Ausdruck?» fragte er. «Oder reicht lesen?»

«Ausdruck», sagte ich.

DeSpain schaltete den Drucker ein, tippte wieder auf ein paar Tasten, und die Liste wurde ausgedruckt.

«In ein paar Jahren», sagte DeSpain, «werden es einem diese Kisten ganz abnehmen, die Bürgerrechte von Verdächtigen zu verletzen. Dann braucht man nicht mal mehr einen Finger zu heben.»

Das Papier schob sich aus dem Drucker, DeSpain nahm es und reichte es mir. Mit dem Lauf der Kanone deutete er auf die Liste.

«Ist nicht leicht, bei Bekloppten auf dem laufenden zu bleiben», sagte er. «Kann sein, daß die Liste mal wieder auf den neuesten Stand gebracht werden müßte.»

Ich nickte.

«Wenn Sie irgendwas rausfinden, kommen Sie sofort hier reingeflitzt und erzählen's mir», sagte DeSpain.

«Sicher. Wer bearbeitet den Fall?»

«Ich», sagte DeSpain.

«Sie wollen in Übung bleiben?»

«Klar.»

«Wenn ich etwas herausbekomme, werde ich Sie's wissen lassen», versprach ich.

«Wär nett», sagte DeSpain. Mit dem Lauf der Kanone kratzte er sich hinter dem Ohr. «Wir bekämpfen das Verbrechen hier oben Tag und Nacht», sagte er. «Tagsüber und gottverdammt auch nachts.»

«Ständige Wachsamkeit ist der Preis der Freiheit», sagte ich.

DeSpains Wolfsgrinsen flammte wieder auf. Es war beinahe ein Reflex. In diesem Lächeln lag auch nicht die Spur von Humor, genausowenig in den Augen, die so hart und ausdruckslos waren wie zwei Kiesel.

«Ja», sagte er. «So ist das.»

Kapitel 8

Wir standen vor einem dreihundert Jahre alten Bauernhaus auf knapp fünf Hektar Land etwa drei Meilen vom Zentrum Concords entfernt und warteten auf die Maklerin. Man sah dem Haus sein Alter nicht an, andererseits sah es aber auch nicht aus wie mein Alter. Die Beete an den Fundamenten waren überwuchert, der Außenanstrich blätterte ab, einige Fensterbänke waren verzogen und wellig. Das Grundstück neigte sich sanft zu einem Bach hinunter und ging dahinter in dicht bewaldetes Sumpfland über, dessen Laubbäume sich bereits verfärbten. Von den meisten Stellen des Anwesens war kein weiteres Zeichen menschlicher Besiedlung zu sehen.

Pearl the Wonder Dog raste in stetig größer werdenden Kreisen herum, die Nase immer auf dem Boden, den kurzen Schwanz aufgerichtet. Nach jedem vollen Kreis kam sie zu Susan zurückgelaufen, stellte sich mit offenem Maul vor sie und starrte sie einen Augenblick an. Susan streichelte sie dann, und Pearl sauste zu einem neuerlichen Kreis fort.

Ein einsamer Eichelhäher segelte in weitem Bogen durch einige Kiefern herein und ließ sich auf dem Rasen nieder, legte den Kopf auf die Seite und lauschte nach Würmern. Er hörte keine und schwang sich wieder auf, kreiste dichter an uns heran, bevor er sich schließlich auf dem Zweig eines Rotahorn niederließ. Wie die meisten Vögel schien er nie wirklich ruhig zu sein, bewegte ständig den Kopf, flatterte mit den Flügeln oder machte aus keinem mir ersichtlichen Grund kurze, abrupte Hüpfer auf seinem Ast. Andererseits mochte er mich auch für phlegmatisch gehalten haben, wie ich im letzten Schimmer der untergehenden Sonne neben einer eindrucksvollen Frau lässig am Wagen lehnte. Wahrscheinlich gab es mindestens dreizehn verschiedene Sichtweisen, einen Eichelhäher einzuschätzen.

«Das ist das Haus», sagte Susan.

«Perfekt», sagte ich. «Nachdem wir geklärt haben, daß wir nicht zusammenleben können, sollten wir gemeinsam ein Haus auf dem Land kaufen.»

«Wir haben aber auch geklärt, daß wir die Wochenenden zusammen verbringen können», gab Susan zu bedenken.

«Das liegt nur daran, daß du mich immerzu mit endlosen sexuellen Interventionen ablenkst», sagte ich.

«Kommt mir gar nicht so endlos vor», sagte Susan. «Seit ich das Haus in Maine verkauft habe, bin ich der Meinung, wir sollten uns außerhalb der Stadt ein Wochenendhaus kaufen, mit etwas Land drum herum, das wir einzäunen können, damit Baby herumlaufen und uns auf Vögel aufmerksam machen kann.»

«Pearls Instinkte laufen mehr darauf hinaus, auf Kekse der Marke Oreo hinzuweisen, finde ich.»

Susan ignorierte die Bemerkung.

«Und das hier ist genau das Richtige. Es ist runtergekommen, also kriegen wir's billig. Dann reparierst du es, und wir kommen an Herbstwochenenden mit Pearl raus und rösten Kastanien und lassen es uns gutgehen.»

Wenn sie etwas wirklich richtig ernst meinte, interessierte sie sich nur für wenig anderes. Außer wie üblich für mich.

«Wir lassen es uns doch immer gutgehen», sagte ich.

«Ja. Das tun wir», sagte Susan. «Kommst du in Port City weiter?»

«Sicher. Hawk behält Christopholous im Auge, der von niemandem verfolgt wird», sagte ich. «Ich hatte ein nettes Gespräch mit DeSpain.»

«Weiß er irgendwas?»

«Nein. Er hat mir die Psycho-Liste gegeben. Aber das bringt uns auch nicht weiter.»

«Taugt er was?» fragte Susan.

«Du meinst DeSpain? Ja. Er ist ein guter Cop. Ein sehr zäher Cop.»

«Zu zäh?»

«Das finden manche Leute.»

«Zäher als du?»

«Gab noch kein Pferd, das nicht auch geritten werden konnte, kleine Lady. Gab noch keinen Reiter, der nicht abgeworfen werden konnte.»

«Meine Güte», sagte Susan. «Soll das heißen, er könnte tatsächlich zäher sein?»

«Soll heißen, vielleicht finden wir das eines Tages mal heraus», sagte ich. «Was weißt du über Rikki Wu?»

«Rikki?»

«Ja. Es ist nicht viel, aber bislang ist sie die einzige, die etwas dagegen hatte, daß ich den Mord untersuche.»

«Oh, also, ja, ich denke schon. Es fällt schwer, Rikki ernst zu nehmen.»

«Irgendwer tut's aber», sagte ich. «Wenn sie allein den Schmuck versetzen würde, den sie neulich abends getragen hat, könnte sie dieses Haus hier locker kaufen.»

«Ihr Mann, Lonnie Wu, ist ziemlich vermögend, und Rikki ist total verwöhnt. Eine echte chinesisch-amerikanische Prinzessin. Was ihr das Gefühl verliehen hat, praktisch alles zu dürfen.»

«Vielleicht sollten wir sie mit Pearl bekannt machen», schlug ich vor.

«Eine kanide amerikanische Prinzessin», sagte Susan. «Rikki spendet dem Theater große Summen.»

«Und jetzt sitzt sie im Vorstand», sagte ich. «Könntest du es vielleicht arrangieren, daß ich mit ihr zu Mittag esse?»

«Ich bin nicht sicher, ob sie dich sehen will.»

«Laß doch ihr gegenüber fallen, daß ich aus der Stadt der tollen Typen komme.»

«Ich werde sie bitten, mit uns beiden essen zu gehen, und dann wird einer meiner Patienten unerwartet eine Krise bekommen, und du kannst mich bei ihr entschuldigen.»

«Okay», sagte ich. «Aber ich finde, Stadt der tollen Typen hätte auch bestens funktioniert.»

«Rikki ist viel zu egozentrisch, um kokett zu sein», sagte Susan.

«Da sieht man mal wieder, was du schon weißt», sagte ich.

«Glaubst du im Ernst...», setzte Susan an, aber Pearl begann zu bellen und herumzuspringen, und die Maklerin fuhr in ihrem kastanienbraunen Volvo-Kombi vor. Als die Maklerin ausstieg, sauste Pearl sofort zu ihr und rammte der guten Frau die Schnauze genau zwischen die Schenkel.

«Wie peinlich», sagte Susan.

Die Maklerin lächelte und tätschelte Pearls Kopf. Ihr machte es überhaupt nichts aus. Sie wußte, Pearls Besitzer war eine fette Beute.

«In das Haus muß man noch eine Menge Arbeit stecken», sagte ich.

«Wir ziehen den Ausdruck vor: ‹Es besitzt großes Potential›», korrigierte die Maklerin.

«Darauf wette ich», sagte ich.

«In dieser Preisklasse. In einer niedrigeren Preisklasse würden wir den Ausdruck ‹Sonderangebot für Heimwerker› bevorzugen», sagte sie.

«Du magst solche Arbeit doch», meinte Susan zu mir.

«In meinem eigenen Tempo, ja», erwiderte ich.

«Natürlich», sagte Susan und lächelte mich an.

Ich erwiderte das Lächeln. Ich glaubte ihr keine Sekunde, aber ihr Lächeln war jede Unterwerfung wert. Und so kam es, daß ich eine Stunde später Miteigentümer eines sehr großen Hauses mit einer gigantischen Hypothek war, das an einer Straße lag, an der andere Hausbesitzer Kühe züchteten und Pferde ritten und Volvo-Kombis fuhren.

Wäre ich nicht so heroisch, wäre ich nervös gewesen.

Kapitel 9

Ich kam mir vor wie ein Mann, der Aufnahmeprüfungen mit Bewerbern für ein College durchführt. Den ganzen Tag hatte ich in der letzten Reihe des leeren Theaters gesessen und Leuten über Craig Sampson Fragen gestellt. Um acht Uhr morgens hatte ich mit Leonard O persönlich angefangen, der im Theater war, weil er einen Vorsprechtermin angesetzt hatte, um einen Ersatz für Craig Sampson zu finden. Als erstes fiel mir auf, daß Leonard keinen Bart hatte. Es war durchaus nicht so, daß er glattrasiert war; er schien einfach noch nie eine Rasur nötig gehabt zu haben. Sein blondes Haar war schulterlang und strähnig. Er hatte eine helle Stimme wie das Meckern einer Ziege, und er kaute hektisch auf einem Kaugummi herum. *Mir dünkt, er ist ein Wallach oder eine Stute.*

Wir schüttelten uns die Hand. Seine Augen schienen mich gar nicht zu registrieren, und sein Händedruck war ein schlaffes Pressen mit den Fingerspitzen.

«Ich habe nicht viel Zeit», sagte er. «Ich muß mir den ganzen Tag Schauspieler anhören, die meinen Text vermurksen.»

Er sah mich nicht an, während er sprach. Sein Blick huschte ohne jeden ersichtlichen Grund hierhin und dorthin.

«Ich untersuche den Mord an Sampson», sagte ich.

«Mord ist die blutigste der schöpferischen Künste», sagte er.

«Ich dachte eigentlich, es sei eine destruktive Kunst», meinte ich.

«Der Tod des Individuums mag destruktiv sein», erwiderte O. «Aber die Handlung an sich, ihre Konzeption und Durchführung kann recht raffiniert, ja sogar kunstvoll sein.»

«Bei Zugaben wird's schwierig.»

O reagierte spöttisch.

«Wie so viele Menschen bedienen Sie sich der engstirnigsten möglichen Vorstellungen zur Beschreibung der Kunst», sagte er. «Museumskunst.»

«Ich liebe diesen Norman Rockwell, Sie nicht?» sagte ich.

«Machen Sie sich nicht lächerlich», sagte O.

«Fällt Ihnen irgendein Grund ein, warum jemand Craig Sampson ermordet haben könnte?» sagte ich.

Os Blick zuckte an mir vorbei. Seine Augen waren ständig in Bewegung, und er sah mich niemals mehr als nur flüchtig an.

«Natürlich, Dutzende von Gründen: unerwiderte Liebe, Leidenschaft, Eifersucht, Rache, Lust ausgedrückt durch Gewalt, politischer Eifer, Geld, Habgier...»

O zuckte mit den Achseln, als wolle er damit andeuten, bislang nur an der Oberfläche gekratzt zu haben.

«Stolz, Lust, Neid, Wut, Begierde, Völlerei und Trägheit», ergänzte ich. «Daran habe ich auch schon gedacht. Gibt's noch was weniger Allgemeines?»

«Ich kannte ihn nur als Schauspieler in meinem Stück. Er war ungeeignet. Aber alle anderen Kandidaten waren noch ungeeigneter.»

«Was war sein größter Fehler?» sagte ich.

«Leidenschaft. Er artikulierte die Worte wie ein automatisches Klavier. Er hatte kein Gefühl für die gefühlsbetonten Rhythmen, die sich unterhalb der Sprache regen.»

«Das ist mir auch aufgefallen», sagte ich.

Os Augen bewegten sich schnell. Er kaute auf seinem Gummi.

«Es ist die größte Frustration eines jeden Dramatikers, daß seine Kunst nur entsteht durch die Instrumentation der Schauspieler. Fast schon per definitionem ist die Seele, die handeln will, viel zu beschränkt, um die Last der Vision eines Künstlers zu tragen.»

«Schöne Scheiße», sagte ich.

Os Blick huschte nervös auf seinem Weg von der einen leeren Wand zur anderen über mich. Seine Augen waren hellblau und so kontrastarm wie der Boden eines Kuchentellers.

«Gibt es irgend etwas in dem Stück, das ich vielleicht nicht mitbekommen habe und das einen Mord auslösen könnte?» fragte ich.

«Davon gehe ich fast aus», sagte O. «Mein Stück spricht die tiefsten Impulse des Menschen an und stellt seine tiefsten Überzeugungen in Frage. Für den kleinen Teil der Menschheit, der in vollem Umfang zu einer Reaktion fähig ist, ist diese Herausforderung bedrohlich, und eine reinigende Wut ist eine denkbare und mögliche Reaktion.»

«Neben Mitleid und Erschrecken», sagte ich.

Was zur Folge hatte, daß mich O fast eine Minute lang fixierte. Doch er fing sich wieder und ließ seinen Blick auf eine Wand gleiten und bearbeitete hektisch sein Kaugummi.

«Sind Sie schon einmal bedroht worden?» fragte ich.

«Mensch zu sein bedeutet bedroht zu sein», erwiderte O.

Er hatte einen dürren Hals, der sich problemlos umdrehen ließ, sollte jemandem danach sein.

«Könnten Sie mir mehr darüber erzählen?» fragte ich.

«Über die Bedrohung der Menschheit?» Traurig schüttelte O den Kopf. «Davon habe ich Ihnen schon mein gesamtes Theaterleben erzählt.»

«Irgendwelche bestimmten Drohungen von einem bestimmten Menschen?»

O zuckte mit den Achseln und schüttelte den Kopf, als sei diese Frage schrecklich öde.

«Sind Sie schon mal verfolgt worden?»

In gespieltem Erstaunen wippte O ein wenig zurück.

«Entschuldigen Sie?» sagte er.

«Verfolgt, gejagt, beschattet?»

O lächelte beinahe. «Vielleicht vom Engel des Todes.»

«Abgesehen von dem», sagte ich. «Oder ihr.»

«Was für eine merkwürdige Frage. Warum fragen Sie?»

«Ich bin ein merkwürdiger Bursche, also, sind Sie?»

«Natürlich nicht.»

Einen Augenblick lang saßen wir schweigend da und schauten uns an. O bearbeitete das Kaugummi, als hätte er nur noch wenige Minuten, um es gefügig zu machen.

«Ich habe eine Frage für Sie, Spenser», sagte er. «Haben Sie irgend etwas von meinem Stück verstanden, als Sie es gesehen haben?»

«Das habe ich tatsächlich, O – die Sache mit Tiresias, die Sie von Eliot geklaut haben.»

Schlagartig blühte ein sensationelles Rot auf Os glattem, weißem Gesicht auf. Er erhob sich.

«Ich ‹klaue› nicht», sagte er. «Das war eine Hommage.»

«Natürlich», sagte ich. «Das ist es immer.»

Kapitel 10 Deirdres Brustumfang war ebenso aggressiv wie neulich auf dem Empfang, und das gleiche galt für sie.

«Endlich mal allein», sagte sie, als sie sich setzte.

Sie hätte fünfundzwanzig sein können, hatte große, blaue Augen und eine Menge rotbrauner Haare, offen und voll. Ihre dunkelgrüne Spandex-Fitneßstudio-Kluft schillerte irisierend. Ein graues Sweatshirt XXL reichte fast bis zu ihren Knien. Vorne drauf ein Logo der New York Giants.

«Craig Sampsons Verlust ist unser Gewinn», sagte ich.

«Oh, tut mir leid», sagte sie. «Bei so einer schrecklichen Sache wollte ich nicht leichtfertig klingen.»

«Ich bezweifle, daß sich dadurch für Sampson viel ändert», sagte ich. «Was können Sie mir über ihn erzählen?»

«Er war lustig», sagte Deirdre. «Er ist viel rumgekommen, wissen Sie, und kannte sich eben aus.»

«Wobei?»

«Entschuldigen Sie?»

«Wobei kannte er sich aus? Was genau war das?»

«Ach, Sie wissen schon, was ich meine. Er war älter. Er kannte die ganze Theaterszene in New York. Er hat schon auf Kreuzfahrtschiffen gearbeitet und bei Dinnertheatern gespielt. Mit ihm konnte man echt gut über die Branche reden.»

«Hatte er Ihres Wissens schon mal Schwierigkeiten?»

«Wer? Craig? Nein. Der war viel zu smart. Er hat seine Nase sauber und seinen Mund geschlossen gehalten und sich um seinen eigenen Kram gekümmert.»

«Liebesleben?»

«Schwul ist er jedenfalls nicht gewesen. Da bin ich ziemlich sicher. Beim Theater ist das keine besonders große Sache, wissen Sie? Und außerdem, ich merke so was. Er war hetero.»

«Hatte er eine Freundin?»

«Keine aus dem Ensemble. Ich weiß auch nicht, warum. Er hatte jede Menge Chancen, aber er schien nicht interessiert.»

«Außerhalb des Ensembles?»

Deirdre saß schräg auf ihrem Platz und hatte die Beine untergeschlagen. Es war schwer, sich vorzustellen, wie sie diese Position eingenommen haben konnte, aber sie sah gut dabei aus, also vermutete ich, daß es kein Zufall war.

«Ach, ich weiß nicht», sagte sie. «Die meisten von uns haben nicht viel Privatleben außerhalb des Theaters. Verstehen Sie? Ich meine, Port City... also echt!»

«Ist er viel fort gewesen? Boston? New York?»

«Nicht, soweit ich mich erinnere. Die meisten von uns arbeiten die meiste Zeit. Er ist ein paarmal nach New York gefahren, wenn im Theater Pause war, hat einen Commercial gedreht. Sagte er.»

«Was für Commercials?»

«Keine Ahnung. Ich sehe nie fern. Und ich würde nie Commercials machen. Craig hat gesagt, damit deckt er seine Unkosten.»

«Hatte er einen Agenten?»

«Keine Ahnung.»

«Irgendein Management?»

«Keine Ahnung.»

«Wie ist er an die Commercials gekommen?»

«Keine Ahnung. Es war keine große Sache. Von Zeit zu Zeit ist er gegangen und wiedergekommen und hat gesagt, er habe einen Commercial gemacht. Es ist uncool, über solche Sachen zu viele Fragen zu stellen.»

«Es sei denn, ich tu's», sagte ich.

«Oh, alles, was Sie tun, ist cool», sagte Deirdre.

«Ist eine Gabe», sagte ich.

Sie grinste mich an, total von sich eingenommen, zufrieden mit ihrem Körper, ihre sexuelle Attraktivität genießend, glücklich über ihren Beruf, optimistisch, was die Zukunft betraf, jünger als ein junger Beaujolais.

«Und, was meinen Sie? Haben Sie schon irgendwelche Spuren?»

«Noch nicht.»

«Haben Sie eine Menge schwieriger Fälle?»

«Tja, irgendwie ergibt sich das zwangsläufig so. Normalerweise werde ich nicht gerufen, wenn die zuständigen Cops den Fall selbst schnell aufklären können. Doch selbst dann sind die meisten Fälle nicht wirklich kompliziert zu knacken. Eine Menge sind allerdings erheblich komplizierter abzuschließen.»

«Was meinen Sie denn damit?»

«Ich meine, manchmal weiß ich, wer es getan hat, aber ich bin nicht sicher, was ich deswegen unternehmen soll.»

«Was machen Sie dann?» wollte Deirdre wissen.

«Normalerweise habe ich zwei Möglichkeiten. Entweder folge ich meinem Instinkt, geleitet von Erfahrung, oder aber ich mache, was Susan sagt.»

Deirdre grinste wieder.

«Ich mache jede Wette, Sie tun nicht, was irgendwer sagt.»

Ohne sich zu bewegen, wirkte sie irgendwie zappelig.

«Hatten Sie auch schon mal einen Fall, bei dem es überhaupt keine Spuren gibt? Sie wissen schon, wenn Sie, also, überhaupt nicht dahinterkommen, wer's gewesen ist.»

«Ich löse alle meine Fälle», sagte ich. «Einige sind bislang einfach noch nicht abgeschlossen.»

Deirdre applaudierte leise.

«Toller Spruch», sagte sie.

«Danke, ich arbeite gerade an meiner Anzeige für die Gelben Seiten.»

Kapitel 11

In einem flotten weißen Regenmantel, besetzt mit Regentropfen, und mit einem nassen Regenschirm, der wie ein chinesischer Sonnenschirm aussah, betrat Rikki Wu das Restaurant ihres Mannes, als ginge sie auf eine Yacht. Der Knabe an der Kasse sprang auf, nahm ihr Mantel und Schirm ab und verschwand damit. Kein Mensch hatte sich für meine Jacke interessiert, die ich über die Rückenlehne eines Stuhls gehängt hatte. Sie suchte den Raum nach Susan ab. Es waren fast keine anderen Mittagsgäste da. Vielleicht lag's ja am Regen. Oder vielleicht aßen die meisten Leute in der Innenstadt von Port City auch einfach nicht zu Mittag. Ihr Blick streifte mich, verharrte, kehrte zurück und blieb auf mir liegen.

Ich stand auf. Sie kam zu mir herüber.

«Mrs. Wu», begrüßte ich sie.

«Wo ist Susan?»

«Sie hatte einen Notfall bei einem Patienten», sagte ich. Ich zog Rikki Wu einen Stuhl heraus. Sie wirkte perplex.

«Dann sind wir zwei also allein?» fragte sie.

«Ja, aber zum Ausgleich werde ich doppelt so lebendig und amüsant sein», sagte ich.

Rikki Wu wirkte beklommen, setzte sich aber.

Ursprünglich war das Restaurant ein Laden mit Schaufenstern zur Straße und danach eine Pizzeria. Die Schaufenster waren bis auf halbe

Höhe mit einer ziehharmonikaähnlichen weißen Papierjalousie verhängt. Darüber war das Glas aufgrund der feuchten Witterung beschlagen. Ein Kellner brachte uns Tee und blieb stumm neben uns stehen. Soweit dies im Stehen möglich war, hatte er sich praktisch demütig vor unseren Füßen niedergeworfen. Ohne ihn anzuschauen, sagte Rikki Wu etwas auf Schnellfeuerchinesisch. Er verbeugte sich, wich zurück und verschwand.

«Ich hoffe, Sie haben nichts dagegen», sagte Rikki mit einem Tonfall, der nahelegte, daß es ihr gleichgültig war, ob es mir etwas ausmachte oder nicht. «Ich habe mir die Freiheit genommen, für uns beide zu bestellen.»

«Ich habe nichts dagegen.»

Ich beobachtete, wie sie die Tatsache verarbeitete, daß sie mit mir allein war, und auch, wie sich ihre Persona auf diese Tatsache einstellte. Sie lächelte mich an. In ihrem Lächeln lag eine Spur von verschwörerischer Vertrautheit. Rikki Wu war Sex. Ich war ziemlich sicher, daß sie verwöhnt, egozentrisch und oberflächlich war. Vielleicht grausam. Ganz bestimmt aber gedankenlos, was andere Menschen betraf. Aber sie war Sex. Sie mochte sicher Sex, sie brauchte ihn bestimmt, sie würde mehr haben wollen, als die meisten Menschen bereit waren zu geben, und sie würde dabei völlig mit sich selbst beschäftigt sein. Zu viele Jahre hatte ich mit der Suche danach verbracht und gelegentlich auch dabei, um nicht zu wissen, wann ich es sah. Und ich sah es jetzt. Einmal im Monat würde es ein Mordsspaß mit ihr sein.

«Nun», sagte sie, «hier sind wir also.»

«Mit schläfrigen Augen und gähnend», sagte ich. «Sehen Sie nur, wie spät es wird.»

«Sind Sie schläfrig?»

«Das ist aus einem Lied. Ich habe gelegentlich solche Höhenflüge.»

«Oh, wie interessant.»

Der Kellner kam, stellte eine große Platte mit verschiedenen *dim sum* vor uns und entfernte sich wieder verbeugend. Rikki Wu servierte ein paar Stückchen auf meinen Teller.

«Vielen Dank», sagte ich. «Kannten Sie Craig Sampson gut?»

«Oh, nein.»

«Sie wirkten neulich abends sehr besorgt, was ihn betrifft.»

«Ich habe ihn bewundert, seine Arbeit», sagte Rikki Wu. «Er war ein guter Schauspieler. Und die versteckten Andeutungen in ihren Fragen haben mir nicht gefallen.»

Ihr Englisch war perfekt und klang sehr förmlich. Ihr Chinesisch hatte ebenfalls flüssig geklungen, auch wenn ich das wirklich nicht beurteilen konnte, mal abgesehen davon, daß sie sehr schnell gesprochen hatte.

«Ja. Tut mir leid, daß ich fragen mußte. Sind Sie hier geboren?»

«In Port City?»

«In den Vereinigten Staaten.»

«Nein. In Taipeh.»

«Dann sind Sie also nicht mit Englisch aufgewachsen.»

Sie lächelte.

«Ja. Wirklich sehr interessant, daß Sie das bemerken.»

«Es klingt wie Ihre Muttersprache», sagte ich.

«Ja. Ist es auch. Genau wie Kantonesisch, mit dem ich vorhin den Kellner angesprochen habe. Und Mandarin.»

«Sie beherrschen die chinesischen Dialekte so gut, wie Sie Englisch sprechen?»

«Oh, gewiß.»

«Worin denken Sie?» fragte ich.

«Entschuldigen Sie?»

«Wenn Sie allein sind, sich Dinge durch den Kopf gehen lassen, in welcher Sprache denken Sie dann?»

Sie zögerte und trank einen Schluck Tee. Vielleicht dachte sie nie über irgend etwas nach, wenn sie allein war.

«Ich weiß nicht... Ich würde sagen, es kommt ganz darauf an, woran ich denke.» Sie lächelte. «Oder an wen.»

«Denken Sie oft an Craig Sampson?»

«Ja. Es ist so tragisch. So ein brillanter junger Mann, dessen Leben so unerwartet und plötzlich beendet wurde.»

«Haben Sie viel an ihn gedacht, bevor er tot war?»

Ihre Pupillen weiteten sich. Sie nippte wieder an ihrem Tee. Dann verengten sich ihre Augen ein wenig, und sie fixierte mich streng über den Rand der Teetasse.

«Was wollen Sie damit andeuten?» fragte sie kühl.

«Mrs. Wu, ich rede einfach nur so daher. Ich suche nach einem Ansatzpunkt. Auf keinen Fall möchte ich irgendwelche versteckten Andeutungen machen.»

«Zwischen Craig und mir war nichts. Außerhalb der Bühne kannte ich ihn kaum.»

«Leben Sie hier in Port City?»

«Auf dem Berg», sagte sie.

«Natürlich. Wissen Sie von irgendwelchen Beziehungen zwischen ihm und einer Frau aus der Stadt?»

«Wieso muß er denn eine Beziehung gehabt haben? Ich weiß von keiner Beziehung, die er in der Stadt oder sonstwo gehabt hat. Warum fragen Sie das immer und immer wieder?»

«Weil die meisten Menschen eine haben, selbst wenn es nur eine flüchtige, sexuelle Beziehung ist. Und er scheint keine gehabt zu haben. Das ist vielleicht ein wenig ungewöhnlich. Wenn man nichts weiß, dann lenkt man sein Augenmerk auf das *Ungewöhnliche*.»

«Warum fragen Sie das ausgerechnet mich immer wieder?»

«Ich frage jeden immer wieder. Nur jetzt sind Sie hier.»

«Ich finde das langweilig», sagte Rikki Wu.

«Okay. Dann werden wir unsere Aufmerksamkeit aufregenderen Dingen zuwenden», sagte ich. «Soll ich Ihnen mal einen Liegestütz auf einem Arm vormachen?»

«Können Sie das wirklich?» fragte sie.

«So viele Sie wollen.»

Sie entspannte sich. Wir waren wieder im Reich des Körperlichen. Das war ihr Gebiet.

«Sie müssen sehr stark sein», sagte sie.

«Aber ehrlich», sagte ich. «Und gutherzig.»

«Vielleicht machen Sie mir das irgendwann mal vor, wenn wir an einem etwas weniger öffentlichen Ort sind.»

«Wir könnten uns im Fitneßcenter verabreden», schlug ich vor.

Sie runzelte die Stirn. Vielleicht war ich doch nicht so witzig, wie ich meinte. Oder vielleicht hatte sie nicht besonders viel Sinn für Humor. Wahrscheinlich eine chinesische Sache. Ich aß etwas von meinem *dim sum*. Sie trank noch einen Schluck Tee. Das *dim sum* war nicht so besonders. Aber dafür gab's jede Menge.

«Trainieren Sie?» fragte sie.

«Sicher», sagte ich.

«Ich auch. Haben Sie einen Trainer?»

«Nein, ich wurstle mich allein durch.»

«Ich habe zwei», sagte sie. «Meinen HKT-Spezialisten und dann noch Ronny, meinen Kraft-Ausdauer-Trainer.»

«HKT?»

«Herz-Kreislauf-Training», sagte sie. «Ich trainiere jeden Tag mit ihnen.»

«Tja, es scheint zu wirken», sagte ich.
«Ja. Sie sollten mal meinen Körper sehen», sagte sie.
«Ja, das sollte ich.»
Sie lachte. Es war kein verlegenes Lachen, sondern ein beklommenes Lachen, als fürchte sie ihre eigene Sexualität und wohin sie sie führen mochte. Sie stand auf. Zum Mittagessen hatte sie zwei Tassen grünen Tee gehabt. Ich erhob mich ebenfalls.
«Ich muß jetzt in meinen Bodyshaping-Kurs», sagte sie. «Irgendwann müssen Sie mir mal diesen Liegestütz vormachen.»
«Auf einem Arm», sagte ich. «Fragen Sie Ronny, ob er das auch kann.»
Sie lachte. Ich gab ihr meine Karte.
«Wenn Ihnen irgend etwas einfallen sollte, rufen Sie mich bitte an.»
«Vielleicht werde ich das», sagte sie.
Der Kellner tauchte mit ihrem Mantel auf und half ihr hinein.
«Um die Rechnung brauchen Sie sich nicht zu kümmern», sagte sie noch.
Sie drehte sich um und ging zur Tür. Der Kellner folgte ihr, und als sie die Tür erreichte, öffnete er sie ihr, ließ den Schirm aufspringen und hielt ihn über ihren Kopf, bis sie ihn ihm abnahm und endgültig ging. Ich bin nicht sicher, ob sie den Kellner auch nur eine Sekunde registriert hatte.

Kapitel 12

Es war ein strahlender Tag in Concord. Der Himmel über dem alten Haus hatte dieses leuchtende Blau, wie man es von flämischen Gemälden des siebzehnten Jahrhunderts kennt. Die Sonne schien kräftig und angenehm, und das Laub verfärbte sich weiter.

Tarzan schien auf dem Grundstück als Landschaftsgärtner aktiv gewesen zu sein. Büsche, Rankengewächse, junge Bäume, Unkraut und Zierpflanzen liefen Amok, schlängelten und hingen überall um das Haus, drängten sich davor, klammerten sich daran und verbargen viel zuviel davon.

«Das ist häßlich», sagte Susan. Sie trug Jeans und Turnschuhe, dazu ein lavendelfarbenes T-Shirt mit abgeschnittenen Ärmeln. Schweiß hatte das T-Shirt dunkler werden lassen. Unter der Baseballkappe mit dem langen Schirm liefen ihr Schweißperlen über das Gesicht. Ein glänzender Schweißfilm überzog die kleinen, festen Muskeln ihrer Unterarme.

«Im *Bergdorf's* würden sie dich nicht wiedererkennen», sagte ich.

Sie beachtete mich gar nicht, konzentrierte sich statt dessen wie üblich auf das unmittelbar vor ihr liegende Problem. Sie hatte lederne Arbeitshandschuhe übergezogen und hielt eine Axt.

«Wir brauchen eine Kettensäge», konstatierte Susan.

«Jesus.»

«Glaubst du vielleicht, ich könnte mit einer Kettensäge nicht umgehen?»

«Die Dinger sind irgendwie gefährlich», sagte ich. «Wenn ich so was wie Angst kennen würde, dann vor Kettensägen.»

«Jedenfalls ging's damit erheblich schneller», sagte sie.

«Wozu die Eile? Wir haben doch noch den ganzen Rest unseres Lebens.»

«Du weißt sehr wohl, daß ich es immer eilig habe.»

«Fast immer», erwiderte ich.

«Außer dann.»

Pearl kam vom Bach heraufgaloppiert und sprang mit beiden Pfoten an Susans Brust. Susan beugte sich vor, damit Pearl ihr übers Gesicht lecken konnte, was Pearl auch leidenschaftlich tat. Susan verzog das Gesicht und ließ das Gelecke über sich ergehen, bis Pearl ein Eichhörnchen erspähte, sich auf alle viere fallen ließ und sich anpirschte.

«Gott, war das schrecklich», sagte Susan.

«Du könntest es ihr verbieten», schlug ich vor.

«Sie macht das aber so gerne», sagte Susan.

Das Eichhörnchen flitzte einen Baum hinauf, und als es in Sicherheit und außer Reichweite war, stürmte Pearl los, sprang mit den Vorderpfoten gegen den Baum und starrte hinterher.

«Glaubst du, sie würde das Eichhörnchen tatsächlich fressen?» fragte Susan.

«Sie frißt ja auch alles andere, was sie findet», sagte ich.

Susan holte weit aus und schlug mit ihrer Axt auf die Unterseite eines baumgroßen Strauchs. Was ihr an Technik fehlte, machte sie durch Leidenschaftlichkeit wett, und ich beschloß, nicht zu erwähnen, daß sie mit dem Beil wie ein Mädchen herumhantierte. Ich kehrte ins Haus zurück und setzte meine Arbeit fort, die rückwärtige Treppe mit einem Dreipfünder-Vorschlaghammer und einem Brecheisen abzureißen.

In der Küche spielte ein Radio Jazz. Pearl trieb sich innerhalb der eingezäunten Weiden herum und fand immer wieder ekelhafte Dinge, um sich darin zu wälzen. In regelmäßigen Abständen kam sie zurück, um ihren neuen Duft vorzuführen, wobei sie den Schutt mit gelassener Würde überwand. Durch die Fenster nach vorn konnte ich Susan sehen. Sie hatte ihre Axt, ihre große Heckenschere, ihre Handsäge und ihre Machete. Sie hackte und schnitt und stutzte und sägte und hörte immer wieder mal damit auf, um das Abgeschnittene zu einem großen Haufen zu schleppen. Ihr T-Shirt war durchgeschwitzt. Aber sie war, wie ich sehr wohl wußte, unermüdlich. Trotz all ihrer selbstironischen Parodie einer jüdisch-amerikanischen Prinzessin liebte sie es zu arbeiten. Und war selten glücklicher als in jenen Augenblicken, in denen sie voll in Anspruch genommen war.

Ich schob das Brecheisen unter eine Kante der Gipswand und brach einen großen Brocken heraus, wodurch ich eine der Treppenwangen freilegte. Mit dem Dreipfünder schlug ich die Wange los, und die Treppe neigte sich langsam und kam dann mit einem befriedigenden Krachen runter.

Das hier ist erheblich besser, dachte ich, als herausfinden zu wollen, wer Craig Sampson umgebracht hat.

Kapitel 13

Ich war in meinem Büro, hatte die Füße hochgelegt, trank Kaffee aus einem Pappbecher und las «Doonesbury». Hinter und zwei Stockwerke unter mir posierten Touristen mit dem riesigen Teddybären vor F. A. O. Schwarz an einem strahlend schönen Oktobertag auf Berkeley Street. Ich las «Doonesbury» zu Ende und verfolgte einen Augenblick die Knipserei und spekulierte darüber, daß Touristen gewöhnlich größer waren als ihre Kleidung. Es war mir nicht möglich, eine Schlußfolgerung daraus zu ziehen, also gab ich es auf und blätterte zum Sportteil weiter, um dort «Tank McNamara» zu lesen. Ich las den Artikel noch einmal, um sicherzugehen, daß mir keine versteckte Bedeutung entgangen war, als meine Tür auflog und drei asiatische Burschen hereinkamen. Die Tür führte direkt auf den Korridor. Ich hatte kein Wartezimmer. In einem anderen Büro hatte ich mal eines gehabt, aber kein Mensch hatte jemals darin gewartet. Ein Privatdetektiv. Kein Warten. Ich faltete die Zeitung, legte sie auf den Schreibtisch und sagte hallo.

Der größte übernahm das Reden.

«Sie sind Mister Spenser?» fragte er.

«Ja.»

«Meine Name ist Lonnie Wu», stellte er sich vor. «Ich glaube, Sie kennen meine Frau.»

«Rikki», sagte ich.

«Genau.»

Lonnie Wu war vielleicht einsachtundsiebzig groß und schlank. Er hatte glänzend schwarzes und glatt zurückgekämmtes Haar und einen kleinen, gepflegten schwarzen Schnäuzer. Er trug eine graue Kaschmirjacke mit einem großen, roten Bilderrahmenkaro darin, die an ihm saß, als wären sie zusammen groß geworden, und die vermutlich teurer war als meine gesamte Garderobe. Er trug ein schwarzes, am Hals zugeknöpftes Seidenhemd, eine schwarze Hose und schwarze Halbschuhe, die noch mehr glänzten als seine Haare.

«Nehmen Sie doch Platz», sagte ich.

Er schmiegte sich mit einer fließenden Bewegung auf meinen Klientenstuhl. Es gab nur einen. Er sagte etwas zu den beiden Burschen, die mit ihm hereingekommen waren, und sie lehnten sich links und rechts neben meiner Bürotür an die Wand. Ich zog die rechte obere Schublade meines Schreibtischs ein Stück auf.

«Zwei Kellner aus dem Restaurant?» erkundigte ich mich.

«Nein.»

«Stammen sie aus dem Norden?»

«Sie kommen aus Vietnam.»

Wu lächelte. Die Begleiter schienen bestenfalls Anfang zwanzig zu sein. Beide waren kleiner als Wu, feingliedrig und hatten strähnige Haare. Der eine hatte eine etwa fünf Zentimeter lange, horizontale Narbe unter dem linken Auge. Beide trugen Jeans, Turnschuhe und kastanienbraune Jacken. Der Knabe mit der Narbe hatte sich ein blaues Halstuch um den Kopf gebunden.

«Sie sind Detektiv», sagte Wu.

Ich nickte.

«Und Sie untersuchen den Mord an einem Schauspieler in Port City.»

Ich nickte wieder.

«Sie haben kürzlich mit meiner Frau zu Mittag gegessen.»

«Sicher», sagte ich. «In Ihrem Restaurant.»

«Und Sie haben sie vernommen.»

«Ich habe mit jedem gesprochen», sagte ich. «Wo Sie schon mal hier sind, werde ich Ihnen wahrscheinlich auch ein paar Fragen stellen.»

«Ich will wissen, warum Sie meine Frau vernommen haben.»

«Siehe vorausgegangene Antwort», erwiderte ich.

«Entschuldigen Sie?»

«Wie ich schon sagte, ich spreche mit jedem. Ihre Frau ist einfach eine der Personen, die mit dem Theater zu tun haben.»

«Meine Frau», erwiderte Wu ruhig, «ist nicht ‹einfach› irgend etwas. Sie ist Mrs. Lonnie Wu. Und es wäre mir lieber, wenn Sie nicht mehr mit ihr sprechen.»

«Warum das?» fragte ich.

«Es ist unschicklich.»

«Mrs. Wu schien das aber nicht zu denken», sagte ich.

«Was Mrs. Wu denkt, spielt keine Rolle. Es ist unschicklich für sie, mit einem *low faan* zu Mittag zu essen.»

«Ist *low faan* ein rassistisches Kosewort?»

«Das ist die Kurzform von *guey low faan*, was soviel wie Barbar bedeutet», sagte Wu. «Obwohl es von vielen nur verwendet wird, um jemanden zu bezeichnen, der nicht Chinese ist.»

Ich nickte.

«Demnach schließen Sie sich nicht uneingeschränkt der Schmelztiegeltheorie an», sagte ich.

«Noch möchte ich hier sitzen und Small talk mit Ihnen machen», sagte Wu. «Ich würde es für das Beste halten, wenn Sie sich von Port City fernhielten.»

«Ist es in Ordnung, wenn ich meine amerikanische Staatsbürgerschaft behalte?» fragte ich.

«Was Sie außerhalb von Port City tun, ist allein Ihre Sache. Aber falls Sie zurückkommen...» – er machte eine Kopfbewegung, um die beiden vietnamesischen Jungs an der Wand einzuschließen – «...werden wir es zu unserer Sache machen.»

Die Kids schwiegen. Soweit ich erkennen konnte, verstanden sie nichts von dem, was hier gesagt wurde. Aber es schien Ihnen auch herzlich egal zu sein. Sie wirkten ziemlich relaxed, wie sie da an meiner Wand lehnten. In ihren dunklen Augen lag nichts außer purer Energie.

«Aha, dafür sind also die beiden Teeny-bopper hier», sagte ich.

«Ich kenne keine Teeny-bopper», sagte Wu.

«Heranwachsende», erklärte ich.

Wu nickte. Ich sah, wie er den Ausdruck irgendwo in seinem Hirn abspeicherte. Das nächste Mal würde er ihn kennen.

«Lassen Sie sich nicht täuschen», sagte Wu. «Das sind Boat people. Die sind älter als ihr Alter in Jahren.»

«Und leer», sagte ich.

Wu lächelte.

«Völlig», sagte er. «Sie werden tun, was immer ich ihnen sage.»

Ich sah die beiden Jungs einen Moment an. Sie waren nichts Neues. Sie waren etwas sehr Altes, ohne Familie oder Kultur; prähistorisch, entwurzelt, abgefeimt, mit nicht mehr Sinn für die Schmerzen eines anderen als eine Schlange, wenn sie eine Ratte verschluckt. Solche atavistischen Kids hatte ich früher schon gesehen: einheimische schwarze Kids, die vom Leben so brutal behandelt worden waren, daß sie außer Wut keine Gefühle mehr kannten. Deshalb waren sie so hart. Sie waren nicht einmal schlecht. Gut und Böse hatten für sie nur keine Bedeutung. Sie hatten nur die Wut. Und es war die Wut, die sie am Leben hielt, die ihre schwarzen Augen belebte und die enge, leere Stelle mit Energie versorgte, an der sich ihre Seele befinden sollte. Die Kids registrierten meine Blicke und erwiderten sie ohne Unbehagen, ohne überhaupt irgend etwas. Ich sah wieder Wu an. Er hatte die Beine übereinandergeschlagen und steckte sich eine Zigarette an.

«Wir haben hier ein Problem, Mr. Wu.»

«Sie haben ein Problem», sagte Wu.

Ich zuckte mit den Achseln.

«Lassen Sie mich mein Problem erläutern», sagte ich. «Ich bin so was wie ein berufsmäßig harter Bursche. Ich bin irgendwie smart, und ich besitze einiges an Erfahrung. Meistens jedoch werde ich engagiert, um Dinge zu tun, die andere Menschen nicht tun können oder wollen oder zu tun nicht den Mut haben. Verstehen Sie das?»

Wu inhalierte, genoß den Tabakrauch und stieß ihn langsam wieder durch die Nase aus. Er schwieg.

«Also», fuhr ich fort, «wie würde es aussehen, wenn ich es zulasse, daß zwei jugendliche Kriminelle und ein Chinese, gerade mal halb so kräftig wie ich, hier reinkommen und mir Angst einjagen wollen.»

«Es würde nicht gut aussehen», sagte Wu. «Aber Sie würden leben.»

Meine Hand lag auf dem Schreibtisch, direkt oberhalb der halb geöffneten Schublade.

«Und das alles nur, weil ich mit Ihrer Frau zu Mittag gegessen habe.»

«Sie werden sich von Port City fernhalten», sagte Wu. «Andernfalls werden Sie sterben.»

Ich ließ meine Hand zu der offenen Schublade sinken und kam mit einem Revolver wieder hoch, dessen Hahn ich beim Herausnehmen spannte. Bei der ersten Bewegung griffen die vietnamesischen Kids sofort unter ihre Jacken, aber ich hatte ungefähr zwei Sekunden Vorsprung und zielte bereits genau auf Wus Nasenspitze, als sie ihre Kanonen gezogen hatten. Beide besaßen 9-mm-Waffen.

«Wenn ich höre, wie eine der Kanonen durchgeladen wird», sagte ich zu Wu, «sind Sie tot.»

Wu sagte etwas zu den Jungs. Aus den Augenwinkeln sah ich beide Kids in die Hocke gehen, beide Hände um die Kanone gelegt.

«Vielleicht sind sie ja schon durchgeladen», sagte Wu.

Weder hatte er sich gerührt noch eine Miene verzogen.

«Dann bin ich tot», sagte ich.

Absolute Stille im Büro. Ich lauschte. Selbst diese Kids waren nicht verrückt genug, mit einer Patrone in der Kammer und entsicherter Waffe durch die Gegend zu rennen. Keine schlechte Wette. Aber immer noch eine Wette. Kein Laut zu hören. Ich hatte die Wette gewonnen.

«Selbst wenn Sie mich erschießen», sagte Wu, «werden die Sie umbringen.»

«Ich bin ziemlich gut», sagte ich. «Vielleicht werden sie nicht.»

Meine Kanone war eine .357er Smith and Wesson. Sechs Schuß. Sie war gebläut, besaß einen Walnußgriff und sollte angeblich einen Bären aufhalten. Sofern ich nicht erwartete, einem Bären zu begegnen, trug ich normalerweise eine bequeme kleine .38er. Fürs Büro jedoch war die .357er ein effektives Verhandlungswerkzeug. Ich hielt den Blick auf Wu gerichtet. Ich lauschte so angestrengt, daß ich mich mit einem Mal müde fühlte. Der Radiator in der Ecke klickte und kostete Wu beinahe das Leben. Immer noch bewegte er sich nicht. Immer noch kauerten die Kids. Immer noch zielte ich genau auf seine Nasenspitze. Dann sagte Wu irgend etwas zu den vietnamesischen Typen. Beide steckten ihre Kanonen weg. Ich lehnte mich auf meinem Sessel zurück, behielt die Waffe aber weiter auf Wu gerichtet.

«Sagen Sie ihnen, sie sollen die Kanonen auf den Boden legen», sagte ich.

Wu sprach zu den Jungs. Sie antworteten.

«Sie müssen sie schon umbringen, falls Sie können, um an ihre Kanonen zu kommen», sagte Wu.

Die Jungs starrten mich mit ihren leeren Augen an. Ich hatte mich geirrt. Sie hatten mehr als Wut. Sie besaßen Unverfrorenheit, und sie würden sie nicht herausgeben. Und ich konnte sie nicht dazu zwingen. Das wußte ich. Ich konnte sie töten. Aber ich konnte sie nicht zwingen, das Gesicht zu verlieren.

«Vielleicht ein anderes Mal», sagte ich. «Wir sehen uns noch.»

Wu sah mich einen weiteren Augenblick an. Ohne ein Wort ließ er dann seine brennende Zigarette auf den Boden fallen, stand auf und ging. Ohne mir auch nur einen kurzen Blick zuzuwerfen, folgten ihm die beiden Kids. Sie drehten sich nicht mehr um. Sie machten die Tür hinter sich nicht zu.

Ich saß mit nach hinten geneigtem Stuhl da, die Waffe immer noch in der Hand. Ein durchscheinendes blaues Irrlicht schraubte sich von der immer noch brennenden Zigarette in die Höhe. Ich starrte hindurch, durch die Tür, auf den leeren Korridor. Nach einer Weile stand ich auf, umrundete den Schreibtisch und trat die Zigarette aus. Ich schloß die Tür, kehrte hinter den Schreibtisch zurück und rief das Boston Police Headquarters an. Ich ließ mich mit der Mordkommission verbinden. Als ich die Mordkommission an der Strippe hatte, ließ ich mich mit Lieutenant Quirk verbinden. Er nahm den Hörer ab, wobei er immer noch mit jemandem sprach, und behielt ihn in der Hand, während er die Unterhaltung beendete.

«Scheiß doch aufs ATF», sagte er zu irgendwem. «Die haben ihre Probleme. Wir haben unsere.»

Dann sprach er in den Hörer.

«Quirk.»

«Hi», sagte ich. «Hier ist der ATF-Wohltätigkeitsverein...»

«Ich weiß, wer dran ist. Was willst du?»

«Hast du einen Chinatown-Experten?»

«Ja.»

«Ich muß mit ihm reden.»

«Okay. Er heißt Herman Leong. Ich richte ihm aus, er soll dich anrufen.»

«Danke», sagte ich. Aber Quirk hatte bereits aufgelegt.

Mister Sympathisch.

Kapitel 14 Um zehn Uhr morgens tranken Hawk und ich Kaffee. Wir saßen an einem zu kleinen Tisch vor einem regennassen Fenster in einem Lokal namens *Happy Haddock Coffee Shop* an der Ocean Street in der Nähe des Theaters. Auf handgemalten Schildern hinter der Theke wurde Linguiça mit Eiern, Grünkohlsuppe und Schweinestew mit Muscheln angeboten.

«Was hältst du von einer Grünkohlsuppe?» fragte Hawk.

«Nichts», sagte ich. «Für mich nur ein paar Donuts. Natur.»

«Gute Wahl», sagte Hawk.

Er stand auf, ging zur Theke und kehrte mit vier Donuts ohne alles auf einem Teller zurück.

«Authentisches Verbrechensbekämpferessen», kommentierte Hawk.

Das *Happy Haddock* war praktisch leer. Hinter der Theke lungerte ein dunkelhaariger Jugendlicher mit Pferdeschwanz und pubertärem Schnäuzer. Er trug eine fleckige Schürze und ein rosa T-Shirt mit dem Aufdruck *Pixies World Tour* auf der Brust. Eine alte Frau in einem formlosen Kleid und Halstuch kratzte den Grill mit einem Spachtel sauber. Zwei alte Männer in karierten Hemden und Plastikbaseballkappen saßen an der Theke, tranken Kaffee und rauchten.

«Kein Mensch beschattet den Griechen», sagte Hawk. «Außer mir.»

«Falls es je anders war», sagte ich.

«Glaubst du, er hat alles nur erfunden?»

«Nein.»

«Glaubst du, er dachte, er würde verfolgt, ohne tatsächlich verfolgt zu werden?»

«Nein.»

«Bist du ein bißchen konfus, weißt du nicht mehr, was du denken sollst?»

«Ja.»

Hawk nickte.

«Vielleicht hat es nie einen Schatten gegeben», sagte er. «Oder vielleicht hält sich der Schatten auch zurück, weil der Mord alle aufgerüttelt hat. Oder vielleicht hat der Schatten auch Wind von mir bekommen. Ich weiß nur soviel: Falls es je einen Schatten gab, dann hat er mich zumindest nicht entdeckt.»

«Ich weiß.»

«Ich langweile mich langsam», sagte Hawk.

«Ja», sagte ich. «Vergiß es. Es könnte einen Schatten geben, aber nicht, solange du in der Nähe bist.»

Hawk brach ein eher kleines Stück von seinem zweiten Donut ab, aß es und wischte sich sorgfältig die Finger an der Papierserviette ab.

«Hast du was herausgefunden?» fragte er.

«Ja», sagte ich. «Aber ich weiß noch nicht, was es ist.»

Hawk aß ein weiteres Stück Donut und wartete.

«Eine Frau namens Rikki sitzt mit Susan im Vorstand des Theaters. Vor ein paar Tagen habe ich mit ihr zu Mittag gegessen, um über den Mord zu sprechen.»

«Ist sie Chinesin?»

«Ja.»

«Gutaussehend?»

«Ja.»

«Ich mag chinesische Frauen», sagte Hawk.

«Und irische Frauen, Frauen von den Aleuten, französische Frauen, Frauen aus Katmandu...»

«Bin noch nie einer aus Katmandu begegnet», sagte Hawk.

«Ihr Pech», sagte ich. «Wie auch immer. Weitergeholfen hat sie mir nicht, aber am nächsten Tag ist dann ihr Mann, Lonnie Wu, mit zwei jungen vietnamesischen Pistolenhelden in mein Büro gekommen und hat mir nahegelegt, ich solle abziehen.»

«Wie nett», sagte Hawk mit seiner BBC-Stimme. «Er beherrscht das amerikanische Idiom.»

«Hat mir gesagt, ich soll die Finger von seiner Frau lassen.»

«Wer würde das nicht?» sagte Hawk.

«Hat mir gesagt, ich soll mich auch von Port City fernhalten.»

«Anscheinend schrecklich besorgt um seine Frau, der Gute», sagte Hawk.

«Oder so», sagte ich.

«Oder so», wiederholte Hawk. «Hat er auch gesagt, was er macht, wenn du dich nicht fernhältst?»

«Ich meine, er hätte erwähnt, mich umzubringen.»

«Ah-hah», machte Hawk. «Wenn er das tut, kann ich dann deinen Donut haben?»

«Ja, aber dann mußt du auch für Susan das Haus in Concord zu Ende renovieren.»

«Klar.» Hawk trank einen Schluck Kaffee. «Die *tongs* benutzen vietnamesische Kids als Schläger. Den Kids ist alles scheißegal. Die bringen alles und jeden um.»

«*Tongs*? Triaden?» sagte ich. «In Port City?»

Hawk zuckte mit den Achseln.

«Ist 'ne große Chinatown», meinte er. «Größer als die von Boston.»

«Stimmt», sagte ich.

«Glaubst du, es wäre eine *tong*-Sache?» fragte Hawk.

«Ich weiß es nicht.»

«Glaubst du, Wu hat irgendwas mit dem Mord zu tun?»

«Ich weiß es nicht.»

«Du wiederholst dich.»

«Ja. Ich überlege, ob ich mir den Satz nicht auf meine Visitenkarte drucken lassen soll.»

Der Regen war weniger heftig als bei meinem letzten Besuch in Port City, dennoch fiel er ununterbrochen und verdunkelte den Herbstmorgen. Das Licht aus dem Restaurantfenster spiegelte sich auf der nassen Straße. Ein Streifenwagen der Port City Police rollte langsam vorbei, Scheinwerfer und Scheibenwischer eingeschaltet. Die Tür des *Happy Haddock* ging auf, und Jocelyn Colby trat ein. Mit ihr kam der regenfeuchte Geruch vom Hafen. Ihr brauner Regenmantel war in der Taille mit einem Gürtel gebunden, und in der Hand hielt sie einen grünweißen Schirm. Sie schloß den Schirm, lehnte ihn gegen die Wand und kam zu unserem Tisch.

«Gott sei Dank», sagte sie. «Ich habe Sie durch das Fenster gesehen. Ich muß mit Ihnen reden.»

Ich deutete auf den freien Stuhl. Etwas beklommen sah sie Hawk an und setzte sich. Ich machte sie miteinander bekannt.

«Kaffee?» fragte ich.

«Nein. Ja. Schwarz. Danke.»

Ich stand auf, besorgte uns drei Tassen und kehrte damit zum Tisch zurück. Einer der alten Männer an der Theke stieß dem anderen in die Rippen, und beide starrten Jocelyn an. Der Junge hinter der Theke widmete sich wieder dem Studium des *Want Advertiser*. Wahrscheinlich auf der Suche nach einem Sonderangebot für Bartwichse.

«Was gibt's Neues?» fragte ich, als ich mich setzte.

Jocelyn warf Hawk einen schiefen Blick zu.

«Kann ich offen sprechen?» sagte sie.

«Sicher.»

«Ich ... es geht um den Fall.»

Ich nickte. Sie zögerte.

«Sie können vor Hawk ruhig reden», sagte ich. «Er ist zu blöd, um sich zu merken, was Sie gesagt haben.»

«Und das ist auch gut so», sagte Hawk. «Weil ich nämlich ein übles Plappermaul bin.»

Jocelyn war nicht sicher, ob sie auf den Arm genommen wurde. Ihr Blick pendelte zwischen uns hin und her.

«Hawk gehört zu mir», sagte ich. «Sie können es uns beiden erzählen.»

Jocelyn umklammerte ihren Kaffeebecher mit beiden Händen, trank einen Schluck, drückte den Becher an ihre Unterlippe und sah mich über den Rand hinweg an.

«Ich werde verfolgt», sagte sie.

Jocelyn wartete, ließ die volle Wucht dieser Aussage einsickern.

«Scheint hier öfters vorzukommen», meinte Hawk lakonisch.

«Erzählen Sie davon», sagte ich.

«Er ist mittelgroß und schlank», begann Jocelyn. «Trägt einen schwarzen Mantel und einen schwarzen Schlapphut, den er sich tief in die Stirn gezogen hat.»

«Seit wann genau beschattet er Sie?» fragte ich.

«Seit vorgestern.»

«Und warum gehen Sie nicht zu den Cops?»

«Tjaaa ... Ich meine, Jimmy hat gesagt, Sie sind hier, weil irgendwer verfolgt wurde. Na ja, und dann gehe ich gerade die Straße runter und sehe Sie hier sitzen ...»

«Sicher», sagte ich. «Und wo ich doch so ein liebenswürdiges Gesicht habe.»

«Ja», sagte sie. «Das haben Sie.»

«Was soll ich denn für Sie tun?» fragte ich.

«Was Sie für mich tun sollen? Ich ... Also, ich schätze, ich dachte, Sie würden das vielleicht überprüfen wollen. Ich weiß auch nicht genau, aber ... um die Wahrheit zu sagen, ich schätze, ich dachte, Sie würden mich vielleicht, äh, beschützen.»

«Soll das heißen, daß Sie mich engagieren möchten?»

«Engagieren?»

«Ja. Mit so was verdiene ich meine Brötchen. Oder besser gesagt, ich habe, bevor ich hier runtergekommen bin.»

«Also... natürlich, ich... ich habe aber kein Geld.»

«Auch das scheint hier öfters vorzukommen», meinte Hawk.

Er schaute auf die Straße hinaus. Plötzlich schnellte sein linker Arm vor und stieß Jocelyn vom Stuhl. Ich ließ mich blitzschnell über sie fallen, und Hawk landete mit der großen, glänzenden .44er Magnum in der Hand neben uns auf dem Boden. Über unseren Köpfen zersprang die Schaufensterscheibe zur Begleitung des blubbernden Geknatters einer automatischen Waffe. Glassplitter regneten auf uns herab. Jocelyn schrie. Dann herrschte Stille. Ich bemerkte, daß ich ebenfalls meine Kanone gezogen hatte. Ich schaute mich im Restaurant um. Es war, als wäre der Film stehengeblieben. Der Junge mit seinem *Want Advertiser*, die alte Frau am Grill, die zwei alten Käuze an der Theke – sie alle waren erstarrt in Schweigen und Zeitlupe. Niemand von ihnen schien verletzt zu sein. Hawk stand wieder. Er schien nie aufzustehen oder sich hinzuwerfen; es war, als reinkarnierte er einfach in der einen oder anderen Position. Ich rappelte mich auf und mußte feststellen, daß sich Jocelyn in einer Umarmung an mich klammerte, die genauso leidenschaftlich wie verängstigt war.

«Bleiben Sie liegen», sagte ich, schüttelte sie ab, stand auf und warf einen vorsichtigen Blick aus dem Fenster. Die Straße war menschenleer. Der Regen fegte durch die Fensteröffnung herein, wo früher einmal die Scheibe gewesen war.

«Eine Uzi», sagte ich.

«Hm-hmh. Kastanienbrauner Buick Kombi, 90er oder 91er Modell. Ist langsam vorbeigerollt, die Seitenscheibe auf der Beifahrerseite heruntergekurbelt. Warum fährt jemand im Regen mit offener Seitenscheibe? Dann hat er den Lauf rausgeschoben.»

«Zu früh», sagte ich.

Hawk nickte.

«Müßte in normalem Tempo die Straße runterkommen, die Fenster geschlossen», sagte er. «Der Schütze müßte hinten sitzen. Sie hätten an den Bordstein fahren sollen, als wollten sie einparken. Der Fahrer hätte die hintere Seitenscheibe runterlassen sollen, und während sie noch runterglitt, hätte der Schütze loslegen müssen. Dann wären wir jetzt tot.»

«Tja, vielleicht sind sie noch jung und aus einem anderen Land», sagte ich.

«War das eine Maschinenpistole?» fragte der Junge hinter der Theke.

«Eine Sturmwaffe», meinte einer der alten Käuze. «Ich mach jede Wette, das war eine von diesen verdammten Sturmwaffen.»

Die alte Frau war ohne ein Wort im Hinterzimmer verschwunden. Ich steckte meine Kanone weg und griff nach unten, um Jocelyn Colby aufzuhelfen. Sie nahm die Hand und stand auf, hielt sie fest. Die alte Frau tauchte wieder aus dem Hinterzimmer auf.

«Die Polizei ist unterwegs», sagte sie.

«Um's wirklich richtig zu machen», fuhr Hawk fort, «hätten sie reinkommen und dann das Feuer eröffnen sollen.»

Er verstaute die Magnum unter seiner Jacke. Er starrte auf die leere Straße hinaus und schüttelte den Kopf.

«Drive-bys sind schlampig», sagte er.

Die alte Frau holte einen Besen und kehrte das zerbrochene Glas sorgfältig in der Mitte des Raumes zu einem Haufen zusammen. Sie bewegte sich verbissen und langsam, als hätte jede Bewegung schon immer weh getan, und sie sich dennoch bewegt. Jocelyn umklammerte weiter meine Hand und stand sehr dicht neben mir.

«Haben die versucht, mich umzubringen?» fragte Jocelyn.

Hawks Kommentar bestand aus einem Grinsen.

«Vielleicht nicht», sagte ich. «Vielleicht haben die versucht, mich umzubringen.»

Kapitel 15

Eine Spezialfirma befestigte Sperrholzplatten mit Elektroschraubern über dem zerstörten Fenster. Die Leute von der Spurensicherung hatten Projektile aus Mobiliar und Holzvertäfelung gegraben und waren wieder fort. Alle anderen hatten ihre Zeugenaussagen gemacht und waren nach Hause gegangen, mit Ausnahme der alten Lady, die sich jetzt im Hinterzimmer befand und telefonierte. DeSpain saß auf einem der Barhokker und stützte sich mit den Ellbogen auf der Theke hinter ihm ab.

«Und was habt ihr zwei Burschen hier gemacht?»

«Kaffee getrunken», sagte ich. «Donuts gegessen.»

«Wie echte Bullen», sagte DeSpain. «Arbeiten Sie immer noch an dem Mordfall?»

«Ja.»

«Was macht Hawk hier?»

«Helfen», sagte Hawk.

«Helfen bei was?»

«Bei der Ermittlung.»

«Hawk.» DeSpain sah müde aus. «Sie ermitteln gottverdammt nicht.»

Hawk lächelte.

«Über was haben Sie mit der Braut geredet?» wollte DeSpain wissen.

«Über den Mord. Ich versuche, mit jedem über den Mord zu reden.»

«Der Junge hinter der Theke hat gesagt, sie sei nach Ihnen reingekommen.»

«Sicher», sagte ich. «Sie wußte, daß ich mit ihr reden wollte, hat uns hier gesehen, ist reingekommen.»

DeSpain nickte.

«Und Hawk war für den Fall hier, daß sie durchdrehte. Was glauben Sie, wer ungefähr dreißig Kugeln durch das Fenster auf Sie abgefeuert hat?»

«Wie kommen Sie darauf, daß es um uns ging?» fragte ich.

«Wer saß denn sonst noch am Fenster? Wenn Sie sich nicht auf den Boden geschmissen hätten, wären Sie jetzt tot.»

«Und sonst hatte keiner auch nur einen Kratzer», sagte ich.

DeSpain grinste.

«Und die anderen haben sich nicht auf den Boden geschmissen», sagte er.

«Irgendwie suggestiv die Frage?» fragte ich.

«Also», sagte DeSpain, «sagen wir mal, die haben es auf Sie abgesehen. Wer könnten diese ‹sie› wohl sein?»

Ich spreizte die Hände.

«Alle lieben uns», sagte ich.

DeSpain schaute sich im Raum um, sah auf die rückwärtige, von Kugeln zernarbte Wand und das inzwischen beinahe vollständig zugenagelte Fenster.

«Manche mehr als andere», sagte er.

«Ist das nicht immer so?»

«Haben Sie irgendwas zu sagen», fragte DeSpain Hawk.

Hawk zeigte sein freundliches Lächeln.

«Nein», sagte er.

Wir setzten uns. Das letzte Stück Sperrholz wurde eingepaßt. Es war still im Lokal.

«Wer in Port City», sagte ich, «könnte so was getan haben?»

«Es ist eine komische Stadt», erwiderte DeSpain. «Ungefähr 125 000 Einwohner. An die 20 000 WASPs leben oben auf dem Berg, zermartern sich das Hirn über Beaujolais Primeur und Bürgerrechte am Horn von Afrika. Am Hafen leben ungefähr 20 000 Portugiesen, die sich über nichts anderes den Kopf zerbrechen als die George's Bank und Saubohnen. Dazwischen, am Fuß des Berges, auf der landeinwärts gelegenen Ebene, haben wir etwa 60 000 Chinesen. Ist so 'ne Art Schlitzaugensandwich, zwischen den Yankees und den Portugiesen. Und die Schlitzaugen machen sich im wesentlichen Sorgen darüber, am Leben zu bleiben.»

«Wie kommt es, daß hier soviel Chinesen leben?» fragte ich.

«Als die Webereien noch da waren, arbeiteten hier hauptsächlich Frankokanadier. Als die Webereien gingen, sind auch die Frankokanadier gegangen. Die Yankees haben weiter nach Möglichkeiten gesucht, ihr Geld zu investieren. Die Portugiesen fischten weiter. Sie brauchten fischverarbeitende Fabriken, und sie brauchten billige Arbeitskräfte, damit alles funktionierte.»

«Wo ein Wille, da ist auch ein Weg», sagte ich. «Haben Sie irgendeine Idee, wer für die Schießerei verantwortlich sein könnte?»

«Wahrscheinlich nicht die Yankees», sagte DeSpain. «Die sind nicht gegen so was, aber die würden sich jemanden engagieren.»

«Wen würden sie denn engagieren?» fragte ich.

DeSpain sah mich an, und seine Lippen kräuselten sich zu etwas zurück, was er wahrscheinlich für ein Lächeln hielt.

«Bringen wir hier nicht was durcheinander?» sagte er. «Ich denke, *ich* sollte die Fragen stellen.»

«Will nur behilflich sein», sagte ich.

«Ja», sagte DeSpain. «Sie beide. Ich kann wirklich von Glück reden, daß ich nicht alles allein machen muß.»

Hawk und ich lächelten höflich.

«Nun, leider gehe ich davon aus, daß Sie noch länger in der Nähe sein werden», sagte DeSpain. «Könnte sein, daß ich mit Ihnen noch mal plaudern möchte.»

«Jederzeit», sagte ich.

Wir schwiegen wieder.

«Sie auch, Hawk?» fragte DeSpain nach einem Augenblick.

«Jederzeit», erwiderte Hawk.

Die alte Lady kam aus dem Hinterzimmer.

«Wollen Sie jetzt zumachen, Evangelista?» fragte DeSpain.

Sie schüttelte den Kopf.

«Der Mann von der Versicherung kommt gleich», sagte sie.

«Okay.» DeSpain stand auf, ein schwerer, massiger, gesund aussehender Bursche mit einem breiten, freundlichen Gesicht. Und Augen wie blauer Basalt.

«Wenn Ihnen irgendwas einfällt», sagte er, «werden Sie mich anrufen.»

«Sofort», versprach ich.

DeSpain sah Hawk an, öffnete den Mund und schloß ihn wieder. Er schüttelte den Kopf.

«Natürlich nicht», brummte er und ging durch die Tür.

Hawk und ich folgten ihm. DeSpain stieg in einen wartenden Wagen und brauste davon. Hawk und ich gingen zu meinem Wagen, der vor dem Theater stand.

«Du hast ihm nichts von Mr. und Mrs. Wu gesagt», bemerkte Hawk.

«Ich weiß», sagte ich. «DeSpain beunruhigt mich.»

«Hatte schon immer den Ruf, ziemlich scharf durchzublicken», sagte Hawk.

«Ja.»

Der Regen tropfte vom Schirm meiner Chicago-White-Sox-Kappe. Ich wischte ihn weg. Der Geruch von Regen vermischte sich mit dem Salzgeruch vom Hafen, machte ihn frischer, ließ Port City sauberer erscheinen, als es tatsächlich war.

«DeSpain hat mir gesagt, das FBI hätte zu Sampsons Fingerabdrücken nichts finden können.»

«Der Bursche, der erschossen wurde.»

«Ja. Aber Susan hat mir erzählt, er hätte sein Studium mit einem Stipendium der Army finanziert. Was bedeutet, er war ein Veteran.»

«Was wiederum bedeutet, die müßten eigentlich seine Abdrücke in Washington haben», sagte Hawk. «Vielleicht irrt Susan sich.»

«Vielleicht.»

«Vielleicht hat Sampson sie belogen.»

«Vielleicht.»

Hawk grinste.

«Oder vielleicht hat DeSpain dich angelogen.»

«Vielleicht», sagte ich. «Ich schätze, ich werde einfach stillhalten, bis ich dahinterkomme, wie die Fronten hier oben verlaufen.»

«Verhältst du dich still, kriegst du auch keine Schwierigkeiten», sagte Hawk.

Ein neunsitziger Transporter rollte vorbei; die Scheinwerfer brannten, die Scheibenwischer arbeiteten, Wasser spritzte aus der Gosse auf den Bürgersteig. In dem Transporter saßen neun chinesische Männer, wahrscheinlich Kellner auf dem Weg zur Arbeit.

«Sehe ich auch so.»

Hawk trug etwas, das wie ein schwarzer Regenmantel aussah. Der Regen bildete durchscheinende Tropfen darauf, die sich dann über das Gewebe hinunterschlängelten. Er trug keinen Hut, und wenn ihm der Regen auf dem Schädel etwas ausmachte, so ließ er sich zumindest nichts anmerken. Andererseits ließ er sich nie irgend etwas anmerken, mit Ausnahme von Belustigung und Nichtbelustigung.

«Was unternehmen wir wegen der hübschen Jocelyn?»

«Glaubst du, jemand folgt ihr?»

«Nein.»

«Ich auch nicht», sagte ich. «Warum glauben wir ihr nicht?»

«Instinkt, Baby. Wir machen so was schon ziemlich lange.»

«Was, wenn wir uns irren?»

«Normalerweise irre ich mich nicht.»

«Das liegt daran, daß du dem Dschungel näher bist als ich. Aber besser, wir gehen auf Nummer Sicher.»

Hawk zuckte mit den Achseln.

«Soll ich sie beschatten?»

«Eine Weile.»

«Ich mache jede Wette, ich werde der einzige sein», sagte Hawk.

Jetzt zuckte ich mit den Achseln.

«Außerdem», sagte Hawk, «gab's in Irland nie einen Dschungel. Deine Vorfahren sind einfach nur blau im Torfmoor rumgelaufen.»

«Tja, aber es war ein verdammt nettes Blau», sagte ich.

Kapitel 16

Ein befreundeter Cop namens Lee Farrell half mir bei den Renovierungsarbeiten in Concord. Als wir die hintere Treppe abgerissen hatten und der Schutt weggeräumt war, bemerkten wir, daß die Balken, die den Rand des nun treppenlosen

Treppenschachts abstützten, auf beiden Seiten auf überhaupt nichts ruhten. Soweit wir erkennen konnten, wurden sie von dem Boden gehalten, den sie eigentlich stützten sollten. Was mir architektonisch ziemlich unsolide vorkam. Also fuhren Lee und ich runter in den Baumarkt Concord Lumber und kauften ein paar solide, drei Meter lange Verschalungsbretter, die bis an die Querstreben heranreichten, und nagelten sie anschließend mit Dreizöllern an die ungestützten Balken. Dann stieg ich von der Trittleiter, und wir gingen nach draußen, um mit Susan an einem Campingtisch zu Mittag zu essen. Sie hatte das Essen liefern lassen. Wir saßen unter einem der Bäume, die sie beschnitten hatte. Es war ein strahlender Oktobertag, das Laub wunderschön verfärbt, und kein Lüftchen regte sich. Auf dem Boden lagen bereits genug Blätter, um das richtige Herbstgefühl aufkommen zu lassen, aber es war warm und der Himmel makellos blau.

«Bevor du dich setzt», sagte Susan, «hol mir doch bitte das blaue Tischtuch aus dem Wagen.»

Ich holte das Tischtuch und wollte es auf dem Campingtisch ausbreiten, als Susan fand, daß ich mich zu ungeschickt anstellte, und es selbst machte. Sie strich die Decke glatt und stellte eine lila Glasvase mit Feldblumen an ein Ende des Tisches.

«Ist das nicht hübsch?» fragte Susan. «Lee hat sie in einem der Wandschränke gefunden, die du im Eßzimmer herausgerissen hast.»

«Wer hat die Blumen gepflückt?» fragte ich.

«Lee», sagte Susan. «Da unten gibt's ein ganzes Meer davon.» Sie deutete mit dem Kopf zum Bach am unteren Ende des Grundstücks, wo der Wald begann.

Ich sah Farrell an. Er zuckte mit den Achseln.

«Ich bin schwul», sagte er. «Was soll's?»

«Was kommt als nächstes?» fragte ich. «Eine lavendelfarbene Kanone?»

Susan stellte eine große Papiertüte auf den Tisch und begann das Essen zu verteilen.

«Truthahn, Salat, Tomaten und süßer Senf auf frischem Vollkornweißbrot», sagte sie. «In der Stadt gibt es einen netten kleinen Sandwichladen. Dazu ein paar Pickles und frisches Quellwasser. Will irgendwer Bier? Oder Wein?»

«Männer vom Bau trinken keinen Wein», sagte ich.

Farrell grinste.

«Uuups», machte er.

Ich gab mich mit Quellwasser zufrieden, hoffte, mir mit dem Allesschneider nichts abzutrennen, und Lee machte das gleiche. Susan trank eine Diet Coke, warm. Farrell starrte die Dose an.

«Diet Coke? Warm?»

«Ich hasse Kaltes», sagte Susan.

«Es gibt Leute, die reinigen Batterieklemmen mit warmer Diet Coke», meinte Farrell.

«Das ist ihr gutes Recht», sagte Susan und trank einen Schluck.

«Arbeitest du an dieser Sache oben in Port City?» fragte Lee.

«Ja.»

Pearl the Wonder Dog kam in großen Sätzen durch die Wiesenblumen angehoppelt, sprang geschmeidig auf den Tisch, schob die Nase in die Papiertüte und verharrte so, wobei ihr Schwanz wedelte wie eine in Schwingungen versetzte Stimmgabel.

«Sieht aus, als hätte sie die Sandwiches in die Enge getrieben», meinte Farrell.

«Runter!» befahl Susan energisch, und Pearl drehte sich um und leckte ihr leidenschaftlich das Gesicht ab. Ich streckte die Arme aus, hob sie hoch, setzte sie zurück auf den Boden und teilte mein Sandwich mit ihr.

«Wird damit nicht Fehlverhalten belohnt?» fragte Farrell.

«Ja», sagte ich, gab ihr auch noch die andere Hälfte des Sandwiches und grub in der Tüte nach einem neuen.

Farrell drehte sich um und schaute zum Haus hinüber.

«Das hier ist ein verdammt großes Projekt», sagte er.

«Und ein langfristiges», bestätigte ich.

«Wollt ihr da zusammen einziehen, wenn's fertig ist?»

Susan und ich antworteten unisono: «Nein.»

Farrell grinste.

«Okay, das ist jetzt geklärt. Habt ihr einen Plan?»

Susan sah mich an. Ich zuckte mit den Achseln.

«Draußen», sagte Susan. «Mein Plan lautet, praktisch alles zu beschneiden und zu fällen und ganz neu von vorn anzufangen.»

«Drinnen», sagte ich. «Ich plane, praktisch alles herauszureißen und ganz von vorn anzufangen.»

«Aber eine Vorstellung, wie's mal aussehen soll, wenn's fertig ist, die habt ihr nicht?»

«Immer eins nach dem anderen», sagte ich. «Wenn man etwas zerlegt, dann lernt man es auch kennen. Man muß das Haus kennenlernen, und wenn nur noch das Gerippe übrig ist, sagt es einem schon irgendwie, was als nächstes zu tun ist.»

«Wie bei einer Ermittlung», meinte Farrell.

«Ja, so ähnlich», sagte ich. «Nur mit dem Unterschied, daß einen das Haus nicht belügt.»

«Belügen sie dich oben in Port City?» wollte Susan wissen.

«Ja. Hast du mir gesagt, daß Sampson mit einem Stipendium der Army auf der Schule war?»

«Ja.»

«Also war er beim Militär?»

«Ja.»

«Hat er dir das erzählt?»

«Ja, und er hat mir Fotos von sich gezeigt, in Uniform, vor irgend so einem bunkerartigen Ding. Warum?»

«DeSpain behauptet, das FBI hätte seine Fingerabdrücke nicht.»

«Aber wenn er bei der Army war...», sagte Susan.

«Ja. Dann müßten sie auch seine Abdrücke haben.»

«Das müßte ich eigentlich für dich nachprüfen können», schlug Farrell vor. «Dauert allerdings ein bißchen.»

«Wäre sehr nett von dir.»

Farrell nickte. Pearl hatte sich inzwischen unter den Campingtisch verzogen und den Kopf auf Farrells Bein gelegt. Er schaute zu ihr hinab, brach ein kleines Stück von seinem Sandwich ab und fütterte sie.

«Was macht ihr, wenn euch Leute besuchen kommen, die es nicht mögen, wenn ihnen euer Hund auf dem Schoß liegt?» fragte Farrell.

«Wir gehen davon aus, daß mit denen irgendwas nicht stimmt», sagte Susan. «Und wir versuchen, ihnen zu helfen.»

Kapitel 17 Ich traf mich mit Herman Leong in einem Lokal an der South Street. Er war ein kleiner Bursche mit Hornbrille, Stiernacken und militärisch kurzem Bürstenschnitt. Seine Augen funkelten verschmitzt. Er trug einen zugeknöpften, braunen Pullover unter einem schwarzen Anzug. Als ich zu ihm an die Theke trat, aß er gerade Pfannkuchen. Ich bestellte mir einen Kaffee.

«Quirk sagt, Sie brauchen Informationen über Chinatown», bemerkte er.

Ich rührte etwas Zucker in meinen Kaffee. Es war ein dicker, weißer Porzellanbecher, geädert mit feinen Rissen.

«So ungefähr», sagte ich. «Wissen Sie irgendwas über Port City?»

«Sicher.»

«Ich bin da oben mit etwas konfrontiert, das ich nicht verstehe.»

«Müssen Sie doch gewohnt sein», sagte Herman.

«Quirk hat mich also wieder über den grünen Klee gelobt», sagte ich. «Port City besitzt eine große chinesische Gemeinde.»

«Chinatown North.»

«Wer hat dort das Sagen?»

«Lonnie Wu», erwiderte Leong.

«Einfach so?»

«Sicher. Lonnie Wu ist der Port City *dai low* des Kwan Chang *tong*.»

«Was ist ein *dai low*?»

«Das bedeutet *älterer Bruder*», erklärte Leong. «Ein *dai low* ist ein Gangkoordinator. Die *tongs* haben heute keine Soldaten mehr. Es ist billiger und sicherer und effizienter, quasi ‹Subunternehmer› einzuspannen. Wenn die eine Truppe für körperliche Gewalt brauchen, benutzen sie heute meistens Straßenbanden. Der *dai low* rekrutiert Kids, organisiert sie und fungiert als Verbindungsmann zwischen ihnen und dem *tong*.»

«Als ich ihn das letzte Mal gesehen habe, hatte Wu zwei vietnamesische Kids dabei», sagte ich.

«Wahrscheinlich Death Dragons», meinte Leong. «Das ist die Port-City-Gang, mit der sie arbeiten. Es sind Vietnamesen chinesischer Abstammung. Flüchtlinge, manche von ihnen in der zweiten Generation. Man kann sie nicht abschieben. Es interessiert sie nicht, ob sie leben oder sterben. Denen ist auch egal, was mit anderen ist. Diese Typen nehmen sogar Mordaufträge gegen ein dreimonatiges Baby an.»

«Steht Port City unter Kontrolle von Boston?»

«Das Kwan Chang *tong* hat das Sagen, ja, durch Lonnie Wu. Bei einem *dai low* ist es normalerweise so, daß er das einzige *tong*-Mitglied ist, das die Gang zu sehen bekommt. Wenn sie eingelocht werden, holt er sie auf Kaution wieder raus. Wenn sie vor Gericht gestellt werden, besorgt er ihnen einen Anwalt. Er bezahlt sie. Er gibt die Mordaufträge aus. Daher ist Lonnie der einzige, den die Death Dragons kennen.»

«Ist er eine wichtige Figur im Bostoner *tong*?»

«Nicht direkt. Chinatown ist Chinatown. Es gibt nur wenig, was eindeutig mit ja oder nein beantwortet werden kann, verstehen Sie? Er ist ein *dai low*. Theoretisch besitzt er einen Kontaktmann im Kwan Chang *tong*. Und, wieder theoretisch, weiß ich nicht, wer das ist. Soll auch niemand wissen. Darauf achtet ein *dai low* sehr. Auf diese Weise steht er durch Geheimhaltung quasi außerhalb des Kwan Chang. Wenn es nur zwei Leute gibt, die die Verbindung zwischen dem *tong* und der Gang herstellen, ist es für die Cops sehr schwer, beide miteinander in Verbindung zu bringen.»

Leong spießte den letzten Bissen seiner Pfannkuchen auf und drehte ihn eine Weile in dem Sirup auf dem Teller, bevor er die Gabel zum Mund führte. Er kaute sorgfältig.

«Und wenn nur zwei Leute Bescheid wissen und die Cops etwas herausfinden», sagte ich, «weiß das *tong* sofort, wer geredet hat.»

Leong nickte, schluckte den Pfannkuchen und spülte mit einem Schluck Kaffee nach. Dann wischte er sich mit einer Serviette den Mund ab und kramte ein Päckchen Zigaretten heraus.

«Darf ich?» fragte er.

Ich nickte.

«Also...» Leong klemmte sich eine Zigarette zwischen die Lippen und rollte sie in den Mundwinkel. Mit einer dieser äußerst effizienten kleinen Bewegungsabläufe, die Raucher im Verlauf des langen Rituals ihrer Sucht entwickelt haben, nahm er ein Zippo heraus, ließ es aufflammen, zündete die Zigarette an und steckte das Feuerzeug wieder weg. Ich bewunderte diesen Bewegungsablauf. Es fehlte mir irgendwie, obwohl es inzwischen bereits fast dreißig Jahre her war, seit ich das Rauchen aufgehört hatte. Er stieß den Rauch aus.

«... Lonnie ist wichtig für das Kwan Chang, aber sein Job bedeutet, daß er sich vom *tong* ziemlich fernhalten muß. Bis auf eines. Er hat in die Familie des Burschen eingeheiratet, der den Kwan Chang leitet.»

Leong rauchte Lucky Strike. Ohne Filter. Der brennende Tabak roch gut, auch wenn ich wußte, daß er nicht gut war.

«Weswegen die Trennung auch nur theoretisch ist», sagte ich, «Wer ist der angeheiratete Verwandte?»

«Onkel Eddie Lee. Fast Eddie, Berater auf Lebenszeit. Lonnie Wu hat seine Schwester geheiratet.»

«Wird die Sache dadurch nicht ein wenig kompliziert?» fragte ich.

«Ja. Die meisten *tong*-Bosse wollen keinen *dai low* als Schwager. Aber so ist es nun mal. Und Sie wissen ja, wie wir Chinesen sind, wenn's um die Familie geht. Eddie ist der älteste Mann der Familie. Er ist für alle anderen verantwortlich, seinen Schwager eingeschlossen. Warum interessiert Sie das alles?»

«Ich bin dort raufgefahren, um einen Mord im Repertoiretheater zu untersuchen. Ich habe mit einer Reihe Augenzeugen gesprochen. Der verdammte Mord geschah auf der Bühne...»

Leong nickte.

«Hab davon gehört», sagte er.

«Und einer dieser Zeugen war Rikki Wu. Anschließend ist ihr Mann mit zwei Bewaffneten in mein Büro gekommen und hat mir gesagt, ich soll die Finger von seiner Frau lassen und mich aus Port City fernhalten. Von seiner Frau habe ich die Finger gelassen. Nicht ferngehalten habe ich mich aus Port City. Und vor ein paar Tagen ist dann jemand in einem Auto vorgefahren und hat versucht, mich durch das Fenster eines Restaurants zu erschießen.»

«Sie sind so gut, wie ich gehört habe», sagte Leong. «Wenn die Death Dragons Sie tot sehen wollen, dann sind Sie normalerweise sofort tot.»

«Ich bin ein schwer faßbarer Teufel», sagte ich.

Leong sah mich mit Augen an, die schon alles gesehen hatten. Nichts konnte ihn mehr beeindrucken, nichts mehr schockieren, nichts mehr erregen. Und es war nicht nur, was er gesehen hatte; in seinen Augen lag die Geschichte eines Volkes, das Jahrtausende alles gesehen hatte und durch nichts schockiert worden war – unbeeindruckt, gelassen, unverzagt, müde, dauerhaft und unerbittlich.

«Nicht mehr lange», sagte Herman.

«Danke für die Beruhigung.»

«Diese Kids haben das Gesicht verloren», sagte Herman. «Es geht nicht mehr um Geld.»

«Ich werde auf der Hut sein. Wissen Sie etwas über die Frau?»

«Sie meinen Rikki? Nein. Wie ich höre, ist sie eine sehr hochnäsige und verwöhnte Mieze, aber das höre ich eben nur.»

«Fällt Ihnen irgendein Grund ein, warum ich aus Port City verschwinden soll?»

Herman zuckte mit den Achseln. Er rauchte seine Zigarette, ohne sie aus dem Mund zu nehmen, daher mußte er leicht blinzeln, um durch den Rauch etwas zu sehen. Als die Asche länger wurde, beugte er sich vor und klopfte sie mit dem Zeigefinger auf seinen leeren Teller ab.

«Nichts Genaues. Das ist nicht meine Gegend. Sieht so aus, als gebe es etwas, von dem er nicht will, daß Sie es herausfinden.»

«Wissen Sie irgend etwas über die kriminelle Szene in Port City?»

«Eigentlich nicht, nein», sagte Herman. «Das normale Chinatown-Zeug eben, könnte ich mir vorstellen. Erpressung, Glücksspiel, Heroin, Prostitution, illegale Einwanderer.»

«Auf die meisten der genannten Dinge besitzen die Chinesen kein Monopol», sagte ich.

Herman lächelte.

«In Chinatown schon.»

Seine Zigarette war inzwischen so kurz, daß sie ihm bald die Lippen verbrennen würde. Er spuckte sie aus und kramte nach einer neuen.

«Meine Mutter hat so was immer ‹wandernder Schatten› genannt.»

«Was? Die *tongs*?» fragte ich.

«Alles», erwiderte Herman. Er steckte sich eine neue Zigarette an, verstaute das Zippo. «Alles. Wohin man auch ging, wenn man ein Chinese war, es folgte einem. Verschwindet, sobald man ein Licht darauf richtet. Laß den Lichtstrahl weiterwandern, und schon ist es wieder da, ein wandernder Schatten eben.»

Er schaute an mir vorbei auf die Straße, musterte die Leute, die an uns vorbeigingen, und einen Augenblick lang wirkten sie auf mich, wie sie auf Herman Leong die ganze Zeit gewirkt haben mußten: immateriell, vergängliche Schleier der flüchtigen Geschichte, die vorbeiflackerten, während hinter ihm die lange, unveränderliche, überwältigende Last seiner Rasse stand, die sich auf den trügerischen Augenblick auswirkte und ihn übermannte.

«Sie gehen wieder dorthin zurück», sagte Herman.

«Ja.»

«Das ist ein Fehler.»

Ich zuckte mit den Achseln.

«In meiner Branche habe ich es oft mit harten Burschen zu tun», sagte ich. «Wenn ich einen Fall sausenlasse, nur weil mir zwei Teenager sagen, ich soll einen Abgang machen, womit verdiene ich dann demnächst meine Brötchen?»

Herman nickte.

«Schätze, Sie müssen wohl zurückgehen.»

«Ja.»

«Zwei Dinge noch», sagte Herman. «Erstens, diese Kids sind absolut und durch und durch Killer. Denken Sie nicht daran, daß sie erst siebzehn sind oder nur hundert Pfund wiegen. Sie bringen Menschen um. Dabei fühlen die sich gut.»

Ich nickte.

«Das ist bei allen so, die sonst nichts haben», sagte ich. «Wenn's sein muß, werde ich einen erschießen.»

«Das werden Sie müssen», sagte Herman. «Und mehr als nur einen.»

«Sie sagten ‹zwei Dinge noch›. Was ist das andere?»

«Nehmen Sie Verstärkung mit», sagte Herman. «Ich habe von Ihnen gehört. Und ich würde Sie auch kennen, selbst wenn ich nichts über Sie gehört hätte. Sie sind ein Cowboy.»

Ich zuckte mit den Achseln.

«Sie können das nicht alleine durchziehen», sagte Herman.

Ich grinste.

«Niemand ist eine Insel», sagte ich.

«Von wem ist das? Hemingway?»

«John Donne.»

«Nahe genug dran», meinte Herman. «*Low faan* sehen sowieso alle gleich aus.»

Kapitel 18

Ich traf mich mit Hawk auf einem Parkplatz hinter dem Port City Theater. Es nieselte, und der Regen hatte sich auf dem unebenen Asphalt in Pfützen gesammelt. Ölreste bildeten unangenehm aussehende Farbspektren auf der Oberfläche des schmutzigen Wassers. Hawk trug einen schwarzen Cowboyhut und einen schwarzen Ledertrenchcoat, den er nicht zugeknöpft hatte. Er lehnte an seinem Jaguar, und neben ihm stand in Lederjacke und Tweedmütze Vinnie Morris.

«Vinnie», begrüßte ich ihn.

«Spenser.»

«Hilfe und Unterstützung», sagte Hawk mit seinem spöttischen WASP-Akzent, «beim Kampf gegen die gelbe Gefahr.»

«Hast du Vinnie gegenüber das Honorar erwähnt?» fragte ich.

«Hab ihm gesagt, er kriegt, was ich kriege.»

«Arbeitest du wieder für Joe», fragte ich.

«Nein.»

«Im Moment laufen die Geschäfte ein bißchen flau.»

«Ja. Ich hab etwas Kohle auf die hohe Kante gelegt, aber ich bin's leid, jeden Tag über die Müllkippe zu gehen und Ratten zu schießen.»

«Immer gut, in Übung zu bleiben», sagte ich. «Hat Hawk dir erzählt, worum's geht?»

«Hm-hmh.»

«Mußt du sonst noch was wissen?»

«Wer bezahlt meine Munition?» fragte Vinnie.

«Ich», sagte ich. «Die berühmten Lohnnebenkosten.»

«Mann, meine Karriere hebt ab», sagte Vinnie.

Der Nieselregen wurde aufdringlicher.

«Sind wir smart genug, aus dem Regen ins Trockene zu gehen?» erkundigte sich Hawk.

«Und ob», sagte ich. «Will einer Kaffee?»

«Such dir aber ein Lokal aus, das wir nicht mögen», sagte Hawk. «Dann haben wir kein blödes Gefühl, wenn der Laden zusammengeballert wird.»

«Ich bin hier mit Jocelyn Colby in einem Laden verabredet, der *Puffin' Muffin* heißt.»

«Fein.»

Vinnie sah Hawk an.

«Das *Puffin' Muffin*?» fragte er.

Hawk zuckte mit den Achseln.

«Gewöhn dich dran», sagte er.

Das *Puffin' Muffin* in der Theaterpassage war einer der vielen Läden von Port City, die für reiche Yankees entworfen waren und an Orten lagen, zu denen reiche Yankees nie gingen. Wenn sie denn doch kamen, dann abends auf dem Weg ins Theater, und um diese Zeit hatten sie selten Hunger auf Muffins.

«Hat ein hübsches, großes Schaufenster», sagte Hawk.

«Ja.»

«Setzen wir uns lieber woanders hin», schlug er vor.

Wir nahmen vor der restaurierten Ziegelwand Platz.

Über die gesamte Breite zog sich im hinteren Teil des Lokals eine Theke und eine Vitrine voller Muffins. An den Wänden hingen Fotos von Muffins; zwischen diesen Bildern hingen Theaterplakate der Port City Stage Company. Die Einrichtung war blond, die muskulöse Kellnerin eingeschlossen, die sich das lange Haar zu einem Geysir aufgesteckt und mit einem rosa Band gebunden hatte. Sie schenkte uns Kaffee aus einer Thermoskanne ein.

«Wäre es möglich, einen Muffin zu meinem Kaffee zu bekommen?» fragte ich.

Sie lächelte nicht. Die Leute hielten mich nie für so witzig wie ich selbst.

«Blaubeere, Kleie, Mais, Banane, Möhre, Ananas-Orange, Kirsch, Himbeere, Apfel-Zimt, Ahorn-Walnuß, Limone-Mohn, Haferkleie, Kronsbeere und Schokoflocken», sagte sie.

«Mais», beschloß ich.

«Getoastet oder einfach?»

«Einfach.»

«Butter oder Margarine?»

«Weder noch.»

«Gelee dazu?»

«Nein.»

«Honig?»

«Nein.»

Sie sah die beiden anderen an.

«Für mich dasselbe», sagte Hawk.

Vinnie nickte.

Die Kellnerin entschwand.

«Gibt's irgendeinen Hinweis darauf, daß Jocelyn verfolgt wird?» fragte ich.

Hawk grinste.

«Derselbe Bursche, der auch dem Griechen folgt.»

«Du», sagte ich.

«Hm-hmh.»

«Sonst keiner?»

«Keiner», bestätigte Hawk.

Die Kellnerin kam mit den drei Mais-Muffins zurück und stellte sie vor uns. Sie füllte die Tassen nach.

«Haben Sie sonst noch einen Wunsch?» fragte sie.

«Nein, vielen Dank.»

Sie nickte, riß eine Rechnung von ihrem Block und legte sie verkehrt herum auf den Tisch. Vinnie schob sie zu mir rüber.

«Um Himmels willen», stieß ich aus, «Munition *und* Kaffee?»

«Ich will das volle Programm», sagte Vinnie.

«Läuft doch alles bestens hier oben», meinte Hawk.

«Ja. Wenn keiner versucht hätte, uns zu erschießen, wären wir nicht weitergekommen.»

Ich kostete meinen Muffin.

«Hat schon lange keinen Mais mehr gesehen», sagte ich.

Auf der anderen Seite des Raumes kam Jocelyn Colby in voller Mieses-Wetter-Montur herein. Sie trug eine lange, gelbe Regenjacke, grüne Gummistiefel und einen grünen Südwester, dessen Krempe sie vorne hochgeklappt hatte wie ein Model aus einer Zigarettenreklame. Sie erspähte mich am Tisch und marschierte schnurstracks herüber.

Ich stellte sie Vinnie vor. Ihrem Gesichtsausdruck entnahm ich ganz klar, daß sie lieber mit mir allein gewesen wäre. Aber sie war schließlich ein Mime.

«Haben Sie ihn erwischt?» fragte sie. Sie hatte große, violette Augen mit langen Wimpern, und sie wußte es. Sie machte eine Menge damit.

«Wir haben ihn bislang noch nicht gesehen», sagte ich.

Die Augen wurden größer.

«Mein Gott», sagte sie. «Er muß sie bemerkt haben.»

Ich deutete mit einem Kopfnicken zu Hawk.

«Er hat mich nicht bemerkt», sagte Hawk.

Vinnie suchte nach Möglichkeiten, seinen Mais-Muffin schmackhafter zu machen. Er brach ein Stück ab und tunkte es in seinen Kaffee, dann aß er.

«Besser?» fragte ich.

«Schmeckt immer noch wie ein Frisbee», brummte Vinnie.

«Sind Sie sicher?» fragte Jocelyn Hawk.

«Ja.»

«Nun, er ist aber da. Ich habe ihn gesehen.»

«Wann haben Sie ihn das letzte Mal gesehen?»

«Gestern abend nach der Aufführung. Er war da, in den Schatten, an der Ecke meiner Straße.»

Ich sah Hawk an. Er schüttelte den Kopf.

«Du mußt ihn übersehen haben», sagte ich zu Hawk.

«Klar doch», meinte Hawk mit einem verschmitzten Blitzen in den Augen. Jocelyn sah Hawk nicht an. Sie gönnte mir eine exklusive Augenbehandlung.

«Ich habe Angst», sagte sie zu mir.

«Natürlich haben Sie das, ich kann's Ihnen nicht verdenken. Hat er Sie schon mal bedroht? Sie angerufen? Irgend etwas in der Richtung?»

«Ja. Es gab... Anrufe.»

«Was hat er gesagt?»

Sie schüttelte den Kopf.

«Sie waren, äh, schmutzig. Gemein und schmutzig.»

«Hat er Sie sexuell belästigt?»

«Ja. Er hat gesagt, er würde... Sachen mit mir machen.»

Ich nickte. Hawk nickte. Vinnie studierte das Lokal. Die Kellnerin tauchte auf und schenkte ungefragt Kaffee in Jocelyns Tasse.

«Möchten Sie einen Muffin?» fragte sie.

Jocelyn schüttelte den Kopf.

«Wir haben auch Bagels. Wir können Ihnen auch einen Toast machen.» Jocelyn schüttelte den Kopf.

«Frozen Yogurt?»

Immer noch den Raum inspizierend sagte Vinnie: «Verpiß dich.»

Die Kellnerin schnappte nach Luft. Vinnie schaute zu ihr auf. Sie schloß den Mund und ging. Jocelyn beachtete das alles nicht. Sie sah nur mich an.

«Seit wann bekommen Sie diese Drohungen schon?» sagte ich.

«Es hat erst kürzlich angefangen. Letzte Nacht, nachdem ich ins Haus gegangen bin, unmittelbar nachdem ich ihn in den Schatten gesehen habe.»

«Und könnten Sie ihn bitte noch einmal beschreiben?»

«Dunkler Schlapphut, dunkler Mantel. Er sieht genau aus wie der, der Jimmy folgt», sagte sie. «Ich bin sicher, es ist derselbe Mann. Ich wette, es ist jemand, der eifersüchtig auf Jimmy und mich ist.»

«Sie und Christopholous sind ein Paar?»

Sie senkte den Blick auf die Tischplatte. Sie schwieg.

Hawk schaute zur Tür, sein Mantel stand offen, er lehnte sich leicht auf seinem Stuhl nach hinten. Der Reißverschluß von Vinnies Jacke war offen. Seine Blicke strichen über den Raum. Die einzigen Gäste außer uns waren zwei Frauen mittleren Alters in Trainingsanzügen, die sich eine Schale halbgefrorenen Erdbeerjoghurt teilten. Ich wartete. Jocelyn blieb stumm.

«Sie und Christopholous?» wiederholte ich.

Sie schüttelte den Kopf.

«Das wollte ich damit nicht sagen.»

Ich wartete.

«Ich kann nicht darüber sprechen.»

Ich wartete weiter. Sie hob ihre erstaunlichen Augen zu mir und gab mir die volle Dröhnung.

«Bitte», sagte sie. «Ich kann einfach nicht.»

«Sicher», sagte ich.

Ihr Blick war sehr durchdringend. «Flehend» hätte sie es wahrscheinlich beschrieben.

«Werden Sie mich beschützen?» fragte sie.

«Natürlich», sagte ich. «Wir werden jede Minute da sein.»

«Könnten Sie, ich meine, ich will niemandem zu nahe treten, aber könnten Sie es vielleicht persönlich machen.»

«Es wäre mir ein Vergnügen», sagte ich. «Wie die Dinge liegen, werden wir uns abwechseln müssen. Aber es schadet nie, immer nur das Allerbeste zu verlangen.»

Hawk und Vinnie warfen mir einen kurzen, schrägen Blick zu und fuhren dann fort, sich im Raum umzuschauen und ein Auge auf die Tür zu halten.

«Sind Sie gerade auf dem Weg ins Theater?»

«Ja.»

«Dann fange ich mit meiner Schicht jetzt sofort an. Ich werde Sie dorthin begleiten.»

Hawk ließ einen Zehner auf die Rechnung fallen.

«Tolles Trinkgeld», meinte Vinnie.

«Belohnung dafür, daß sie sich all die vielen Sorten gemerkt hat», sagte Hawk.

«Kommen die auch mit?» fragte Jocelyn.

«Nur zum Aufpassen», sagte Hawk. «Wollen doch wissen, was ihn zum Allerbesten macht.»

«Wird dir nicht viel nützen», sagte ich. «Das ist eine weiße Sache.»

«Gut», sagte Vinnie und hielt die Tür auf, während Hawk hinausging und wir ihm folgten.

Kapitel 19

Mit Hawk und Vinnie im Schlepptau schlenderten Jocelyn und ich durch den dunstigen Nieselregen zum Theater direkt nebenan. Sie ging zur Probe und ich hinauf zu Christopholous' Büro im ersten Stock. Vinnie und Hawk lümmelten im

Foyer, verschmolzen mit der Theaterszene wie zwei Kojoten auf einem Geflügelfestival.

Ich setzte mich auf den Stuhl Christopholous gegenüber. Das Licht brannte und ließ den Tag draußen noch düsterer erscheinen. Die alten Ziegelwände des Büros wurden von Plakaten früherer Port-City-Inszenierungen aufgehellt.

«Spendet Rikki Wu dem Theater viel?» fragte ich.

«Viel», bestätigte Christopholous. «Und sie hat einen Ehrenplatz im Vorstand.»

«Es ist leichter, daß ein Kamel durch ein Nadelöhr gehe, denn daß ein Reicher ins Reich Gottes komme», zitierte ich.

Christopholous grinste.

«Das mag für den Himmel ja so sein», sagte er. «Ganz sicher aber stimmt es nicht für den Vorstand eines Theaters.»

«Die Bemerkung war sowieso sexistisch», sagte ich. «Es hätte ‹reicher Mensch› heißen sollen.»

«Zweifellos», sagte Christopholous. «Warum fragen Sie?»

«Will's einfach nur wissen.»

«Aber warum wollen Sie es wissen?»

«Weil ich's nicht weiß. Wenn ich wüßte, was zu wissen wichtig ist und was nicht, dann hätte ich die ganze Sache schon ziemlich geklärt.»

«Natürlich. Rikki ist sehr großzügig. Und sehr reich. Mr. Wu verdient einen Haufen Geld.»

«In seinem Restaurant hat man aber nicht direkt den Eindruck, daß ihm die Gäste die Bude einrennen», sagte ich.

Christopholous zuckte mit den Achseln.

«Vielleicht ist er noch anderweitig engagiert», sagte er.

«Zum Beispiel wo?»

«Ach, mein Gott», sagte Christopholous. «Ich weiß es nicht. Das war nur so dahergesagt.»

«Sicher», sagte ich. «Wie steht's mit Jocelyn Colby?»

«Jocelyn?»

«Ja. Wie kommen Sie beide miteinander aus?»

«Mit Jocelyn? Bestens. Sie ist eine nette junge Frau. Begrenzt in ihren schauspielerischen Fähigkeiten, aber ungemein bezwingend in der richtigen Rolle. Sehr attraktiv. Besonders aus der Nähe. Die Wangenknochen. Und diese Augen. Eigentlich ist der Film das geeignetere Medium für sie.»

«Sind Sie schon mal mit ihr ausgegangen?»

«Ausgegangen? Sie meinen, ob ich mal mit ihr gegangen bin?»

«Ja.»

«Himmel, nein», sagte Christopholous. «Ich könnte ihr Vater sein.»

«Sie hatten also nie eine, äh, Beziehung?»

«Was zum Teufel reden Sie da? Sie ist Schauspielerin in einem Ensemble, das ich leite. Sie ist ein nettes Mädchen. Sie hat Erfahrung. Ich mag sie. Aber nein, ich habe nie auch nur daran gedacht, eine wie auch immer geartete sexuelle Beziehung zu ihr aufzunehmen.» Christopholous lachte. «Man erreicht ein gewisses Alter und entdeckt, daß es einem lieber wäre, es wären die eigenen, wenn man mit Kindern redet.»

«Sie haben Kinder?»

«Drei», antwortete Christopholous. «Alle sind älter als Jocelyn.»

«Eine Frau?» fragte ich.

«Ich habe mich, Gott sei Dank, vor zwanzig Jahren von ihrer Mutter scheiden lassen. Warum fragen Sie nach Jocelyn?»

«Die gleichen Antworten wie oben», sagte ich. «Ich sammle nur Daten.»

«Aber, ich meine, fragen Sie jeden im Ensemble, ob Jocelyn mit ihnen was hatte? Und warum ausgerechnet sie?»

Ich wollte es ihm nicht sagen. Ich wußte nicht genau, warum. Aber einer von Spensers Verbrecherbekämpfungstips lautet: *Man gerät nur selten in Schwierigkeiten, indem man nichts sagt*. Ich schüttelte unbestimmt den Kopf.

«Hat sie irgendwelche romantischen Interessen an jemandem im Ensemble?» fragte ich.

«Jocelyn ist, äh, liebevoll. Ich verfolge die sozialen Interaktionen meines Ensembles nicht sonderlich aufmerksam», sagte Christopholous. «Aber an Lou schien sie tatsächlich interessiert.»

«Montana? Der Regisseur?»

«Ja. Ich will nicht mehr unterstellen, als da war. Eine Zeitlang, als er gerade erst für *Handy Dandy* an Bord gekommen war, schien sie an ihm besonders interessiert zu sein. Sie haben immer zusammen Kaffee getrunken, und ich weiß, daß sie ihn oft angerufen hat.»

Draußen war es kalt genug, um den Heizungsthermostaten aufzuwecken. Ich hörte den heißen Dampf in den Rohren knistern, die nach dem Sommerschlaf immer noch ein wenig unwillig waren.

«Was ist mit ihm?» fragte ich.

Christopholous lächelte und schüttelte den Kopf.

«Ach, Lou», sagte er. «Das Leben ist unvollkommen. Man muß sich begnügen. Den größten Teil seiner Erfahrungen hat Lou beim Fernsehen gesammelt.»

«Igitt!» sagte ich.

«Igitt, allerdings», bestätigte Christopholous. «Und schlimmer noch, Lou ist kleinlich und aufgeblasen und nur halb so gut, wie er glaubt. Aber er kann ein Stück auf die Beine stellen. Und zumindest solange er bei uns ist, scheint er sich für das Ensemble und die Prinzipien der Stage Company einzusetzen. Man kann nicht immer den besten Regisseur verpflichten. Man muß einen verpflichten, der bereit ist, für das zu arbeiten, was man zahlen kann.»

«So ist es doch immer», sagte ich, nur um etwas zu sagen.

Christopholous schüttelte den Kopf.

«Nicht unbedingt», sagte er. «Meiner Erfahrung nach verhält es sich mit den Schauspielern ein wenig anders. Wir bekommen fast immer Schauspieler, denen das Handwerk am Herzen liegt, die Kunst, wenn Sie so wollen. In vieler Hinsicht ist es ein schrecklicher Beruf. Angesichts all der Gründe, die dafür sprechen, die Sache an den Nagel zu hängen, trotzdem dabeizubleiben, setzt schon eine ordentliche Portion Hingabe und Zähigkeit voraus. Für die meisten von ihnen besteht die Belohnung darin, aufzutreten. Die wirklich guten können immer gute Leistung erbringen, trotz des Dramatikers oder des Regisseurs, selbst beim Fernsehen oder in einem furchtbaren Kinofilm.»

«Olivier», sagte ich.

«Ja, oder nehmen Sie Michael Caine.»

«Dann ist es also eine Art von Autonomie», sagte ich.

«Wenn sie gut genug sind und zäh genug», sagte Christopholous. «Interessant, daß Sie das so schnell verstehen; die meisten Menschen tun das nicht.»

«Ich mag Autonomie», sagte ich.

«Überrascht mich nicht.»

«Hat Montana Jocelyns Zuneigung erwidert?»

«Ich bin nicht sicher, ob ‹erwidern› das richtige Wort ist. Es ist durchaus möglich, daß er sie vorübergehend ausgenutzt hat.»

«Daß es so was gibt, hab ich auch schon gehört», sagte ich.

«Ich würde nicht zuviel daraus machen», sagte Christopholous.

«Jocelyn hat ihre Schwärmereien, und die sind genauso unbeständig wie Aprilwetter.»

«Wissen Sie von einer Verbindung zwischen ihr und den Wus?»

«Den Wus? Gott, Spenser, Sie sind zu schnell für mich. Warum sollte sie eine Verbindung zu den Wus haben?»

«Allerdings, warum», sagte ich.

«Natürlich kennt sie Rikki. Ich möchte, daß mein Ensemble den Vorstandsmitgliedern um den Bart geht. Das gehört einfach dazu.»

«Und ist etwas, das sie genießen», sagte ich.

Christopholous zuckte mit den Achseln.

«Wenn man eine Gans hat, die ein goldenes Ei legt, dann füttert man sie», sagte er. «Vor allem Rikki genoß es, daß man ihr um den Bart ging.»

«Wie steht's mit Mr. Wu?»

«Er verwöhnt sie», sagte Christopholous. «Mehr weiß ich wirklich nicht über ihn. Er kommt nur selten mit ihr zu einer Veranstaltung. Und wenn er mitkommt, dann wirkt er sehr unnahbar. Aber anscheinend ist er bereit, sie unbegrenzt finanziell zu unterstützen.»

«Hat er Jocelyn mal kennengelernt?»

«Oh, das glaube ich kaum. Abgesehen von einer förmlichen Begegnung à la ‹Dies ist mein Mann Lonnie›. Und wenn dem so war, dann bin ich sicher, daß er sie nicht registrieren würde. Er schien nie richtig dazusein, wenn er mal hier war.»

«Ich kenne das Gefühl», sagte ich.

Durch Christopholous' Fenster sah ich die Reihen dreistöckiger Schindelhäuser mit Flachdächern. Die meisten waren grau, benötigten dringend einen neuen Anstrich und hatten nach hinten hinaus überdachte Veranden. Die meisten Veranden waren unmöbliert bis auf den vereinzelten, deprimierenden Klappstuhl, der den Schein wahrte. Die Leute schienen im wesentlichen dort ihren Müll und Abfall zu deponieren. Wäscheleinen erstreckten sich auf allen drei Höhen über öde Höfe hinter den Häusern, aber an keiner von ihnen hing Wäsche im unerbittlichen Nieselregen. Hier und da wucherte Unkraut in vereinzelten Flecken im Matsch.

«Kein weiteres Zeichen von Ihrem Schatten?» fragte ich.

«Nein, nichts. Ich vermute, Sie haben ihn wohl verjagt.»

«Nicht ich, etwas hat», sagte ich.

Kapitel 20 Als ich ins Foyer kam, saß Hawk mit verschränkten Armen und gerade vor sich ausgestreckten, an den Knöcheln übereinandergelegten Beinen auf einer Bank vor einer Wand. Der Regen hatte praktisch keine Spuren auf seinen polierten Cowboystiefeln hinterlassen. Vinnie stand an der Glastür und schaute in den Regen hinaus. Er war mittelgroß, hatte einen guten Muskeltonus und gut geschnittene Gesichtszüge; und vielleicht die schnellsten Hände, die ich je gesehen hatte. Vinnie konnte Fliegen mit den Händen fangen. Ich übrigens auch. Aber Vinnie fing sie zwischen Daumen und Zeigefinger. Ich setzte mich neben Hawk. Vinnie starrte weiter in den Regen hinaus.

«Niemand verfolgt diese Braut», sagte Hawk.

«Ich weiß.»

«Bleiben wir trotzdem an ihr dran?»

«Ja.»

Hawk sah mich einen Moment an.

«Tja, egal, was alle sagen – du bist kein Trottel.»

«Wirklich zu nett von dir», sagte ich.

«Ich weiß. Also denke ich mir, du willst ihr eine Weile überallhin folgen, um zu sehen, ob es irgendeinen besonderen Grund gibt, warum sie dich will.»

«Und dann werde ich sehen, was sie macht, wenn ich ihr nicht mehr überallhin folge», sagte ich.

Hawk nickte.

«Und dann wissen wir vielleicht etwas», sagte er.

«Das wäre zur Abwechslung mal ganz nett.»

«Christopholous behauptet, er habe nie irgendwas mit ihr gehabt.»

«Sie behauptet, er hätte.»

«Also lügt jemand», sagte ich.

«Ich wette, es ist die Braut», sagte Hawk. «Ich glaube, die hat nicht mehr alle Tassen im Schrank.»

«Klingt wahrscheinlicher, daß sie lügt und nicht Christopholous», sagte ich. «Aber wenigstens ist das eine Behauptung, der nachgegangen werden kann. Falls zwischen den beiden was gelaufen ist, muß irgendwer etwas davon mitbekommen haben.»

«Also hast du dich umgehört.»

«Yep. Christopholous sagt, sie war scharf auf den Regisseur, auf diesen Lou Montana.»

«Und ich und Vinnie bleiben in der Gegend, falls die Schlitzaugen wieder zuschlagen.»

«Du meinst Amerikaner asiatischer Abstammung», korrigierte ich.

«Hab's vergessen», sagte Hawk. «Wie lange warst du in Cambridge?»

«Immer wachsam», sagte ich, «gegen rassistische Verleumdungen.»

«Sind da nicht Unterschriften gesammelt worden, um die Niggerkids aus dieser Schule an der Brattle Street zu halten?»

«Natürlich», sagte ich. «Alle haben das Ding unterschrieben, aber kein Mensch hat sie je Nigger genannt.»

«Wie einfühlsam», sagte Hawk.

«Absolut», sagte ich. «Jeder weiß doch, daß Worte verletzen können.»

«Das tun sie.»

Hawk grinste.

«Aber nicht so sehr wie ein Tritt in die Eier», sagte er.

«Nein», sagte ich. «Nicht so.»

Wir schwiegen. Schauspieler und Bühnenarbeiter, ziemlich leger gekleidet, kamen und gingen durch das Foyer.

«Also werde ich Jocelyn ein paar Tage folgen», sagte ich. «Vermittle ihr das Gefühl, ich beschütze sie. Und wenn sie Proben hat oder was weiß ich, werde ich mich über ihre romantischen Interessen umhören, während du und Vinnie in der Nähe bleibt, falls die Schlitzaugen wieder zuschlagen.»

«Guter Plan», sagte Hawk.

Kapitel 21

Den Rest der Woche blieb ich immer in Jocelyn Colbys Nähe. Jeden Morgen, wenn sie ihre Wohnung verließ, lauerte ich irgendwo außer Sichtweite: saß in meinem Wagen ein Stück die Straße hinauf, schlenderte ziellos vorbei in die andere Richtung, stand in einer Telefonzelle an der Straßenecke und plauderte angeregt mit meinem Anrufbeantworter. Und während ich das tat, saßen Hawk und Vinnie in einiger Entfernung in Hawks Wagen und behielten mich im Auge. Ich wußte, es war sinnlos. Falls es je einen Schatten gegeben hatte, würde Hawk ihn entdeckt haben. Und der

Schatten hätte Hawk nicht entdeckt. Hawk konnte einem Lachs zu seinem Laichplatz folgen, ohne dabei naß zu werden. Aber damit es funktionierte, mußte ich so tun, als gebe es einen Schatten. Da stand ich also im Regen, hatte den Kragen meiner Lederjacke aufgestellt, die Hände in den Taschen vergraben und meine schwarze Chicago-White-Sox-Kappe tief in die Stirn gezogen, war auf der Hut vor gedungenen Mördern und tat so, als würde ich einen Schatten beschatten, der nicht existierte. Meine Karriere schien nicht zu einem Höhenflug abzuheben.

Als Jocelyn am Freitag aus dem Theater nach Hause kam, beschattete ich sie nicht. Ich begleitete sie. Falls die Innenstadt von Port City jemals gut aussehen sollte, was nicht der Fall war, dann jetzt. Mitte Oktober, an einem späten Nachmittag, wenn das Licht wehmütig war und der endlose Nieselregen allem einen Glanz verlieh. Während wir gingen, legte Jocelyn eine Hand leicht auf meinen Arm.

«Wie nett», sagte sie. «Ich bin schon ziemlich lange nicht mehr nach Hause begleitet worden.»

«Schwer vorstellbar», sagte ich.

«Oh, es ist brutal da draußen», sagte sie. «Die meisten Männer sind ja solche Babys. Die gutaussehenden Männer, die man kennenlernt, die mit Manieren und etwas Niveau, sind schwul. Die Heteros betrügen ihre Frauen. Oder sie wollen einem was über ihre Mütter vorjammern, falls sie Singles sind. Oder über ihre Exfrauen.»

«Wo sind all die guten geblieben?» fragte ich.

«Weiß der Himmel. Wahrscheinlich gibt's keine mehr.»

«Ich protestiere.»

Sie lachte.

«Ich hab eine Freundin», sagte sie, «die darauf besteht, daß Männer nur dazu taugen, Klaviere zu verschieben.»

«Manchmal geben sie auch ganz gute Väter ab.»

«Und die Wahrheit ist», sagte Jocelyn, «ich hätte absolut nichts dagegen, wenn einer angaloppiert käme und mich rettete.»

«Vor was?»

«Davor, eine geschiedene Frau ohne Mann zu sein», sagte sie. «Davor, allein zu sein.»

«Allein zu sein ist manchmal gar nicht so übel», sagte ich.

«Sie sind nicht allein.»

«Nein.»

«Sie haben Susan.»

«Ja.»

«Also, was wissen Sie schon, verdammt?»

«Ich hatte Susan nicht immer», sagte ich.

«Ja, schön, ich mache jede Wette, das fanden Sie auch nicht annähernd so gut, wie Sie heute behaupten.»

«Ich ziehe es vor, sie zu haben», sagte ich.

Wir bogen in Jocelyns Straße ein. Frost hatte Verwerfungen auf dem betonierten Bürgersteig hinterlassen. Die dreistöckigen Häuser drängten sich ohne Vorgärten direkt an den Bürgersteig. Die Jalousien der zur Straße liegenden Fenster waren geschlossen. Die Wohnzimmer waren keinen halben Meter von uns entfernt. Sie wühlte in ihrer Umhängetasche, als wir uns dem Haus näherten, in dem sie lebte. Sie kramte einen halben Block lang, doch als wir ihre Tür erreichten, hatte sie den Schlüssel gefunden.

«Danke», sagte sie. «Vor zehn Uhr morgen früh müssen Sie nicht hier sein. Samstags und sonntags schlafe ich immer lange.»

«Sie brauchen mich überhaupt nicht», sagte ich. «Niemand folgt Ihnen.»

Sie verharrte, den Schlüssel halb ins Schloß eingeführt. Ihre Augen waren sehr groß.

«Sie müssen kommen», sagte sie.

«Nein», sagte ich. «Da ist niemand. Wenn es anders wäre, hätten Hawk oder ich ihn längst erwischt.»

«Er ist jetzt nicht da, weil Sie hier sind», sagte sie. «Wenn Sie gehen, ist er wieder da.»

«Er hat uns nicht entdeckt», sagte ich. «Wir sind ziemlich gut bei solchen Dingen.»

«Und? Was haben Sie vor?» Sie klang wie ein wütendes Kind. «Wollen Sie mit Susan ins Wochenende?»

«Wir arbeiten an einem Haus», sagte ich.

«Fein. Sie arbeiten an einem Haus mit *Susan*.» Sie ließ den Namen klingen, als bestünde er aus vielen Silben. «Und es ist Ihnen scheißegal, was aus mir wird.»

«Ihnen wird's blendend gehen», sagte ich. «Kein Mensch beschattet Sie.»

«So.» Inzwischen hatte sie die Hände in die Hüften gestemmt, während der Schlüssel vernachlässigt im Schloß baumelte. «Sie glauben also, ich hätte mir alles nur aus den Fingern gesogen, ja?»

«Sagen Sie's mir.»

Sie war wie eine Vierzehnjährige, die Hausarrest bekommen hatte. Sie sprach durch zusammengebissene Zähne.

«Selbstherrlicher Schwanz», sagte sie.

«Wow», machte ich. «Selbstherrlicher Schwanz. Ich glaube nicht, daß ich schon mal so tituliert worden bin.»

«Tja, Sie sind aber ein selbstherrlicher Schwanz», sagte sie, drehte den Schlüssel in ihrer Tür, riß sie auf, marschierte hinein und knallte sie dann vor meiner Nase zu.

Ein Stück die Straße hinauf ließ Hawk den Jaguar vom Bordstein rollen, kam langsam herangefahren und hielt vor dem Haus an. Ich stieg hinten ein. Vinnie saß vorne bei Hawk und hielt eine Schrotflinte zwischen den Knien. Hawk fuhr an. Die Scheibenwischer bewegten sich in Intervallen über die Windschutzscheibe des Jaguar. Das Autoradio spielte leise Musik.

«Hast immer noch ein geschicktes Händchen bei den Bräuten», meinte Vinnie zu mir. «Stimmt's?»

«War nur ein kleiner Streit», sagte ich.

«Gefällt ihr wohl nicht, daß du morgen nicht kommst, was?» sagte Hawk.

«Sie hat mich einen selbstherrlichen Schwanz genannt.»

Vinnie drehte sich auf dem Beifahrersitz halb zu mir herum und sah mich an.

«Selbstherrlicher Schwanz?» sagte er. «Hab ich noch nie gehört. Die Braut drückt sich ziemlich plastisch aus.»

An der Hill Street bog Hawk Richtung Cabot Hill ab. Vinnie hatte sich inzwischen wieder nach vorn gedreht und starrte aus dem Fenster auf die nahezu verlassene Straße, während wir im Regen das Hafenviertel unter uns zurückließen. Er kicherte leise vor sich hin.

«Selbstherrlicher Schwanz», sagte er. «Das gefällt mir.»

Kapitel 22

Hawk wartete, bis ich durch die Tür meines Hauses an der Marlboro Street war, bevor er losfuhr. Es war ein altes Stadthaus aus Sandstein und Ziegel, einen Block entfernt vom Public Garden, das Anfang der achtziger Jahre in Eigentumswohnungen umgewandelt worden war, als sie der große Renner waren und das Leben noch einfach. Die Eingangshalle war mit beigefarbenem Marmor verkleidet. Die Eichentreppe wand sich über mehrere rechteckige Absätze um den offenen, mit Maschendraht gesicherten Fahrstuhlschacht.

Rüstig wie immer ignorierte ich den Lift und nahm die Treppe. Ich trug meine neuen New-Balance-Laufschuhe mit dem aquamarinfarbenen Besatz und nahm für einen Mann mit meiner Bewaffnung recht lautlos die Treppe. Seit dem Besuch von Lonnie and the Dreamers meinte ich, mehr Feuerkraft zu benötigen. Die 9-mm-Browning mit einem Schuß in der Kammer und dreizehn weiteren im Magazin trug ich an der Hüfte. Außerdem steckte die .357er mit sechs Patronen im Zylinder und dem Knauf nach vorn links unter meinem Gürtel. Ich hatte mich gegen eine Donnerbüchse entschieden.

Meine Wohnung lag im ersten Stock, und als ich den Korridor hinunter am Fahrstuhlschacht vorbei zu meiner Tür ging, roch ich Zigarettenqualm. Ich blieb stehen. Ich schnupperte. Ich überprüfte den Fahrstuhl. Die Kabine war oben, verharrte ruhig im 5. Stock. Meine Wohnung belegte die gesamte erste Etage. Der Zigarettengeruch kam aus meiner Wohnung. Es war ein frischer Geruch, nicht der abgestandene Gestank einer vor langer Zeit gerauchten Zigarette, sondern der einer eben erst angesteckten, tief inhaliert und dann wieder ausgestoßen. Ich sah meine Tür an. Das Licht fiel genau wie immer durch den Spion. Ich zog die Browning von meiner Hüfte und spannte sie, schlich dann den kurzen Korridor zurück zum Treppenhaus hinter dem Fahrstuhlschacht.

Susan war die einzige, die einen Schlüssel besaß, und sie rauchte nicht. Falls jemand das Schloß geknackt hatte, dann war er ziemlich gut, denn am Türrahmen war keinerlei Spur davon zu entdecken. Neben meinem Küchenfenster befand sich eine Feuerleiter, über die man sich Zugang zur Wohnung verschafft haben könnte. Wie sie reingekommen waren, war allerdings für den Augenblick weniger bedeutsam als die Tatsache, daß sie sich dort befanden.

Natürlich konnte es auch die Zahnfee sein, die noch einen schnellen Lungenzug nahm, bevor sie einen Quarter unter mein Kopfkissen schob. Wahrscheinlicher aber waren es zwei von Lonnie Wus Pistolenhelden, und wenn dem so war, dann wollte ich nicht nur am Leben bleiben, sondern auch noch einen von ihnen haben.

Kein Laut aus dem Treppenhaus. Der Fahrstuhl blieb bewegungslos im obersten Stock. Normalerweise bin ich der einzige, der die Treppe benutzt. Für Leute aus dem Erdgeschoß bestand dazu aus naheliegenden Gründen keine Notwendigkeit, Leute vom zweiten Stock an aufwärts nahmen immer den Fahrstuhl. Wie auch immer sie reingekommen waren, es gab zwei Wege wieder hinaus. Zum einen war da die Feuerleiter, die auf der kleinen Gasse zwischen Marlboro und Beacon Street endete. Und dann war da der Hauseingang. Die Gasse konnte ich von der Arlington Street aus überwachen. Den Hauseingang konnte ich vom Treppenhaus sichern. Verstärkung wäre nicht schlecht gewesen.

Die Geräusche eines stillen Hauses sind immer überraschend, wenn man sich nicht rührt und konzentriert lauscht. Da ist das winzige Knacken des ewigen Kampfes des Gebäudes mit der Schwerkraft und dem eigenen Gewicht, die Kreisläufe von Heizung und Belüftung, das leise Summen von Kühlschränken und PCs, ein fast imaginäres Raunen von Fernsehern und CD-Spielern. Von draußen drang das Rauschen von Verkehr und Wind herein sowie die hörbare himmlische Stille der sich durch das All bewegenden Welt.

Ich wußte, daß ich länger warten konnte als sie. Ich konnte länger warten als Enoch Arden, wenn's denn sein mußte. Doch wenn sie die Warterei schließlich leid waren, wäre es nett, wenn ich wüßte, auf welchem Weg sie ihren Abgang gestalteten. Ich wußte nicht, wie lange sie schon dort waren. Falls es die zwei Kids waren, die ich bei Lonnie Wu gesehen hatte, würden sie nicht sonderlich viel Geduld haben. Das ist bei Kids nie anders, und die zwei Nervenbündel von Lonnie hatten wahrscheinlich noch erheblich weniger als andere. Konnte gut sein, daß sie gerade in diesem Augenblick drauf und dran waren zu gehen. Wenn ich jetzt Verstärkung holte, verlor ich sie vielleicht. Und das wollte ich auf keinen Fall.

Über dem Treppenhaus befand sich ein Oberlicht, doch der Spätoktobernachmittag war in einen Spätoktoberabend übergegangen, und das einzige Licht kam von den schummrigen Glühbirnen neben den Fahrstuhltüren auf jeder Etage. Durch den Spion in meiner Wohnungstür fiel kein Licht. *Der Abend streckt sich aus unter dem Himmel*, dachte ich. *Wie ein narkotisierter Patient auf einem Tisch*. Ich grinste vor mich hin. *Lebe schnell, sterbe jung und sei eine gebildete Leiche.*

Ich hörte, wie die Fahrstuhltür auf dem fünften Stock langsam aufglitt. Einen Augenblick lang passierte nichts, und dann erwachte der Lift mit einem Ruck zum Leben und fuhr langsam an mir vorbei nach unten. Im Erdgeschoß glitt die Tür auf. Schritte. Die Haustür wurde geöffnet. Und geschlossen.

Ich behielt die Augen fest auf meine Wohnungstür gerichtet. Nach fünfzehn oder zwanzig Minuten wird so was anstrengender, als man sich vorstellen kann. Mein halbes Leben hatte ich damit verbracht, viel zu lange irgendwelche Dinge anzustarren, und hatte dabei aber gelernt, wie man das anstellte. Die Tür öffnete sich nicht. Ich sah sie weiter an. Ich roch keinen Zigarettenqualm mehr. Meine Nase hatte sich daran gewöhnt. Hätte ich nicht vor fünfundzwanzig Jahren das Rauchen aufgehört, hätte ich wahrscheinlich meine Wohnungstür aufgemacht, ohne irgendwas zu bemerken, und wäre direkt einer Kugel in die Arme gelaufen, der sofort weitere gefolgt wären. Ein weiteres Argument, um das Tabakinstitut zu verblüffen.

Mir war noch nichts eingefallen, wie ich sie dort herauslocken sollte, und ich hatte auch noch nicht herausbekommen, was ich tun sollte, falls sie den Weg über die Feuerleiter nahmen. Also hielt ich mich an Spensers Verbrecherbekämpfungstip Nummer 7. Wenn du nicht weißt, was du tun sollst, dann warte. Ich lehnte an der Ecke des Fahrstuhlschachts und sah meine Tür an. Nichts passierte.

Ich grübelte über das sexuelle Potential einer Nachrichtenmoderatorin im Lokalfernsehen, die ich mochte. Ich beschloß, daß es beträchtlich war. Genau wie mein eigenes. Ich dachte darüber nach, ob sexuelle Spekulationen über eine prominente Nachrichtensprecherin sexistisch waren, und gelangte zu dem Schluß, daß dem so war. Ich fragte mich, ob sie ohne Kleider wohl gut aussah. Ich erinnerte mich daran, daß jeder, der bekleidet gut aussah, unbekleidet natürlich sogar noch besser aussehen würde.

Ich ließ die Schultern kreisen und senkte mehrmals den Kopf, um die angespannte Muskulatur zu lockern. Ich hob die Waden. Ich öffnete und schloß zwanzigmal die linke Hand, verlagerte die Browning dann von der rechten in die linke Hand, öffnete und schloß zwanzigmal die rechte. Dann nahm ich die Browning wieder in die andere Hand.

Irgendwer im Haus briet Zwiebeln an. Ich hatte Hunger. Ich hatte erwartet, nach Hause zu kommen, ein Gläschen zu trinken und mir anschließend ein Abendessen zu machen. Nicht erwartet hatte ich, daß meine Pläne von einem oder zwei Nikotinsklaven durchkreuzt würden. Aus einem Lendenstück, das in meinem Kühlschrank wartete, wollte ich mir Schweinegeschnetzeltes zubereiten. Dazu beabsichtigte ich rote Bohnen und Reis zu servieren, dazu Kohlsalat und ein paar Scheiben Maisbrot, das ich aus weißem, selbsttreibendem

Crutchfield-Maismehl backen wollte. Statt dessen aber stand ich hier draußen im Dunkeln, versuchte zu verhindern, daß meine Extremitäten einschliefen, und lauschte auf das Knurren meines Magens.

Ein Held zu sein war keine ungetrübte Freude.

Ich versuchte eine Liste der Dinge aufzustellen, die ich am meisten mochte – Hunde, Jazz, Bier, Frauen, Fitneßtraining, Ballspiele, Bücher, chinesische Küche, Gemälde, das Tischlern. Ich hätte auch noch Sex dazugenommen, aber das macht jeder, und ich wollte schließlich nicht gewöhnlich sein. Ich dachte über meine absoluten Lieblingscomics nach. Alley Oop, Li'l Abner, Doonesbury, Calvin und Hobbes, Tank McNamara natürlich... Ich hatte das Warten satt... Ich nahm die Browning in die linke Hand und zog mit der rechten die .357er aus dem Hosenbund. Ich spannte den Hahn und trat hinter dem Fahrstuhlschacht vor und jagte einen Schuß aus dem Revolver durch meine Wohnungstür. Dann ballerte ich drei Schuß mit der Browning und setzte noch einen weiteren aus der .357er nach. Dann lief ich schleunigst die Treppe hinunter und war auch schon aus der Haustür. Eine Kanone in jeder Hand, stürmte ich die Marlboro Street hinunter, umrundete die Ecke zur Arlington Street, vorbei an einem Gebäude und hinein in die Gasse, die hinter meinem Haus verlief.

Es war dunkel. Hinter einer Trennwand für die Mülltonnen preßte ich mich flach gegen die Mauer. Ich hörte mein Herz wie verrückt klopfen, das immer noch versuchte, zu meinem unerwarteten Sprint aufzuholen. In dem kalten Oktoberabend spürte ich den Schweiß auf meinem Gesicht trocknen. Mondschein fiel auf die Seite meines Hauses. Falls es funktioniert hatte, müßten sie jetzt auf der Feuerleiter sein. Ich zwang mich, mit weit aufgerissenen Augen die gesamte Seite des Hauses anzusehen, statt mich auf einen bestimmten Punkt zu konzentrieren. Im Dunkeln sieht man mehr, wenn man es so macht. Besonders was Bewegungen betraf. Wie zum Beispiel die Bewegung auf der Feuerleiter unterhalb meines Fensters. Zwei Gestalten kamen herunter. *Ach, Spenser*, dachte ich, *du gerissener Teufel, du hast es mal wieder geschafft!* Ich wäre sogar noch tiefer von mir beeindruckt gewesen, hätte ich nicht eine Stunde gebraucht, mir diesen Trick einfallen zu lassen.

Die beiden Gestalten ließen sich auf den Boden fallen und gingen Richtung Arlington Street. Einer von ihnen verstaute seine Kanone unter der Jacke. Sie kamen ganz ruhig die Gasse hinunter. Sie gingen schnell, ohne zu laufen. Sie wechselten aus dem fahlen Mondlicht in

die Schatten, und ihre Augen brauchten einen Augenblick, um sich
einzustellen. Ohne mich zu bemerken, kamen sie an mir vorbei. Sie
sahen aus wie die zwei Kids, die mit Lonnie Wu gekommen waren und
mir eine Scheißangst eingejagt hatten. Hinter ihnen trat ich hervor,
packte einen an den Haaren und rammte ihm die Browning ins Ohr.
Ich sagte nichts. Wahrscheinlich sprachen sie sowieso kein Englisch.
Und wie man «Flossen hoch!» auf Chinesisch sagte, wußte ich nicht.
Der Junge ächzte, und sein Kumpel wirbelte mit gezückter Kanone
herum. Ich blieb hinter dem Teenager, damit sein Kumpan nicht auf
mich schießen konnte. Der Kumpel wich weiter Richtung Arlington
Street die Gasse hinunter, in Kauerstellung, die Kanone ausgestreckt
in beiden Händen, immer auf der Suche nach einer Gelegenheit, einen
sauberen Schuß auf mich abzugeben, ohne sie jedoch zu bekommen.
Ich hatte Angst, daß er trotzdem auf mich schoß und dabei seinen
Kumpel traf. Das hier waren keine stabilen jungen Männer. Ich zog
meine Kanone aus dem Ohr des Jungen und wedelte dem anderen
damit zu, machte eine «Verpiß-dich»-Geste. Einen Augenblick standen
wir uns so gegenüber. Der Junge, den ich gepackt hatte, versuchte
sich wegzuwinden, aber ich war viel zu groß und stark für ihn und
hielt ihn an mich gedrückt, seinen Kopf an meine Brust zurückgerissen.
In der Ferne das Gejaule einer Sirene. Einer meiner Nachbarn
mißbilligte offenbar Schüsse im Treppenhaus und hatte die Cops verständigt.
Meine Nachbarn waren so altmodisch. Der Junge hörte die
Sirene, verharrte aber dennoch einen weiteren Moment in seiner kauernden
Hockstellung. Dann drehte er sich um und rannte fort. An der
Ecke zur Arlington Street bog er zur Boylston Street ab und war verschwunden.
Er war mir gleichgültig. Ich hatte einen, und mehr
brauchte ich nicht.

Kapitel 23   Mit Herman Leong und dem vietnamesischen Gangster saß ich in einem Verhörzimmer des Polizeipräsidiums.

«Er heißt Yan», sagte Herman.
«Spricht er Englisch?» fragte ich.
Der Raum bestand aus industriebeige gestrichenen Hohlblocksteinen.
Der Boden war braun gefliest und die Decke mit Styroporplatten
abgehängt, die mal weiß gewesen waren. Die Tür war aus Eiche

mit einer gelben Schellackoberfläche. Fenster gab es nicht. Das Licht kam von einer Neonröhre, die an kurzen Ketten in der Mitte des Raumes herabhing.

«Wahrscheinlich», sagte Herman. «Aber er wird's sich nicht anmerken lassen.»

Herman saß neben mir an einer Seite eines im gleichen Gelb wie die Tür lackierten Eichentisches. Eine Menge Zigaretten hatten dunkle Spuren an den Tischkanten hinterlassen. Der Junge saß auf der anderen Seite des Tischs auf einem einfachen Stuhl. Er trug ein weißes, am Hals zugeknöpftes Hemd und eine dunkle Flatterhose. Sein schwarzes Haar war lang und hing ihm in die Stirn und an den Augenwinkeln vorbei herunter. Er sagte etwas zu Herman. Herman schüttelte den Kopf.

«Er will eine Zigarette», sagte Herman.

«Sag ihm, er kriegt eine, bevor ihm die Augen verbunden werden.»

Herman nickte und sagte nichts. Der Junge starrte mich an. Seine Augen waren schwarz und leer.

«Wie alt ist er?» fragte ich.

Herman übersetzte. Yan antwortete. Seine Stimme war unmoduliert. Sein Gesicht ausdruckslos. Er sah gelangweilt aus.

«Er sagt, er glaubt, er sei siebzehn. Sicher weiß er es nicht.»

Ich nickte.

«Warum fragst du?» wollte Herman wissen.

«Nur so», sagte ich.

«Er ist alt genug, um dich umzubringen», sagte Herman. «Wenn du ihn läßt.»

«Ich werde ihn nicht lassen», sagte ich. «Was hatte er in meiner Wohnung zu suchen?»

Ich wartete auf die Übersetzung.

«Er sagt, er war nicht in deiner Wohnung.»

«Wir werden beweisen können, daß er dort war», sagte ich. «Es wird Fingerabdrücke geben.»

Herman übersetzte. Yan zuckte mit den Achseln.

«Was hat er auf der Feuerleiter gemacht?» Herman sprach mit Yan. Yan antwortete.

«Er sagt, er sei einfach nur so zum Spaß raufgeklettert und gerade wieder auf dem Weg nach unten gewesen, als du ihn ohne jeden Grund in der Gasse angefallen hast.»

«Wie kommt's, daß er eine .45er Automatik bei sich hatte?»

«Er sagt, er hätte sie gefunden und wollte sie bei der Polizei abliefern.»

Ich sah Yan an und lächelte. Er starrte ausdruckslos zurück.

«Sag ihm», sagte ich, «daß wir ihn einlochen können, weil er ohne Waffenschein eine Handfeuerwaffe bei sich geführt hat. Wir können ihm auch noch Einbruch anhängen.»

Yan sagte etwas zu Herman.

«Yan sagt, du kannst nicht beweisen, daß er irgendwo eingebrochen ist.»

«Er war auf der Feuerleiter vor meinem offenen Fenster», sagte ich. «Wir werden Fingerabdrücke finden, die eindeutig beweisen, daß er in meiner Wohnung war. Er hat's hier gleich mit mehreren Straftaten zu tun.»

Yan lächelte dünn und sah Herman an, während dieser übersetzte. Sein Lächeln wurde eine Spur breiter. Dann redete er sehr schnell auf Herman ein.

«Er sagt, du mußt dir über eines im klaren sein. Sein Anwalt wird innerhalb einer Stunde hier aufkreuzen, und dann wird er gehen. Er sagt, auf den Straßen wimmelt es von Leuten, die wegen Schlimmerem verhaftet worden sind als das, was du ihm vorwirfst. Er sagt, du bist ein Arschloch.»

«Wie heißt das chinesische Wort für Arschloch?» fragte ich.

Herman lächelte. «Das war frei übersetzt.»

«Stammt er aus Port City?»

«Er sagt, er kommt von nirgendwo. Zieht einfach nur so rum.»

«Ist er ein Death Dragon?» fragte ich.

«Er sagt, nein.»

«Wer hat ihn beauftragt, mich umzulegen?»

Herman redete eine Weile. Der Junge sagte ein Wort. Herman redete weiter. Der Junge zuckte mit den Achseln.

«Niemand», sagte Herman schließlich.

«Hat er Papiere bei sich?»

«Nein.»

«Seit wann ist er schon hier?»

«Er weiß es nicht genau. Er ist rübergekommen, als er noch ganz klein war.»

«Und er spricht immer noch kein Englisch?»

Herman sprach. Yan sprach. Herman sprach. Yan lächelte beinahe. Er sah mich an und sagte etwas.

«Er sagt, keiner, den er kennt, spricht Englisch. Er sagt, du bist der erste Weiße, mit dem er überhaupt jemals gesprochen hat.»

«Keine schlechte Wahl», sagte ich.

«Kann sein, daß er ein paar englische Brocken kennt. Vielleicht versteht er genug, um unserer Unterhaltung zu folgen. Aber für ihn stellt es keinen Vorteil dar, dich das wissen zu lassen. Er besitzt keine Familie, oder wenn doch, dann arbeitet sie die ganze Zeit und hat keinerlei Kontrolle über ihn. Kann sein, daß er lügt, was sein Alter betrifft. Was wissen wir denn, er könnte auch erst vierzehn sein. Er ist allein in einem fremden Land, in dem niemand seine Sprache spricht. Was er hat, ist die Gang. Falls er ist, wer wir glauben, daß er es ist, dann sind das wahrscheinlich die Death Dragons in Port City. Die Gang definiert, wer er ist und was er ist. Wenn er für dich singt, bleibt ihm nicht mal mehr das.»

Ich nickte.

«Außerdem werden sie ihn umbringen», sagte ich.

Yan fixierte mich schweigend. Es war keine Pose. Er war wie ein wildes Kind. Sein Schweigen kam aus dem Bauch heraus. Er war nahezu unbeweglich und über Drohung oder Bestechung oder Angsteinjagen hinaus.

«Hm-hmh», machte Herman.

«Was ist das für ein Leben?» sagte ich.

«Es ist sein Leben, Spenser. Du brauchst deswegen nicht rührselig zu werden. Wenn du in deine Wohnung gegangen wärst, hätte er dir ein halbes Dutzend .45er-Kugeln ins Gesicht gejagt. Und es hätte ihm Spaß gemacht.»

Ich nickte wieder.

«Irgendein Gefühl ist besser als kein Gefühl», sagte ich.

Yan und ich sahen uns an. Zwischen uns lag ein unermeßlicher Ozean des Schweigens.

«Yan», sagte ich langsam, als könnte er mich verstehen. «Ich weiß es, und du weißt es, und du weißt, daß ich weiß, daß Lonnie Wu dich und den anderen Jungen geschickt hat, um mich umzunieten. Das gefällt mir nicht. Ich werde herausfinden, warum Lonnie euch geschickt hat, und dafür werde ich ihn aus dem Verkehr ziehen, und du wirst höchstwahrscheinlich mit ihm untergehen.»

Yan zeigte keinerlei Reaktion. Ich nickte Herman zu. Herman übersetzte. Yan zeigte keinerlei Reaktion. Die Tür des Verhörzimmers ging auf, und ein uniformierter Cop steckte seinen Kopf herein.

«Ein Anwalt ist hier, um ihn rauszuholen», informierte er uns.

Herman sah mich an.

«Soll ich euch beide ein paar Minuten allein lassen?» fragte Herman. «Während ich den Anwalt hinhalte?»

Einen Augenblick musterte ich den Jungen vor mir. Seine Handgelenke waren schmaler als die von Susan. Er konnte kaum mehr als hundertdreißig Pfund auf die Waage bringen.

«Nein.»

Herman zuckte mit den Achseln. Er deutete mit einem Finger zuerst auf Yan, dann auf den Cop. Er sagte etwas auf Chinesisch. Der Junge stand auf und ging zur Tür. Er blieb kurz stehen und starrte ausdruckslos zu mir zurück. Ich richtete einen Zeigefinger auf ihn, krümmte meinen Daumen und ließ ihn wie den Hammer einer Pistole vorschnellen. Yan drehte sich um und ging mit dem Cop. Ich sah Herman an.

«Ein Glück, daß ich ihn geschnappt habe», sagte ich.

«Ja», sagte Herman. «Andernfalls hättest du ihm nie Fragen stellen können.»

«Und ich hätte nicht erfahren, daß er Yan heißt.»

«Das habe ich vergessen», sagte Herman. «Du hast ja was erfahren.»

«Sofern er nicht gelogen hat», sagte ich.

«Du wirst dich mit dem Kwan Chang *tong* anlegen», sagte Herman. «Du wirst dir ausgesprochenen Ärger einhandeln, weißt du das? Die haben Hunderte Kids wie Yan, die dich liebend gern umlegen werden und denen es egal ist, ob du sie auch umlegst. Hast du Hilfe?»

«Ein bißchen.»

«Jemanden, den ich kenne?»

«Hawk ist bei mir», sagte ich.

Herman nickte.

«Hätte ich mir denken können.»

«Und Vinnie Morris.»

«Vinnie? Ich dachte, der würde für Joe Broz arbeiten.»

«Die haben sich vor ein paar Jahren wieder getrennt.»

«Jedenfalls ist er gut. Wen hast du sonst noch?»

«Das war's.»

«Du, Hawk und Vinnie Morris?»

«Wir drei», sagte ich. «Sieht für den *tong* nicht besonders fair aus, stimmt's?»

Kapitel 24

Wir machten Mittagspause in Concord. Pearl hatte eine Krähe in der Spitze einer großen Weißkiefer entdeckt und zeigte sie uns mit bebender Bewegungslosigkeit. Eine Pfote leicht gehoben, die Nase gebläht, den Schwanz gerade ausgestreckt und mit jeder Faser lautlos schreiend: «Da ist ein Vogel!»

«Soll ich für sie das Viech abknallen?» fragte Vinnie. Eine Schrotflinte lehnte am Campingtisch.

«Nein», sagte Susan. «Sie ist nicht schußfest.»

«Was für Patronen hast du geladen?» wollte Hawk wissen.

«Vierer.»

«Würde nicht viel von dem Vogel übrigbleiben», meinte Hawk.

«Die sind ja auch nicht für Vögel», erwiderte Vinnie.

Hawk grinste und deutete auf ihn.

«Versteht mich bitte nicht falsch», sagte Susan. «Ich finde, ihr Jungs seid eine nette Gesellschaft. Aber warum seid ihr eigentlich hier? Mit Schrotflinten?»

Hawk und Vinnie sahen mich an.

«Das ist ein Gewehr», erwiderte Hawk und deutete mit dem Kopf auf die Marlin .30/30, die ebenfalls am Tisch lehnte. «Hier in dem verdammten Wald braucht man ein bißchen Schußweite.»

«Ein paar Chinesen aus Port City sind sauer auf mich», sagte ich.

«Chinesen?»

«Vor allem Rikki Wus Mann», sagte ich.

«Lonnie?»

«Hm-hmh.»

«Und zum Schutz vor Lonnie Wu brauchst du Hawk und Vinnie?»

«Lonnie Wu gehört dem organisierten Verbrechen an», erklärte ich. «Er gehört zum Kwan Chang *tong*, das hinter allem steckt, was die Chinesen nördlich von New Haven machen.»

Susan starrte mich an.

«Rikkis Mann?»

«Hm-hmh.»

«Du bittest nie um Hilfe.»

«Selten», sagte ich.

«Das ist eine üble Sache», sagte sie.

«Ja.»

«Gab es irgendwelche, äh, Zwischenfälle?»

«Zwei», sagte ich. Ich erzählte ihr davon.

Susan hörte schweigend zu und blieb auch still, als ich fertig war. Außer den Bäumen direkt am Haus und auf der Weide, den Hang hinunter auf der anderen Seite des Bachs hatten die Laubbäume scheinbar gleichzeitig ihre Blätter verloren. Weiter in der Ferne hatten andere Bäume noch nicht mal begonnen, ihr Laub abzuwerfen, und waren immer noch leuchtend bunt hinter den kahlen, grauen Gipfeln, unterbrochen von dichten, immergrünen Büschen. Die Krähe flog fort, und Pearl, nachdem sie kurz in die gleiche Richtung losgestürzt war, richtete ihre Aufmerksamkeit wieder auf unser Mittagessen.

«Das ist eben dein Job», sagte Susan. «Ich habe es immer gewußt. Und ich habe mich damit arrangiert.»

Pearl legte den Kopf auf Vinnies Schoß und drehte die Augen hoch zu dem Sandwich mit geräuchertem Truthahn, das Vinnie gerade aß.

«Aber es macht mir angst.»

«Sicher», sagte ich.

«Und ich möchte, daß du so vorsichtig bist wie nur möglich... und dich nicht umbringen läßt.»

«Das will keiner von uns», sagte ich.

Hawk schien nicht zuzuhören – was täuschte. Hawk wußte immer alles, was um ihn herum passierte. Er schaute zur Straße und dann zur Weide hinüber, hinunter zum Wald und wieder auf die Straße.

Vinnie starrte zu Pearl hinab, während er sein Sandwich kaute. Sie starrte zu ihm hinauf. Er sah sie böse an. Sie starrte weiter auf sein Sandwich. Schließlich riß er eine Ecke des Sandwichs ab und gab es ihr. Sie hob den Kopf, schluckte es, legte den Kopf wieder auf seinen Schoß und fixierte das Sandwich weiter.

«Toll», sagte Vinnie.

«Glaubst du, Lonnie hat irgend etwas mit dem Mord an Craig Sampson zu tun?» wollte Susan wissen.

«Er könnte etwas damit zu tun haben», sagte ich. «Es könnte aber auch was anderes sein.»

«Was zum Beispiel?»

«Zum Beispiel macht er in der Stadt seine illegalen Geschäfte und will nicht, daß ein Außenseiter daherkommt, zufällig über etwas stolpert und dann Schwierigkeiten macht.»

«Aber ist der Versuch, dich umzubringen, nicht genau der falsche Weg, so was anzupacken?» fragte Susan. «Wenn er irgend etwas verheimlicht, würde das nicht erst recht Aufmerksamkeit erregen?»

«Darüber habe ich auch schon nachgedacht», sagte ich. «Und ich bin zu mehreren Schlußfolgerungen gelangt.»

Vinnie wurde nachlässig, was sein Sandwich betraf, und Pearl schnappte ihm den Rest aus der Hand und raste weg, um es in Ruhe zu vertilgen. Ich schob Vinnie ein neues Sandwich rüber.

«Ist euch schon mal in den Sinn gekommen, daß ich vielleicht keine Hunde mag?» fragte Vinnie.

«Ist es», bestätigte ich.

«Ist sie nicht schnell?» sagte Susan.

«Schnell», wiederholte Vinnie und wickelte sein neues Sandwich aus. Pearl kehrte an den Tisch zurück, sah Susan an und wedelte mit dem Schwanz. Susan beugte sich vor und drückte ihr einen Kuß auf die Nase.

«Gut gemacht», sagte sie zu Pearl. Dann sah sie mich an und sagte: «Welche Schlußfolgerungen?»

«Das erste Mal haben sie mich in Port City angegriffen, in einem öffentlichen Lokal und am hellichten Tag», sagte ich.

«Als hätten sie keine Panik vor dem Port City Police Department», sagte Hawk, wobei sein Blick geruhsam über die Landschaft wanderte.

«Und das zweite Mal», sagte ich, «waren sie in Boston, und wenn sie erfolgreich gewesen wären, wer hätte den Zwischenfall mit Port City in Verbindung gebracht?»

«Und selbst wenn es jemand getan hätte», sagte Hawk, «vielleicht bibbern die dann immer noch nicht vor der Port City Police.»

«Hawk ist zu den gleichen Schlußfolgerungen gelangt», sagte ich zu Susan.

«Ich sage immer noch, ich an deiner Stelle würde einfach von der Bildfläche verschwinden und abwarten, was sich weiter entwickelt.»

«Sicher», sagte ich. «Aber ein Bursche wie Lonnie ist gewohnt, zu tun, was er tun will. Er ist ein Macher. Und vielleicht gibt es Leute, denen er Rechenschaft ablegen muß. Vielleicht erhält er einen Anruf vom Obermacker des Kwan Chang: ‹Sorg dafür, daß der weiße Bursche endlich aus unserer Stadt verschwindet.› Nehmen wir mal an, Hawk hat recht, und er besitzt einen guten Draht zu den Cops. Das Risiko ist nicht besonders groß. Und er weiß nicht, wie stur ich bin. Also warnt er mich, und es funktioniert nicht. Wie steht er jetzt da? Wenn er Port City nicht so im Griff hat, wie sie es gern hätten, wird das *tong* ihn austauschen. Und wenn er bei den Death Dragons das

Sagen behalten will, darf er sein Gesicht nicht verlieren, indem er sich von mir ignorieren läßt.»

Susan nickte.

«Also macht es von Lonnies Standpunkt aus durchaus einen Sinn», sagte sie. «Aber wir wissen immer noch nicht, ob er irgend etwas mit Craigs Tod zu tun hat.»

«Nein, das wissen wir nicht.»

«Und wir haben auch keine Idee, wer Jimmy beschattet hat?»

«Nein, das haben wir nicht.»

«Und Jocelyn.»

«Was sie betrifft, habe ich eine Idee.»

Susan lächelte mich an.

«Oh, gut», sagte sie.

«Ja», sagte ich. «Es ist ein Anfang.»

Pearl kletterte zwischen mich und Susan auf die Bank und saß hoffnungsvoll mit am Tisch. Susan legte einen Arm um sie.

«Du hast in Harvard studiert», sagte ich. «Wenn ich einen Dolmetscher brauche, meinst du, du könntest einen auftreiben?»

«Ich denke schon», sagte Susan.

«Ich will keinen Spezialisten für zeremonielle Volksdichtung der Tang-Dynastie», sagte ich. «Ich brauche jemanden, der mit Typen von der Straße reden kann.»

«Dachte ich mir schon irgendwie», meinte Susan.

«Wow», sagte ich. «Du warst in Harvard.»

Hawk spießte zwei Pickles aus dem geöffneten Glas, gab einen davon Pearl und aß den anderen selbst. Pearl schluckte einmal und wartete. Nichts passierte, also sprang sie auf den Tisch und schob ihre Nase in das Glas. Die Öffnung des Glases war zu klein, und sie konnte zwar ihre Schnauze nicht ganz hineinbekommen, jedoch die Zunge. Sie leckte etwas von der Salzlake auf. Vinnie beobachtete alles schweigend.

«Der beschissene Hund steht auf dem beschissenen Tisch und frißt alle Pickles», beschwerte er sich.

Susan lächelte ihn geduldig an.

«Sie mag eben Pickles», erklärte Susan.

Kapitel 25

Hawk und Vinnie saßen mit mir bei verschlossener Tür in meinem Büro, um die Death Dragons in Schach zu halten. Wir tranken Kaffee und aßen Donuts. Hawk las ein Buch von Cornel West, und Vinnie hatte die Füße auf eine Ecke meines Schreibtisches gelegt und die Augen halb geschlossen. Er hatte den Kopfhörer seines Walkmans über den Ohren. Ich mußte Post durchgehen und anschließend über Port City nachdenken. Der größte Teil meiner Post bestand aus Werbung. Nichts als Schrott. Genauso verhielt es sich mit dem, was ich über Port City wußte. Vinnie summte leise vor sich hin. Hawk schaute von seinem Buch auf.

«Was hörst du da?» fragte er.

«Lennie Welch», antwortete Vinnie.

Hawk sah ihn verständnislos an.

Vinnie gab ihm eine Kostprobe. «‹*You-oo-oo-oo made me leave my happy home...*›»

«Ein Glück, daß du schießen kannst», sagte Hawk und widmete sich wieder seinem Buch.

Jemand drehte den Türknauf zu meinem Büro. Hawk rollte sich nach links aus seinem Stuhl, Vinnie nach rechts. Mit gezogenen und schußbereiten Waffen kamen sie auf beiden Seiten der Tür wieder auf die Beine. Vinnie trug immer noch den Walkman. Ich kauerte hinter dem Schreibtisch und hatte die Browning auf die Tür gerichtet.

«Ja?» rief ich.

«Spenser? Lee Farrell hier. Komme ich vielleicht ungelegen?»

Ich steckte die Waffe weg und gab Hawk mit einem Kopfnicken zu verstehen, daß er die Tür öffnen solle. Lee trat ein. Er sah Hawk und Vinnie an, die immer noch links und rechts neben der Tür postiert waren.

«Hawk», sagte er.

«Lee.»

«Vinnie Morris», stellte ich vor. «Lee Farrell.»

Lee nickte ihm zu.

Vinnie sagte: «Ich weiß, daß er kein Schlitzauge ist, aber er trägt eine Kanone.»

«Er ist Cop», sagte ich.

Vinnie zuckte mit den Achseln, kehrte zu seinem Stuhl zurück und setzte sich. Hawk schloß wieder ab und lehnte sich gegen die Wand. Lee schaute sich um.

«Erwartest du Schwierigkeiten?»

«Nur weil die Tür abgeschlossen ist und ich zwei Burschen bei mir habe?»

«Burschen? Ich kenne Hawk, und von Vinnie Morris habe ich schon gehört.»

Ich grinste.

«Wenn man die Besten haben will», sagte ich.

«Ja», sagte Lee.

Er nahm einen Donut aus der Schachtel auf meinem Schreibtisch und aß ein paar Bissen.

«Ich bin auf dem Weg zur Arbeit», sagte er. «Ich habe Craig Sampsons Namen durch unseren Computer gejagt. Nichts. Also habe ich beim FBI angefragt, und die haben ihn.»

«Wieso war er nicht in eurem Computer?»

«Niemand ist perfekt», sagte Lee.

«Haben sie seine Fingerabdrücke von der Army? Oder was anderes?»

«Ich weiß nicht. Ich habe die Akte angefordert.»

«Und?»

«Ihr Computer ist im Moment überlastet. Die werden sich drum kümmern.»

«Wie schnell?»

«Das FBI ist eine Bundesbehörde», sagte Farrell. «Was glaubst du denn, wie schnell?»

«Nicht besonders schnell», sagte ich.

«So ungefähr sehe ich das auch. Hast du ein Fax?»

«Natürlich nicht», sagte ich. «Ich habe nur einen Anrufbeantworter.»

«Ja, blöde Frage. Ich bring's dir vorbei, wenn's da ist. Trägst du schon Schußwaffen, oder läufst du immer noch mit einer Pike durch die Gegend?»

«Ich mag die Pike», sagte ich. «Aber sie versaut den Fall meines Sakkos.»

Lee erhob sich. Er sah Hawk und Vinnie an.

«Du scheinst zurechtzukommen», sagte er. «Aber falls du noch mehr Unterstützung brauchst, ruf mich einfach an.»

«Danke», sagte ich.

Kapitel 26

Letztes Jahr hatte ich eine große Firma bei einem gewaltigen Versicherungsbetrug überführt und erhielt von dem Versicherungsunternehmen eine fette Erfolgsprämie. Den größten Teil des Geldes hatte ich in das Haus in Concord gesteckt und den Rest in ein Mustang-Kabrio, weil ich es für scharf hielt, Verbrechen aufzuklären, während der Wind durch mein Haar fuhr. Das Kabrio war rot und hatte ein weißes Verdeck, und wenn Susan bei mir war, mußte ich das Verdeck oben lassen, denn es brachte ihre Frisur durcheinander. Und wenn Pearl bei mir war, mußte ich es auch oben lassen, weil sie die dumme Angewohnheit hatte, rauszuspringen, wann immer sie eine Katze erspähte. Und als ich mit meinem Kabrio nach Port City fuhr, mußte ich das Verdeck wieder geschlossen halten, weil es an einem Streifen regnete. Die Scheibenwischer funktionierten allerdings bestens, und ich schien sowieso keine Verbrechen aufzuklären.

An der Hill Street verließ ich den Highway und schlängelte mich zum Hafen hinunter, verlor an Höhe, während ich gleichzeitig tiefer in die sozialen Schichten von Port City hinabstieg. Hawk saß neben mir auf dem Beifahrersitz und Vinnie Morris hinten.

«Hast du für heute schon einen Plan, Cap'n?» fragte Hawk.

«Wenn alle Stricke reißen», sagte ich, «stell Ermittlungen an.»

«Du meinst Spuren suchen und die ganze Scheiße?» fragte Vinnie.

«Ja. Ich muß mir Sampsons Wohnung ansehen und überall Leuten sein Foto zeigen, und ich muß sie fragen, ob sie ihn schon mal gesehen haben, und falls ja, mit wem er zusammen war.»

«Wieso hast du das nicht direkt gemacht?» fragte Vinnie.

«Hawk?» sagte ich.

«Weil die Polizei Polizeiarbeit besser macht als er», sagte Hawk. «Weil die eine Menge Manpower für so was haben. Und er hat nur sich selbst.»

«Ist'n echtes Problem», sagte Vinnie. «Aber warum ausgerechnet jetzt? Weil dir dieser Bostoner Cop von den FBI-Abdrücken erzählt hat?»

«Ja», sagte ich. «DeSpain hat mir gesagt, sie hätten nichts über ihn in den Akten. Hat behauptet, es gebe keine Unterlagen mit Sampsons Fingerabdrücken.»

«DeSpain?» fragte Vinnie. «Ein knallharter Bastard, aber gut.»

«Dann ist er jetzt also entweder nicht mehr gut, oder aber er hat mich belogen», sagte ich.

«Deshalb mußt du dich jetzt um all das kümmern, von dem du dachtest, er hätte es erledigt.»

«Hm-hmh.»

«Was Lonnie Wu wahrscheinlich stören wird», sagte Hawk.

«Vielleicht», sagte ich.

«Und vielleicht auch DeSpain.»

«Vielleicht.»

«Und vielleicht macht irgendwer irgendwas, wobei wir ihn erwischen können», sagte Hawk.

«Das wäre nett.»

«Es sei denn, Sie knallen dich vorher ab», sagte Hawk.

«Das zu verhindern ist euer Job», sagte ich.

«Und wenn wir's nicht tun?» fragte Vinnie.

«Dir gefällt der Plan also nicht», antwortete ich. «Ich bin jederzeit offen für Vorschläge.»

«He», sagte Vinnie. «Ich denke nicht, ich erschieße einfach nur Leute.»

«Früher oder später», sagte Hawk.

Wir erreichten die Straße, in der Sampsons Wohnung lag, und bogen darin ein und parkten direkt vor dem Haus vor einem Hydranten.

«Wahrscheinlich brauche ich eine Weile», sagte ich.

«Wahrscheinlich», sagte Hawk.

Ich steckte mir eine kleine Taschenlampe und eines dieser Mehrzwecküberlebenswerkzeuge ein und stieg aus dem Wagen in den angenehm stetigen Regen. Hawk schob sich hinter das Steuer, und Vinnie kletterte auf den Beifahrersitz. Hawk schaltete Scheinwerfer, Scheibenwischer und Motor aus. Umgehend sammelte sich der Regen auf der Windschutzscheibe, und ich konnte die zwei nicht mehr sehen.

Ich drehte mich um und ging zu dem Haus, in dem Craig Sampson gelebt hatte. Es war dreistöckig, grau, schwarze Fensterläden, weiße Fensterrahmen. Vier Stufen führten auf eine Veranda vor dem Haus hinauf, und die Haustür war schwarz gestrichen. Schmale, hohe Fenster rahmten die Eingangstür ein. Die Fenster waren schmutzig. Schäbige Spitzengardinen dahinter. Der Außenanstrich war abgeblättert und hatte längliche, kahle Stellen hinterlassen, aber das Holz darunter war grau vor Alter und Schmutz, so daß es beinahe paßte.

Es gab drei Klingeln. Die ersten beiden trugen Namen in den kleinen Messingrahmen darunter. Der obere Rahmen war leer. Ich linste durch das trübe Glas und an den angefressen wirkenden Gardinen vorbei. Es gab einen schmalen Korridor, eine Tür rechts, und dahinter führte eine Treppe entlang der rechten Wand nach oben. Ich versuchte mein Glück mit der Haustür. Sie war abgeschlossen. Ich sah die Klingeln an. Es gab keine Gegensprechanlage. Ich drückte auf sämtliche Klingelknöpfe und wartete. Die Tür im Erdgeschoß öffnete sich, und eine schmale, wütend aussehende Frau machte die Haustür auf. Ich warf einen kurzen Blick auf den Namen der Erdgeschoßklingel.

«Hallo», sagte ich. «Miss Rebello?»

«Was wollen Sie?» fauchte sie mich an. Sie war hochgewachsen, fast so groß wie ich, und sehr schlank. Ihre Haarfarbe entsprach in etwa der des Hauses und war kräftig dauergewellt. Sie trug ein geblümtes Kleid und Turnschuhe. Der kleine Zeh des rechten Turnschuhs war herausgeschnitten worden, vermutlich, um Druck von einem Hühnerauge zu nehmen.

«Sind Sie die Vermieterin?» fragte ich.

Sie nickte. Ich nahm meine Brieftasche heraus, öffnete sie und zückte den Waffenschein mit meinem Foto. Es sah ziemlich offiziell aus. Sie warf einen kurzen Blick darauf.

«Polizei», sagte ich. «Ich muß noch mal in die Wohnung von Craig Sampson.»

Ich klappte die Brieftasche wieder zu und verstaute sie. Ich wußte, daß sie keine Ahnung hatte, was sie da gerade angesehen hatte.

«Also, hoffentlich sind Sie diesmal ein bißchen ordentlicher», sagte sie. «Ich muß die Wohnung schließlich wieder vermieten.»

«Lady, mir blutet das Herz», erwiderte ich. «Aber mich hat nur zu interessieren, daß jemand Ihren Mieter durchsiebt hat.»

Ich vermutete, daß man mit freundlichen Worten nicht sehr weit bei ihr kam.

«Ja, also, Sie haben sich doch schon mal alles angesehen», sagte sie. «Und die Wohnung bringt mir im Moment keine Mieteinnahmen.»

Ich nickte und stieß mit dem Daumen die Treppe hinauf nach oben.

«Schließen Sie mir einfach die Wohnungstür des Toten auf», sagte ich.

Immer noch vor sich hin murrend, drehte sie sich um und humpelte auf ihrem Hühnerauge vor mir die Treppe hoch.

«Ich muß eine Hypothek abbezahlen... Ich verdiene kein Geld mit der Wohnung, muß die Hypothek aber trotzdem weiter bezahlen...

Der Bank ist es egal, ob jemand umgebracht worden ist oder nicht. Wenn ich die Hypothek nicht zahle, sitze ich bald auf der Straße... Ihr Leute laßt euch gottverdammt viel Zeit... Was soll ich überhaupt mit seinem Krempel anfangen?»

Ein winziger Treppenabsatz auf dem zweiten Stock wurde von einer 60-Watt-Birne in einem kupferfarbenen Wandleuchter erhellt. Sie kramte Schlüssel aus der Tasche ihres Kleides und fummelte am Schloß herum.

«Hab nicht mal meine Brille dabei», schimpfte sie. «Ohne das Ding seh ich gottverdammt gar nichts.»

Am Ende fand sie das Schlüsselloch, öffnete die Tür und trat zur Seite.

«Ziehen Sie die Tür hinter sich zu, wenn Sie wieder gehen», sagte sie. «Unten auch. Die schließen von selbst.»

«Okay», sagte ich, trat an ihr vorbei in die Wohnung und drückte die Tür zu. Ich lauschte einen Augenblick und hörte sie wieder die Treppe nach unten humpeln. Dann konzentrierte ich mich auf die Wohnung.

Kapitel 27

Direkt gegenüber der Eingangstür befand sich das Bad. Ein zwei Schritte langer Flur führte rechts in ein Wohnschlafzimmer mit einem riesigen, schwarzweißen Theaterplakat, das die gesamte hintere Wand ausfüllte. Durch das einzige Mansardenfenster fiel etwas graues Licht herein. Das Poster zeigte Brando in *Endstation Sehnsucht*. Das Bett war eine dieser Eichenkisten mit Schubladen unter der Matratze. Ferner gab es noch einen grünen Skaisessel, einen grauen Metallschreibtisch und einen Stuhl. Am Fußende des Bettes stand eine kleine, graue Metalltruhe. Die Wände waren weiß, aber es war ein altes Weiß, das nicht sonderlich oft getüncht worden war.

Ich hörte den Regen auf dem Dach. Einen Augenblick schaute ich aus dem Fenster und beobachtete den Regen, der sanft an mir vorbei und zwei Stockwerke tiefer auf das Dach meines Kabrios fiel. Durch den ständigen Regen hatten die Bäume entlang der Straße ihr Laub schneller verloren. Blätter überzogen die Fahrbahn in schlaffen, grünlichgelben Flecken, sammelten sich in den Rinnsteinen und stauten das Wasser. Ein grünweißer Bus fuhr vorbei und spritzte Wasser aus den Pfützen über den Bürgersteig. Ich drehte mich zum Zimmer um. Alles war ordentlich. Miss Rebello hatte wahrscheinlich eingegriffen, nachdem die Cops alles auf den Kopf gestellt hatten. Komisch, daß sie die Wohnung unordentlich verlassen haben sollten. Normalerweise tun sie das nicht.

Ich begann mit einer gründlichen Durchsuchung des Badezimmers. Selbst in Apartments, die nur aus Bad und Schlafzimmer bestehen, gibt es eine Menge Stellen, an denen man nachsehen kann, wenn man nicht weiß, wonach genau man eigentlich sucht. Ich warf einen Blick unter den Läufer und in den Wasserbehälter der Toilette. Ich tastete den Einlaufhahn der Wanne ab. Mit einer Zange entfernte ich den Duschkopf. Ich zog den Stöpsel aus dem Abfluß und richtete den Strahl meiner Taschenlampe hinein. Ich schüttelte die Handtücher aus und tastete sorgfältig den Duschvorhang ab. Ich überprüfte die Kacheln der Duschkabine, um sicherzugehen, daß nicht eine locker war und womöglich etwas dahinter versteckt war. Das gleiche machte ich mit der Fußleiste und der Deckenverkleidung. Ich entfernte die Schraube im Abfluß des Waschbeckens und fand ein nasses Knäuel aus Seife und Haaren. Ich hatte keinen Schimmer, wonach ich suchte, doch ich wußte, das war es nicht. Ich richtete meine Taschenlampe in den Abfluß des Waschbeckens. Ich leerte den Papierkorb und räumte den Kram wieder zurück. Ich schnupperte an der Rasierlotion und hielt die Flasche gegen das Licht. Ich kostete das Babypuder und leerte den Behälter dann in die Toilette. Nichts drin außer Talkum. Ich betätigte die Wasserspülung und warf den leeren Behälter in den Papierkorb. Ich hielt die Shampooflasche gegen das Licht. Ich untersuchte die Zahncremetube, den Deostick und die Dose mit Rasierschaum. Alles war, wonach es aussah. Ich rollte das Toilettenpapier ab und sah es von beiden Seiten genau an. Nichts war darin eingerollt. Ich richtete meine Taschenlampe zwischen jede Rippe des Heizkörpers. Ich kontrollierte das Arzneischränkchen. Als ich überzeugt war, daß sich im Bad nichts befand, das mir weiterhelfen könnte, verlagerte ich meine Suche in den großen Raum. Und nach etwa zehn Minuten hatte ich es gefunden.

Unter den Boden einer der Schubladen des Podestbettes geklebt entdeckte ich einen weißen Briefumschlag, und in diesem Briefumschlag befanden sich acht Polaroidfotos, sieben von einer unbekleideten Frau, eines, aufgenommen in einem Spiegel, von einem unbekleideten Mann und einer unbekleideten Frau. Der Mann war Craig Sampson. Die Frau hielt ein Handtuch vor ihr Gesicht.

Ich ging mit den Fotos zum Schreibtisch, setzte mich, breitete sie aus und knipste die Schreibtischlampe an. Ich studierte sie auf völlig professionelle Weise. Die Frau lag auf oder stand neben einem Bett vermutlich in einem Hotelzimmer. Sie war entweder splitternackt (fünf Fotos einschließlich dem mit Sampson) oder trug Strapse und Strümpfe, die dank *Playboy* so erfolgreich die Zeit überdauert hatten (drei Aufnahmen). Die Hüftgürtelposen trösteten mich. Ich hatte allmählich schon gedacht, nur Hef und ich stünden noch auf so etwas.

Es war sehr still in dem Zimmer, während ich mir die Fotos anschaute. Da war das Rauschen des Regens auf dem Dach, das gelegentliche Knacken eines alten Hauses unter dem ständigen Gewicht der Schwerkraft und von Zeit zu Zeit ein zögerndes Klopfen in den Heizungsrohren.

Die Frau sah aus, als würde sie viel Sport treiben. Ihr Körper war fest und ihr Bauch flach. Da das Handtuch immer ihr Gesicht verbarg, gab es nichts, was mir ihre Identität verriet. Das heißt, fast nichts. Auch wenn man es bei einem Polaroidfoto nicht mit absoluter Sicherheit erkennen kann, schien sie keinerlei Körperbehaarung zu haben. Theoretisch wäre diese Wunderlichkeit ein ausgezeichneter Hinweis auf ihre Identität. Allerdings war es nur von begrenztem praktischem Wert.

Die Fotos mußten nicht unbedingt viel bedeuten. Eine Menge Leute machten gern Nacktaufnahmen von sich und ihren Partnern. Manche von denen versteckten sogar ihre Gesichter. Trotzdem verriet es mir, daß Sampson eine Beziehung hatte, die er verheimlichte. Niemand wußte davon. Jeder sagte, er habe keine Freundinnen. Und die Tatsache, daß diese Freundin hier ihre Identität nicht preisgab, war zumindest ein wenig interessant. Viel interessanter aber war, daß die Cops die Fotos nicht gefunden hatten. So schwer zu finden waren sie nicht gewesen, und jeder Cop sah unter Schubladen nach, wenn er eine Wohnung durchsuchte. Diese Cops hatten so gründlich gesucht, daß sie ein heilloses Chaos hinterlassen hatten, und doch hatten sie diese Aufnahmen nicht gefunden?

Das machte mich stutzig. Allerdings war dies weder der Ort noch die Zeit für ein Päuschen. Ich steckte die Fotos zurück in den Umschlag und verstaute ihn in der Innentasche meines Jacketts, dann durchsuchte ich den Rest des Zimmers. Ich zog das Bett ab und brachte es wieder in Ordnung. Ich tastete unter jeder Schublade, hinter dem Poster, machte alles, was man immer macht, und fand nichts weiter, das etwas bedeuten konnte. Ich räumte alles sorgfältig wieder auf. Ich war ordentlich und höflich und überhaupt ganz toll – für einen Privatschnüffler. Außerdem ist es auch erheblich einfacher, eine Wohnung zu durchsuchen, wenn man kein Chaos veranstaltet. Man kramt nicht in dem Durcheinander herum, das man eben erst selbst verursacht hat.

Ich verließ Sampsons Zimmer, zog die Tür zu und hörte, wie der Riegel hinter mir einrastete. Dann ging ich die beiden dunklen, schmalen Treppenabsätze hinunter und klopfte an Miss Rebellos Tür. Sie mußte gerade ein spätes Frühstück oder ein frühes Mittagessen zubereitet haben. Der Duft von bratendem Speck zog mir in die Nase. Ich glaubte kaum, daß sie es für mich machte.

Ohne die Sicherheitskette abzunehmen, öffnete sie die Tür.

«Ja?»

«Ich möchte diese Sache nicht auf sich beruhen lassen», sagte ich. «Wie unordentlich genau wurde das Zimmer von den Beamten hinterlassen, die es durchsucht haben?»

«Unordentlich, daß ich nicht lache!» sagte sie. «Zwei gottverdammte Schweine waren das, entschuldigen Sie meine Ausdrucksweise.»

«Haben Schubladen ausgekippt, solche Sachen?»

«Kleidung überall auf dem Boden. Papiere, Bettzeug. Die reinsten Schweine waren das.»

«Nun, das werden die noch bereuen», sagte ich.

«War's das jetzt?» sagte sie. «Kann ich da oben alles zusammenpacken und die Wohnung wieder vermieten?»

«Absolut», sagte ich. «Und nehmen Sie bitte meine Entschuldigung für das Durcheinander wie für die Verzögerung an.»

«Ja», sagte sie, «sicher», und schloß die Tür.

In der häßlichen kleinen Diele grinste ich vor mich hin. *Man muß den Spaß nehmen, wo man ihn findet.* Ich verließ das Haus, zog die Eingangstür sorgfältig hinter mir zu und hörte den Riegel einschnappen. Ich schaute die Straße hinauf und hinunter. Weit und breit niemand in Sicht. Vor dem Haus sprang der Motor meines Wagens mit einer kleinen Rauchwolke aus dem Auspuff an, und die Scheibenwischer begannen sich wieder zu bewegen. Ich stellte den Kragen meiner Lederjacke auf, ging die vier Stufen in den Regen hinunter, überquerte den Bürgersteig und stieg dann in meinen Wagen.

«Erfolg gehabt?» fragte Hawk.

«Ich weiß nicht», sagte ich.
Ich nahm die Nacktfotos heraus und reichte sie herum.
«Der Typ ist Sampson?» fragte Vinnie.
«Ja.»
«Kennst du die Frau?»
«Nein.»
«Sie hat keine Haare auf der Muschi», sagte Vinnie.
«Sehr aufmerksam beobachtet», sagte ich.
«Und auch wortgewandt», meinte Hawk.

Weder Vinnie noch Hawk hatten etwas Bedeutungsvolles zu der Frage der nicht vorhandenen Körperbehaarung beizutragen. Es folgte eine lebhafte Diskussion über nackte Frauen, die wir gekannt hatten. Wir waren uns darin einig, daß keiner von uns jemals einer ohne Körperbehaarung begegnet war, auch wenn sie ansonsten beträchtlich variierten. Vinnie gab mir die Fotos zurück, und ich verstaute sie wieder in meiner Tasche.

«Zähl sie lieber nach», sagte Hawk, legte den Gang ein und rollte langsam vom Bordstein.

Kapitel 28

Die Ocean Street in Port City beginnt am Fuß der Hill Street und verläuft vielleicht anderthalb Meilen parallel zum Hafen, bevor sie sich einen Meeresarm entlangschlängelt und in den Seaside Drive übergeht. Hawk und ich übernahmen jeweils eine Straßenseite und begannen am südlichen Ende in der Nähe des Theaters Leute zu fragen, ob sie Craig Sampson kannten. Beide hatten wir ein Szenenfoto des Theaters dabei, das wir zeigen konnten. Wir behielten bei der Arbeit immer den anderen im Auge, und Vinnie zockelte mit dem Wagen langsam hinter uns her, wobei die Schrotflinte schußbereit vor dem Beifahrersitz lehnte.

Das *Port City Tap* war mein fünfter Stopp. An einem feuchten Nachmittag war es ein Hort der guten Laune. Drei Typen hockten an der Bar und redeten nicht miteinander, und eine Frau mit einem schwarzen Cowboyhut mit einer großen Feder saß ganz allein in einer Sitznische mit einem Stapel Quarters vor sich auf dem Tisch neben etwas, das wie Erdbeerlimonade aussah, wahrscheinlich aber keine war. Aus der Musicbox spielte eine Art von Country and Western, die sich für mich anhörte wie ein Huhn, das gerade erwürgt wurde, obwohl es Susan wahrscheinlich gefallen hätte. In einem Fernseher über der Theke lief lautlos eine Seifenoper. Der Typ hinter der Bar sah aus wie jemand, den man aus der World Wrestling Federation rausgeschmissen hatte. Er war kräftig, hatte einen rasierten Schädel und einen großen, hängenden Schnäuzer. Er trug ein schwarzes T-Shirt mit abgeschnittenen Ärmeln und einem Harley-Davidson-Logo auf der Brust. Auf seinem fleischigen Oberarm, direkt unterhalb der rechten Schulter, befand sich eine überraschend ordentlich gemachte Tätowierung: *Born to Raise Hell.*

Die drei Knaben an der Theke schienen weder der Musik zuzuhören noch fernzusehen. Sie waren nicht zusammen da und vielleicht sogar mit überhaupt niemandem zusammen. Nie. Keiner von ihnen beachtete die Frau in der Nische. Ich rutschte auf einem Barhocker neben einen der Burschen und nahm ein Foto von Craig Sampson heraus.

«Den Typ hier schon mal gesehen?» fragte ich und hielt ihm das Bild unter die Nase.

Der Bursche trug eine gelbe Regenjacke über einem rotkarierten Flanellhemd. Vor ihm stand ein halbvoller Bierkrug und daneben ein leeres Schnapsglas. Er sah das Foto kurz an, starrte dann wieder auf sein Bier und schüttelte den Kopf. Der Barkeeper kam die Theke herunter.

«Was darf's sein, Kumpel?»

Ich hielt das Foto hoch.

«Kennen Sie diesen Burschen?» fragte ich.

«Dummes Gequatsche ist hier nicht erlaubt», schnauzte der Barkeeper.

«Warum denn nicht?» fragte ich.

«Stört die Gäste.»

«Mehr als die Musik?»

«Wenn du einen Drink willst, dann verkauf ich dir einen Drink», sagte der Barkeeper. «Ansonsten: Zisch ab, Jack.»

«‹And never come back no mo', no mo'.›»

«Wir haben uns schon verstanden, Kumpel. Das hier ist kein Informationsbüro, verstehst du?»

«Mensch», sagte ich, «dabei sah der Laden so einladend aus.»

Der Barkeeper hatte sich eine weiße Schürze um die Taille gebunden. Er starrte mich an, hielt die kräftigen Arme vor der Brust verschränkt.

«Dann nehme ich ein Bier vom Faß», sagte ich.

Der Barkeeper zapfte und stellte es vor mich.

«Drei Bucks und einen Quarter», sagte er.

«Ich mach einen Deckel», sagte ich.

«Das tust du nicht.»

Ich nahm einen Fünfer aus meiner Brieftasche und legte ihn auf die Theke. Der Barkeeper ging wechseln und knallte das Geld vor mich. Alle seine Bewegungen waren schroff.

Wieder hielt ich Sampsons Foto hoch.

«Den Kerl schon mal hier drin gesehen?» fragte ich.

«Wer will das wissen?»

Ich sah vorsichtig über beide Schultern und schaute mich langsam im Raum um, sah dann wieder den Barkeeper an.

«Wahrscheinlich ich», sagte ich.

«Suchst du Ärger?»

Ich grinste ihn an.

«Wenn ich ja sage, sagen Sie mir dann, daß ich an die richtige Stelle gekommen bin?»

Der Barkeeper machte den Mund auf und wieder zu. Ich wußte, daß ich ihm seinen nächsten Spruch vermasselt hatte. Sampsons Foto hielt ich immer noch hoch.

«Den Kerl schon mal hier drin gesehen?» wiederholte ich.

«Jesus», sagte der Barkeeper, «du bist ein hartnäckiges Arschloch.»

«Danke, daß Sie das bemerkt haben», sagte ich.

«Und außerdem auch noch ein echter Klugscheißer.»

Ich lächelte bescheiden.

«Was ist mit dem Kerl?» fragte ich.

«Den kenn ich nicht.»

«Nie hier drinnen gesehen?»

«Nein.»

«Schon mal was von einer Streetgang namens Death Dragons gehört?»

«Bist du so was wie ein Cop?» sagte der Barkeeper.

«So was», sagte ich. «Schon mal von den Death Dragons gehört?»

«Nein. Das sind keine Motorradtypen.»

«Nein. Chinesen.»

«Ach, Kacke, das ist doch Chinatown-Scheiße. Von Chinatown weiß ich nichts.»

«Schon mal was von einem Burschen namens Lonnie Wu gehört?»

«Nein.»

«Kwan Chang?»

«Wer?»

«Es muß heißen: was. Kwan Chang.»

Er schüttelte den Kopf.

«Wieso waren Sie so feindselig, als ich reingekommen bin?»

«Ich war nicht feindselig, ich kannte Sie nur einfach nicht.»

«Sind Sie jedem gegenüber feindselig, den Sie nicht kennen?»

Er sah mich an, als bestritte ich das Gravitationsgesetz.

«Ja», sagte er. «Natürlich.»

Ich sah die Typen an, die an der Theke saßen.

«Hat einer von Ihnen schon mal den Burschen hier gesehen?» sagte ich.

Sie schüttelten den Kopf.

«Sagen euch die Death Dragons irgendwas? Oder Lonnie Wu? Kwan Chang?»

Sie schüttelten weiter den Kopf. Wahrscheinlich war das mehr Bewegung, als sie gewöhnt waren. Ich schaute zu der Frau in der Sitznische hinüber.

«Was trinkt sie?» fragte ich den Barkeeper.

«Gin Tonic, einen Spritzer Grenadine.»

«Jesus», sagte ich. «Mixen Sie einen.»

Der Barkeeper mixte den Drink und stellte ihn vor mich. Ich bezahlte, nahm das Glas und ging zu der Frau.

«Hi», sagte ich und stellte das Glas vor sie. «Okay, wenn ich Sie zu einem Drink einlade?»

Sie sah mich verdutzt an.

«Klar», antwortete sie.

«Darf ich mich kurz zu Ihnen setzen?»

«Klar.»

Ich setzte mich, trank einen Schluck von meinem Bier und sagte nichts. Sie nahm einen großen Schluck von ihrem Drink und richtete dann den Blick auf mich. Der verdutzte Ausdruck war immer noch da, aber sie konzentrierte sich auf mich.

«Nobel», meinte sie.

«Ich geb mir Mühe», sagte ich.

«Ich hab gesehen, wie Sie Eddie zur Minna gemacht haben.»

«Eddie?»

«Den Barkeeper.»

«Ich stelle mir gern vor, daß es mein umwerfender Charme war», sagte ich.

Sie schüttelte den Kopf.

«Nee. Von Charme versteht Eddie nichts. Sie haben das gewisse Etwas.»

«Das gewisse Etwas?»

«Ja.» Sie nahm noch einen Schluck rosa Gin Tonic. «Das gewisse Etwas bedeutet Ärger.»

«Haben Sie das gewisse Etwas früher schon mal gesehen?» fragte ich.

«Ich kenne die Männer. Sie würden Eddie in der Luft zerreißen.»

Ich lächelte sie an.

«Wenn Sie mich drum bitten.»

Sie kicherte und trank aus. Ich machte Eddie ein Zeichen, daß er noch einen mixen sollte.

«Kommen Sie aus der Gegend?» wollte sie wissen.

«Aus Boston», sagte ich.

Eddie brachte ihren Drink. Er sah auf mein Bier. Ich schüttelte den Kopf, und er ging.

«Zu gut, um aus Port City zu sein», sagte sie.

Sie war eine kleine, stämmige Frau mit dichtem, rötlichem Haar, hohen Wangenknochen und einer Menge leuchtend rotem Lippenstift. Außer dem Cowboyhut trug sie einen zu engen, horizontal gestreiften Pullover und Jeans. Ich konnte es nicht erkennen, weil sie saß, aber ich hätte eine Menge darauf gewettet, daß ihre Jeans auch zu eng waren. Eine lange Jeansjacke mit einem lederbesetzten Kragen hing an der Ecke der Sitznische.

«Den Burschen hier schon mal gesehen?» fragte ich und zeigte ihr mein Foto von Craig Sampson.

Sie nahm eine Lesebrille aus ihrer Handtasche, setzte sich auf, nahm mir das Foto ab und studierte es aufmerksam. Dann gab sie es mir zurück und schüttelte den Kopf.

«Leider nein», sagte sie.

«Kennen Sie einen Typen namens Lonnie Wu?»

Sie trank und behielt den letzten Schluck eine Weile im Mund.

«Gott, das tut gut, stimmt's?»

Ich wartete.

«Lonnie Wu. Ja, dem gehört doch das chinesische Restaurant oben an der Ocean Street, neben dem Theater.»

«Was wissen Sie über ihn?»

«Das war's», sagte sie. «Ihm gehört ein Restaurant.»

«Wie ich höre, ist er ein wichtiger Mann in der Stadt.»

Sie trank einen weiteren anerkennenden Schluck von ihrem Drink.

«Er ist ein Schlitzauge», sagte sie. «Wie soll er da so wichtig sein?»

«Gutes Argument», sagte ich lächelnd. Ich triefte vor Charme wie eine überreife Tomate. «Wissen Sie irgendwas von den Death Dragons?»

«Wer soll das sein? Eine Rockband?»

«Eine chinesische Streetgang.»

«Davon weiß ich nichts. Ich weiß überhaupt nichts von den Schlitzaugen.»

Sie schob sich in der Nische ein Stückchen dichter an mich heran, so daß sich schließlich ihr Oberschenkel gegen meinen drückte. Sie sah mir direkt in die Augen. Sie hatte große, leicht ovale Augen. Aber sie waren rötlich und verschwollen; und dann hatten sie diesen unscharfen Blick, als seien einige der inneren Lampen ausgebrannt.

«Wissen Sie was?» fragte sie.

«Was?»

«Ich mag Sie.»

«Das sagt jeder», sagte ich. «Es ist ein Talent.»

Sie leerte ihr Glas und winkte Eddie, während sie darüber nachdachte, und er brachte ihr ein neues Glas.

«Mögen Sie mich?» fragte sie.

«'türlich», sagte ich.

«Und wieso reden Sie dann überhaupt nicht über mich? Wieso reden Sie nur über Schlitzaugen?»

«Tja, irgendwie gibt's hier oben eine ganze Menge von denen», sagte ich.

«Das haben Sie richtig gecheckt – wie heißen Sie noch gleich?»

«Spenser.»

«Das hast du richtig gecheckt, Spence. Jede Menge gibt's hier von denen, und es werden immer mehr.»

Mit der linken Hand nahm ich meinen Krug und nippte an dem Bier. Sie ließ einen Zeigefinger über meinen rechten Handrücken gleiten, der auf dem Tisch lag.

«Stark», sagte sie wie zu sich selbst.

«Und es werden immer mehr?» sagte ich.

«Schiffsladungen. Jede einzelne gottverdammte Woche kommen mehr Schlitzaugen hier an.»

«Mit einem Schiff?»

Sie nickte.

«Ich lebe draußen an der Brant Island Road. Die werden da mitten in der beschissenen Nacht abgeladen. Bist du verheiratet?»

«Irgendwie», sagte ich.

«Du hast jemanden?»

«Ja.»

Sie trank.

«Ich hatte schon so viele Jemande, ich kann mich nicht mal mehr an ihre beschissenen Namen erinnern.»

«Erzählen Sie mir von diesen Chinesen, die nachts abgeladen werden?» fragte ich.

Sie sang leise vor sich hin, und vielleicht auch für mich, mit einer überraschend mädchenhaften Stimme.

«Everybody got somebody sometime...»

«Ich glaube, Sie haben den Text nicht ganz richtig gesungen», sagte ich.

«Gehst du auch schon mal fremd?» fragte sie.

«Nein.»

Sie nickte.

«Tja, dann fick dich», sagte sie.

«Oder auch nicht», sagte ich.

«Everybody falls in love somehow...»

Sie nahm ihr Glas, trank es fast aus, stellte es wieder hin, lehnte sich zurück und machte die Augen zu. Mit geschlossenen Augen begann sie dann zu weinen. Ich sagte nichts. Schon bald hörte sie auf und schnarchte.

«Aaah, Mr. Erregend», sagte ich laut. «Du hast mal wieder zugeschlagen.»

Kapitel 29

Susan und ich hatten ein Zimmer in Concord eingerichtet. Die Küche und ein Teil des Eßzimmers waren nur noch nacktes, kaputtes Gebälk. Aber ich hatte den Kühlschrank ins Eßzimmer geschafft, der Heizkessel funktionierte, und es gab fließendes Wasser. Wir stellten ein Bett und einen Tisch und zwei Stühle in das vordere Schlafzimmer im ersten Stock, das mit dem Kamin, hängten einen Vorhang in die Dusche und statteten das hintere Badezimmer mit Handtüchern und dem Notwendigsten aus. Susan und ich machten das Bett, was nicht so leicht war, wie es hätte sein sollen, denn Pearl kletterte immer wieder drauf und kuschelte sich hinein, sobald wir etwas ausbreiteten.

«Wer könnte mehr verlangen», sagte ich, als wir schließlich das Bett gemacht hatten. «Außer vielleicht einer Küche.»

Pearl war zufrieden mit der Art und Weise, wie wir das Bett gemacht hatten. Sie drehte sich dreimal und rollte sich dann vor den aufgeschlagenen Kopfkissen zusammen, die sie dabei nur geringfügig umarrangierte.

«Wozu brauchen wir eine Küche, wenn wir doch ein Telefon haben?» sagte Susan.

«Hatte ich ganz vergessen», sagte ich.

Es war später Samstagnachmittag und wurde bereits dunkel.

Susan hatte einen Staubsauger mitgebracht und saugte gerade grimmig vor sich hin. Ich ging in den Keller, holte etwas Holz für den Kamin, freundlicherweise vom Vorbesitzer zurückgelassen, wuchtete das Zeug nach oben und machte ein Feuer. Dann inspizierte ich die Speisekammer.

Susan hatte ein Picknickabendessen mitgebracht und es in einer großen Tragetüte im Kühlschrank gebunkert. Mit einem bangen Gefühl machte ich sie auf. Susan war glatt zuzutrauen, nur einen Apfel und zwei Reiskuchen mitzunehmen. Ich schaute in die Tüte. Vier grüne Äpfel. Das Herz wurde mir schwer. Aber außerdem waren da noch kaltes Hühnchen, kernlose Trauben, französisches Brot, Preiselbeerchutney und ein ordentliches Stück Käse. Es gab sogar Pappteller, Plastikbesteck und transparente Plastikbecher. Mein Beitrag bestand aus zwei Flaschen Krug, der im Kühlschrank auf Eis lag, sowie einem kleinen, rotweißen Iglu-Kühler voller Eiswürfel.

Ich brachte alles nach oben und deckte den Tisch. Ich öffnete den Kühlbehälter und stellte den Champagner in das Eis. Susan war mit Staubsaugen fertig und putzte nun ungestüm Staub auf sämtlichen Oberflächen.

«Wischt man nicht besser Staub, bevor man staubsaugt?» fragte ich.

«Nein.»

Ich nickte und stellte das Essen auf den Tisch. Sofort rutschte Pearl auf dem Bett weiter nach unten und lag so, daß sich ihre Nase so dicht wie nur möglich am Tisch befand, ohne dabei das Bett verlassen zu müssen.

«Wo ist das blaue Dings», fragte sie, als sie ihr Staubwischen unterbrach, um einen kleinen Flecken von einer der Fensterscheiben zu wischen.

«Es ist nicht nett, es ein blaues Dings zu nennen», sagte ich.

«Ich meine das blaue Tischtuch. Nur ein Barbar würde von einer nackten Tischplatte essen.»

Ich vergewisserte mich, daß die Picknicktüte sicher verschlossen war, damit Pearl nicht darin herumstöberte, und holte die Tischdecke. Susan ging duschen. Ich kehrte mit der Tischdecke zurück, breitete sie auf dem Tisch aus, ging zur Dusche und steckte den Kopf hinein.

«Raushausdefaus», sagte sie.

Ich zog den Kopf aus der Dusche, kehrte ins Schlafzimmer zurück und starrte ins Feuer. An der Wand neben meinem Platz am Tisch lehnte die Schrotflinte, und die 9-mm-Browning lag ordentlich neben dem Plastikmesser und dem Löffel. Die Death Dragons hatten mich nicht mehr belästigt. Was aber nicht bedeutete, daß sie es nicht mehr tun würden. Und wahrscheinlich wußten sie nichts von Concord. Was aber wiederum auch nicht bedeutete, daß dies für immer so bleiben mußte.

Wir setzten uns an den Tisch unter der niedrigen Decke des alten Hauses, während die Flammen im offenen Kamin tanzten, und schlürften unseren Champagner. Das kalte Abendbrot wartete auf uns, und unser Hund schlief auf dem Bett.

«Raushausdefaus?» sagte ich.

«Hm-hmh.»

«Und das aus dem Mund eines Harvard Ph. D.?»

«Ich habe Hühnersprache im Nebenfach studiert», sagte Susan.

Sie trug einen großen, weißen Frotteebademantel, den sie von zu Hause mitgebracht hatte, und nach dem Duschen, ohne Make-up, hatte sie das Gesicht eines Kindes. Wenn auch eines sehr aufgeklärten Kindes.

«Ich weiß genau, wie du ausgesehen haben mußt», sagte ich, «als du noch ein kleines Mädchen warst.»

«Und dich kann ich mir auch gut vorstellen», sagte sie. «Als kleinen Jungen.»

Ich lächelte sie an.

«Ich auch», sagte ich.

Wir aßen etwas von dem Hühnchen.

«Irgendwelche Fortschritte in Port City?»

«Tja», sagte ich. «Ich weiß nicht, ob's ein Fortschritt ist, aber etwas ist es sicher.»

Ich stand auf und ging zu meiner Jacke, die im Kleiderschrank hing. Ich fischte die Fotos von Craig Sampson und seinem geheimnisvollen Gast heraus und gab sie Susan. Sie warf einen Blick darauf, stand dann auf, trat ans Licht und sah sie wieder und genauer an. Dann kam sie wieder an den Tisch, setzte sich und gab mir die Fotos zurück. Auf ihrem Gesicht lag ein merkwürdiger, halb amüsierter Ausdruck.

«Ich glaube, das ist Rikki Wu», sagte Susan.

«Warum?»

Susan lächelte.

«Das wird dir gefallen», sagte sie. «Einmal habe ich mit Veronica Blosser, Naomi Selkirk und Rikki zu Abend gegessen. Das ist jetzt wahrscheinlich acht Monate her. In Naomis Haus. Wir haben eine Spendensammlung für das Theater geplant.»

«Tut mir leid, daß ich nicht dabei war.»

«Oh, du wärst wahnsinnig geworden», sagte Susan. «Jedenfalls, als wir die Geldbeschaffungsaktion durchgekaut hatten, erlahmte die Unterhaltung ein wenig. Naomi, die keinen Augenblick Stille ertragen kann, Naomi sagte zu Rikki: ‹Oh, Schätzchen, du siehst so fabelhaft aus, wie machst du das nur? Wie schaffst du's, immer so absolut fabelhaft auszusehen?› Und dann erzählte Rikki uns, was sie dafür tut.»

Susan lächelte wieder, als sie sich zurückerinnerte.

«Für Rikki ist es eine Vollzeitbeschäftigung, fabelhaft auszusehen: Cremes, Salben, Tränke, Lotionen, Gelees und Packungen, persönliche Trainer, Massagetherapeuten, Vitamine, bla-bla-bla. Ich will dich nicht mit dem vollen Programm langweilen, aber unter anderem macht sie auch eine Reihe von Kontraktionsübungen, um den Vaginalkanal zu festigen.»

«Wie fest muß der denn wohl sein?» fragte ich.

«Fest genug, um den Ehemann zu halten.»

«Tolle Idee», sagte ich. «Zieh dich einfach um ihn zusammen, und er gehört ganz dir, bis du dich wieder entspannst.»

«Fabelhaft», sagte Susan. «So, und jetzt kommt der Teil, auf den es ankommt. Sie hat zu uns gesagt: ‹Mädchen, jeder Mann, der euch erzählt, er mag Haare am Körper einer Frau, lügt.› Und Veronica sagt: ‹Wirklich? Meinst du damit *jedes* Haar?› Und Rikki sagt: ‹Jedes Haar.› Und Naomi sieht irgendwie beklommen aus, was mich über Naomis Situation nachdenken läßt, haarmäßig, meine ich – aber das ist nicht von Belang. Also habe ich zu ihr gesagt: ‹Und, wie machst du's, Rikki?› Und sie hat geantwortet: ‹Elektrolyse.› Und wir sagen wie aus einem Mund: ‹Elektrolyse? Überall?›, und Rikki nickt wie ein Arzt, der eine Diagnose bestätigt, und sagt: ‹Überall. Meine Blume ist wie eine polierte Perle.›»

«Blume?»

«Blume.»

«Komisch. Ich dachte, ich wäre der einzige, der es so nennt.»

«Ich hab schon gehört, wie du es nennst», sagte Susan. «Die Elektrolyse hat bei ihr zwei Jahre gedauert.»

«Diese eine Übung braucht sie nicht», sagte ich. «Zwei Jahre Elektrolyse würde den Vaginalkanal von jedem straffen.»

Sorgfältig schnitt Susan ein kleines Stück Käse ab, stopfte es sich in den Mund, kaute und schluckte.

«Ja», sagte Susan. «Fabelhaft.»

«Also meinst du, diese Frau mit einer Blume wie eine polierte Perle muß einfach Rikki Wu sein.»

«Wär schon ein verdammt großer Zufall, wenn nicht», sagte Susan.

«Anzunehmen, es sei ein Zufall, ist nicht generativ», sagte ich.

«Generativ», wiederholte sie.

Ich nickte. Susan lächelte.

«Außerdem ist es nicht plausibel», sagte sie.

«Ja», sagte ich. «Deshalb nehmen wir mal an, daß Craig mit Lonnie Wus Frau rumgemacht hat. Derselbe Lonnie Wu, der mir gesagt hat, ich solle aus Port City verschwinden. Und der zweimal versucht hat, seinen Wunsch nachdrücklich zu unterstreichen.»

Susan nahm einen kleinen Bissen vom oberen Knochen eines Hühnchenflügels und legte den Rest zurück, brach ein kleines Stück Brot ab und stopfte es nach dem Hühnchen in den Mund.

«Ist das eine Spur?» fragte Susan, als sie mit Kauen fertig war.

«Ich glaube schon. Es ist schon so lange her, seit ich eine gesehen habe, da kann ich's nicht mit absoluter Sicherheit sagen.»

Ich trank etwas Champagner und aß etwas Hühnchen und schnitt ein Stück Apfel ab und aß dazu etwas Käse. Jetzt hatte ich ein Motiv für Sampsons Tod, und das Motiv wies unmißverständlich auf Lonnie Wu. Außerdem war es ein perfekter Grund für ihn, mich aus der Stadt haben zu wollen. Es bewies im Moment noch gar nichts, aber es war tatsächlich eine prima Spur.

«Hättest du's gerne, wenn meine Blume auch wie eine polierte Perle wäre?» fragte Susan.

«Ich bin ein altmodischer Bursche», sagte ich. «Mir ist, sozusagen, das unbearbeitete Original lieber.»

«Rikki behauptet, ein Mann lügt, wenn er einem das erzählt», sagte Susan.

«Mein Wort ist mir Verpflichtung», sagte ich. «Liebend gerne werde ich diese Behauptung mit Taten untermauern.»

«Was denn? Vor Pearly-Baby?»

«Sie könnte doch im Nachbarzimmer warten», sagte ich.

«Sie wird weinen und an der Tür kratzen», sagte Susan.

«Ich kenne das Gefühl», sagte ich.

«Andererseits, wenn wir sie nicht raustun, wird sie aufs Bett springen und bellen.»

«Auch dieses Gefühl kenne ich gut.»

Wir schwiegen, beobachteten die Bewegung der Flammen vor dem Hintergrund der alten Kaminziegel.

«Wir könnten alle Hoffnungen auf Leidenschaftlichkeit fahren lassen», schlug Susan vor.

«Hm-hmh.»

«Oder du könntest sie auch ins Auto bringen. Sie mag das Auto.»

«Besonders wenn ich ihr ein Hühnchensandwich mache, das sie mitnehmen kann.»

«Aber achte darauf, daß keine Knochen drin sind», mahnte Susan.

«Dann wird sie sich sicher fühlen und nicht jaulen», sagte ich. «Kannst du das auch für dich sagen?»

Susan lächelte ihr Adam-warum-kostest-du-nicht-mal-diesen-hübschen-Apfel-Lächeln.

«Ich fühle mich sicher», sagte sie.

Kapitel 30
Wir fuhren zurück nach Port City, diesmal zu viert. Ich fuhr den Mustang. Neben mir saß eine junge Frau namens Mei Ling, die fließend Englisch, Französisch, Deutsch, Man-

darin, Kantonesisch, Japanisch, Koreanisch und, was wußte denn ich, Marsianisch sprach. Hawk und Vinnie folgten in Hawks Jaguar direkt hinter uns.

«Mein Vater ist nach Taiwan geflohen», erklärte Mei Ling, «vor den Kommunisten. Als die Amerikaner Anfang der siebziger Jahre Beziehungen zu den Kommunisten aufnahmen, befürchtete mein Vater, daß Taiwan fallen würde. Also ist er hergekommen. Mein Vater hatte Geld. Er war in der Lage, uns alle mitzunehmen.»

«Sie sind nicht hier geboren», sagte ich.

Als Vorbereitung für Port City trug Mei Ling einen roten Regenmantel und ein weißes Kopftuch. Sie war feingliedrig, hatte große, schwarze Augen und strahlte Zartheit aus.

«Ich bin in Taipeh geboren», antwortete sie. «Aber ich kann mich wirklich nicht mehr daran erinnern. Meine ersten klaren Erinnerungen habe ich daran, hier aufzuwachsen. In Los Angeles, Kalifornien.»

«In Chinatown?»

«Anfangs, ja, Sir. Dann hat mein Vater uns ein Haus in Northridge, Kalifornien, gekauft.»

«Und jetzt sind Sie in Harvard.»

«Ja, ich bin Doktorand der Sinologie.»

«Wo Dr. Silverman Sie gefunden hat.»

«Ja, Sir, über die studentische Jobvermittlung. Ich komme selbst für meine Studiengebühren auf.»

«Und sie hat mit Ihnen über diesen Job geredet.»

«Ja, Sir. Sie hat mir gesagt, Sie seien ein Detektiv, der in einem Fall ermittelt, in den Chinesen verwickelt sind. Sie hat gesagt, Sie würden einen Dolmetscher benötigen.»

«Hat Sie Ihnen auch erzählt, daß die Sache unter Umständen gefährlich werden könnte?»

«Ja, Sir. Aber sie hat gesagt, Sie seien bei solchen Sachen wirklich sehr gut und würden mich beschützen.»

«Das werde ich, und das werden die auch», sagte ich und deutete hinter uns auf den Jaguar.

«Ich dachte mir schon, daß sie wahrscheinlich genau das tun, Sir.»
Ich grinste.

«Und Sie haben keine Angst?»

«Ich brauche das Geld, Sir.»

«Ihr Vater kann Ihnen nicht aushelfen?»

«Er hat ein gutgehendes Unternehmen, Sir. Aber er hat auch sechs andere Kinder und ist der älteste Sohn seiner Familie, und seine Eltern leben noch, und er hat viele Brüder und Schwestern. Außerdem muß er zunächst für die Ausbildung meiner Brüder aufkommen.»

Wir bogen vom Highway ab und fuhren den Cabot Hill hinunter Richtung Chinatown. Wie üblich nieselte es in Port City, und der Himmel war grau. Vom Meer blies eine steife Brise, die den Wagen durchrüttelte.

«Wissen Sie etwas über *tongs*?»

Sie lächelte mich freundlich an.

«Alle Chinesen wissen von den *tongs*, Sir.»

«Natürlich, und es ist nicht nötig, mich Sir zu nennen.»

«Für mich ist es schon okay, Sie so zu nennen», sagte sie. «So bin ich erzogen worden.»

«Okay», sagte ich.

«Danke, Sir.»

«Kennen Sie den Kwan Chang *tong*?»

«Ja, Sir. Es ist der mächtigste Geheimbund in dieser Gegend.»

«Sie haben in der Chinatown hier in Port City das Sagen», sagte ich.

«Ja, Sir.»

«Und sie benutzen eine Straßengang für Hilfsdienste», sagte ich.

«Ja, Sir. Die Death Dragons.»

«Lernt man so was auf Harvard?» sagte ich.

Sie lächelte. «Das ist nicht nötig, Sir. Die *tongs* und die Straßengangs, die sie benutzen, sind Bestandteil des Lebens aller chinesischen Menschen. Sie wissen von ihnen, selbst wenn sie nie persönlich jemandem begegnet sind, der in einem *tong* ist oder einer Straßengang. Sie waren immer Bestandteil unseres Lebens, schon immer.»

Wir waren in Chinatown. Ich parkte am Bordstein, und Hawk hielt hinter mir. Hawk und Vinnie stiegen als erste aus, jeder mit einer Schrotflinte bewaffnet. Mei Ling und ich stiegen aus und standen mit ihnen im kalten Wind. Ich stellte den Kragen meiner Lederjacke auf. Mei Ling blieb dicht neben mir, behielt die Hände tief in den Taschen ihres Regenmantels vergraben. Neben Hawk wirkte sie fast wie eine exotische Elfe.

«Ist Ihnen warm genug?» fragte ich.

«Ja, Sir. Ich habe einen Pullover unter dem Regenmantel an.»

Hawk lächelte sie an.

«Und wenn Ihnen zu kalt wird», sagte er, «kann ich Sie in meine Tasche stecken.»

Sie lächelte ihn an.

«Ich bin ein kleiner Mensch», sagte sie, «aber ich bin ganz schön abgehärtet.»

«Mei Ling und ich werden mit den Leuten reden», sagte ich. «Ihr zwei könnt genausogut im Wagen hinter uns herzuckeln und euer Pulver trocken halten.»

«Regnet es hier eigentlich immer?» fragte Vinnie.

«Ja», antwortete ich. «Hat irgendwas mit dem Zusammentreffen von Bergen und Meer und den vorherrschenden Winden zu tun.»

«Ein abgefuckter Wettermann», sagte Vinnie zu Mei Ling und stieg ins Auto.

«Ich hoffe, Sie verzeihen Vinnie seine Ausdrucksweise», sagte ich. «Wir haben versucht, ihm das abzugewöhnen. Aber er ist ziemlich unbelehrbar.»

«Es macht mir nichts aus, wenn Leute ‹fuck› sagen, Sir. Manchmal sage ich selbst ‹fuck›.»

«Es gefällt mir nicht, wenn du allein irgendwo reingehst», sagte Hawk.

«Mir auch nicht, aber die Chance, daß jemand mit mir redet, scheint mir doch größer zu sein, wenn ich und Mei Ling allein sind.»

«Wahrscheinlich», sagte Hawk. «Wie lange bist du irgendwo drin, bevor wir reinkommen?»

Ich zuckte mit den Achseln.

«Verlaß dich auf dein Gefühl», sagte ich. «Wenn du meinst, du solltest nachkommen, dann komm bitte ganz ruhig rein, damit du keinen in Katatonie schickst, wenn jemand gerade was erzählt.»

«Ich weiß nicht mal, wo das ist», sagte Hawk. «Wenn's komisch wird, dann schickst du einfach Missy.»

«Haben Sie das gehört, Missy?» sagte ich.

«Ja, Sir.»

«Okay», sagte ich. «Dann wollen wir doch mal sehen, ob wir jemanden finden, mit dem wir plaudern können.»

«Vorzugsweise jemanden in einem warmen Gebäude, Sir.»

«Was ist mit Ihrem Pullover?» fragte ich.

«Ich hätte mir einen wärmeren aussuchen sollen, Sir.»

Wir überquerten den Bürgersteig und betraten eine chinesische Wäscherei.

Kapitel 31   In der Wäscherei konnte uns niemand etwas sagen. Auch nicht in dem Lebensmittelgeschäft, wo mahagonifarbene Enten im Schaufenster baumelten, weder in dem Dimsum-Imbiß noch in der Schneiderei.

Wieder auf der Straße, durch den kalten Sprühregen trottend, blieben wir unverzagt.

«Die meisten dieser Chinesen», sagte Mei Ling, «haben noch nie mit einem Weißen gesprochen.»

Sie zitterte. Für so kalt hielt ich es nun auch wieder nicht, aber ich wog ja auch keine neunzig Pfund.

«So was nennen die sprechen?» sagte ich.

Mei Ling lächelte.

«Es ist sehr chinesisch, zurückhaltend zu sein», erklärte sie. «Viele Jahrhunderte lang hat das Reden den Chinesen nur Ärger eingebracht. Für uns ist es eine Tugend, wenig zu sagen und hart zu arbeiten.»

«Eine ganz neue Idee», sagte ich.

«Und natürlich denken viele dieser Chinesen, auch wenn ich ihnen erklärt habe, daß dem nicht so ist, Sie kämen von der Regierung.»

«Und wenn dem so wäre?»

Mei Ling verschränkte die Arme, damit ihr warm wurde. Ich konnte deutlich sehen, daß es allein einer schieren Willensanstrengung zu verdanken war, daß ihre Zähne nicht klapperten.

«Dann würden Sie Steuern von ihnen haben wollen oder herausfinden, daß sie illegal hier sind, und sie dann des Landes verweisen. Unsere Geschichte hat uns nicht gelehrt, unserer Regierung zu vertrauen.»

«Das ist bei den Geschichten der meisten Länder nicht anders», sagte ich.

Wir betraten ein Geschäft, dessen Fassade weiß gestrichen war und große chinesische Schriftzeichen auf dem Schaufenster hatte.

«Das bedeutet, dies ist eine Klinik», sagte Mei Ling. «Es ist eine Klinik für chinesische Medizin.»

Im Inneren der Klinik war es warm. Im Fenster standen Grünpflanzen und ein Aquarium auf einer Theke an der Seite. Der hintere Teil war mit weißen Laken verhangen, die die Untersuchungsräume abtrennten. Eine freundlich wirkende Frau in einem blauen Hosenanzug und zu einem Knoten zurückgebundenen Haaren sprach uns an.

Sie sah Mei Ling an. Mei Ling antwortete. Die Frau lächelte, verbeugte sich leicht in meine Richtung und streckte eine Hand aus. Ich schüttelte sie.

«Das hier ist Mrs. Ong», stellte Mei Ling sie vor.

Von irgendwo hinter den drapierten Laken gesellte sich ein Mann in einem ähnlich blauen Anzug zu uns. Mei Ling sagte etwas zu ihm, er verbeugte sich und bot mir genau wie seine Frau die Hand an.

«Mr. Ong», stellte Mei Ling ihn vor.

Wir schüttelten uns die Hand. Wie seine Frau hatte auch Ong eine warme, trockene Hand und einen festen Griff. Ich zeigte ihnen mein Foto von Craig Sampson.

«Haben Sie diesen Mann schon einmal gesehen?» fragte ich.

Einer nach dem anderen nahm das Foto, sah es höflich an und lächelte. Dann sahen sie mich an und lächelten wieder. Mei Ling sprach mit ihnen. Sie hörten ihr zu, nickten, sahen sich das Foto wieder an und sagten etwas zu Mei Ling. Sie antwortete. Sie sagten etwas anderes. Mei Ling nickte.

«Sie möchten das Foto mit nach hinten nehmen», sagte sie, «und es sich dort genauer ansehen.»

«Sicher», sagte ich.

Mr. und Mrs. Ong zogen sich zurück, rückwärts, um uns nicht mit ihren Rücken zu beleidigen.

«Bedeutet das, sie erkennen den Mann auf dem Foto und wollen nun besprechen, was sie deswegen tun sollen?» fragte ich.

«Wahrscheinlich, ja», sagte Mei Ling. Im warmen Raum hatte sie wieder Farbe bekommen, und sie verschränkte auch nicht mehr die Arme, um sich aufzuwärmen.

An den Wänden des Raumes standen Schränke, und jeder Schrank besaß zahlreiche Regalböden und Fächer. Auf den Schränken standen Glaskrüge mit getrockneten Dingen darin.

«Das dort ist Bärengalle, Sir», sagte Mei Ling und deutete auf ein Glas. «Seepferdchen für die Nieren, Larven zur Wundreinigung, Brustwurz und Ginseng. Yon-Chiao-Pillen, Hirschgeweihe.»

«He», sagte ich. «Was die Bärengalle betrifft, bin ich vielleicht etwas langsam gewesen, aber die Geweihe habe ich erkannt. Wirkt all dieses Zeugs?»

«Was würden Sie antworten, Sir, wenn ich Sie frage, ob die westliche Medizin wirkt?»

«Ich würde antworten: Manchmal.»

«Ja, Sir, das würde ich auch antworten.»

Auf der anderen Seite des Raumes stand eine Glasvitrine. Darin befanden sich getrocknete Eidechsen, geglättet wie selbstklebender Wandschmuck, und kurze, runde, getrocknete Dinge in Glasröhrchen. Ich fragte Mei Ling danach.

«Das sind Hirschbeine, Sir.»

«Wozu ist das gut?»

Mei Ling senkte den Blick zum Boden.

«Für die Potenz des Mannes», sagte sie.

«Wirklich?»

Ich tat so, als würde ich hineingreifen und mir etwas davon einstecken. Mei Ling kicherte albern und bekam einen roten Kopf. Mr. und Mrs. Ong tauchten wieder aus dem Hinterzimmer auf. Mr. Ong gab mir das Foto zurück und schüttelte den Kopf. Er sagte etwas zu Mei Ling.

«Er sagt, sie kennen diesen Mann nicht», sagte Mei Ling.

«Glauben Sie ihm?» fragte ich.

«Ich weiß nicht, Sir. Ich gebe zu, als sie in das Hinterzimmer gegangen sind, da dachte ich, sie würden ihn kennen.»

«Ich auch.»

Ich sah die beiden an. Ihre Gesichter waren bewegungslos und ruhig.

«Verstehen Sie Englisch?» fragte ich.

Sie lächelten höflich und sahen Mei Ling an. Sie übersetzte. Beide schüttelten den Kopf, lächelten immer noch.

«Sie sagen, sie sprechen kein Englisch», sagte Mei Ling.

«Glauben Sie Ihnen?»

«Ich weiß nicht, Sir. Viele Chinesen sprechen kein Englisch.»

«Ich glaube, sie haben das Foto erkannt, sind nach hinten gegangen, haben sich dort mit jemandem besprochen, und dieser Jemand hat ihnen dann gesagt, daß sie den Mund halten sollen.»

«Das ist sicher durchaus möglich, Sir.»

«Kennen Sie Lonnie Wu?» fragte ich.

Mei Ling übersetzte. Keine Sekunde änderte sich der Ausdruck auf ihren Gesichtern. Höflich lächelnd schüttelten beide den Kopf.

«Sie kennen Mr. Wu nicht», sagte Mei Ling.

«Natürlich kennen sie ihn», sagte ich. «Er ist der Kwan Chang *dai low* in Port City. Er ist der große Mann der hiesigen Chinatown.»

«Ja, Sir.»

«Und ich verplempere nur meine Zeit, wenn ich weiter darüber meckere», sagte ich.

Mei Ling lächelte mich an.

«Ja, Sir.»

«Also dann, nichts wie, äh, raushausdefaus.»

«Entschuldigen Sie, Sir?»

«Ein Ausdruck, den ich von Dr. Silverman gelernt habe», sagte ich. «Eine Geheimsprache.»

«Ja, Sir.»

Als wir zur Tür gingen, zog ich den Reißverschluß meiner Jacke auf und löste die Sicherheitsschnalle meines Holsters. Ich hatte so eine dunkle Ahnung, wer dieser Jemand im Hinterzimmer sein konnte. Falls Mei Ling mitbekam, was ich tat, so ließ sie sich zumindest nichts anmerken.

«Mei Ling», sagte ich. «Lassen Sie mich bitte zuerst hinausgehen.»

Falls Mei Ling sich darüber wunderte, ließ sie sich auch das nicht anmerken. Ich trat als erster hinaus, sie folgte, und in dem kalten Regen, der sich inzwischen aus dem Nieseln entwickelt hatte, kamen uns auf dem Bürgersteig Schulter an Schulter fünf asiatische Jugendliche entgegen, darunter auch mein alter Freund Yan. Ich hörte, wie Mei Ling kaum hörbar nach Luft schnappte.

Ich sagte: «Gehen Sie ins Geschäft zurück, Mei Ling.»

Ich schaute nicht hin, mein ganzes Augenmerk galt Yan und seiner Truppe, aber ich spürte ihre Bewegung. Ich zog die Browning aus dem Holster, spannte sie und hielt sie, mit dem Lauf nach unten, an meiner Seite. Die Gruppe blieb vor mir stehen. Alle trugen hohe Basketballturnschuhe und Jeans. Die meisten hatten Baseballkappen verkehrt herum auf. Yan trug eine lila Satintrainingsjacke mit blauem Strickkragen und Bündchen. Bislang zeigte noch keiner eine Waffe, aber der Junge rechts neben Yan trug eine nicht zugeknöpfte, übergroße australische Buschjacke, was etwas Größeres als eine Handfeuerwaffe bedeuten konnte. Der Wind hatte sich gelegt, und der Regen fiel jetzt senkrecht, stetig, aber nicht zu stark. Er perlte auf Yans Satinjacke ab. Ich musterte die Gruppe, die auf dem Bürgersteig einen Halbkreis gebildet hatte. Keiner von ihnen war älter als zwanzig. Zwei versuchten, sich Schnäuzer stehen zu lassen, und das Ergebnis war mitleiderregend. Im Gegensatz zu der absolut ungerührten Miene, die Yan aufgesetzt hatte, als ich ihn schnappte, glänzten seine Augen jetzt, und ein kleiner Muskel zuckte an seinem Mundwinkel. Sie waren alle angespannt. Keiner schien sich unsicher zu fühlen.

Ich zeigte ihnen mein freundlichstes Lächeln und sagte: «Death Dragons, nehme ich an.»

Keiner sagte ein Wort. Keiner verstand wahrscheinlich eine Silbe von dem, was ich sagte. Ich wartete. Die Straße war leer. Der Regen fiel weiter. Die Kids beobachteten mich aufmerksam. Einer von ihnen, der mit dem Flaum auf der Oberlippe, sagte etwas zu Yan. Yan antwortete. Der Junge kicherte. Ich behielt meine Knie locker, entspannte die Schultern, atmete eine Menge feuchte Luft ein. Alles verlangsamte sich, so wie's immer ist. Die Regentropfen schienen mit einem Mal einzeln zu fallen. Sie fielen dick und kristallin, trieben träge zwischen uns herunter, desinteressiert, überhaupt nicht in Eile, den Boden zu erreichen.

Die Kids kosteten den Augenblick aus. Sie waren Killer durch und durch, sie alle, waren weder zu Mitleid noch zu Reue fähig. Aber außerdem waren es Kids, und in diesem Augenblick erlebten sie, was sie in ihren verkümmerten Leben als Spielen kennengelernt hatten. Wie sie zu fünft und nebeneinander die Straße heraufgekommen waren, genau wie der Halbkreis, den sie vor mir gebildet hatten, und auch die dramatische Pause, die noch nicht zu Ende war – das alles war wie aus einem schlechten Film. Sie hatten ihren Spaß.

«Wir dich umlegen», raunte Yan.

Ich gab keine Antwort. Yan hatte ganz offensichtlich das Kommando. Er würde den ersten Schritt tun. Die Stille war so vollkommen, daß ich die Regentropfen fallen hören konnte. Die Stille verstärkte das Geräusch einer Schrotpatrone, die in die Kammer geladen wurde. Die Saiten waren straff gespannt. Alle fünf zuckten zusammen und drehten sich um. Hawk stand da, und hinter ihm Vinnie Morris. Hawk rechts von ihnen, Vinnie links. Jeder hielt eine Schrotflinte auf Schulterhöhe. Hawk hatte seinen eigenen Sinn für Dramatik, hatte mit Durchladen gewartet, bis er genau hinter ihnen stand. Die Kids drehten sich wieder zu mir. Inzwischen hatte ich die Browning gehoben und zielte, mit ausgestrecktem Arm, genau auf Yans Mitte.

«Vielleicht ihr mich nicht umlegen», sagte ich.

Wieder Stille. Und der Regen fiel weiter. Ich wußte, daß die Kids auf Yans Entscheidung warteten. Yan sah die Browning an, die unverwandt auf seine Brust gerichtet war. Ich sah, wie der Glanz aus seinen Augen verschwand, als würde etwas in ihnen sterben.

Ohne den Blick von ihm zu nehmen, sagte ich: «Mei Ling?»

Einen Augenblick später hörte ich: «Ja, Sir?»

«Es ist vorbei. Sagen Sie ihnen, sie sollen sich mit dem Gesicht nach unten auf den Bürgersteig legen.»

Mei Ling übersetzte. Ihre leise Stimme klang klar und ruhig. Die Kids rührten sich nicht.

«Sagen Sie ihnen, ich zähle bis fünf, und jeder, der dann noch steht, wird erschossen.»

Mei Ling übersetzte wieder. Ich hob meine linke Hand, fünf Finger gespreizt.

«Eins.»

Ich klappte den kleinen Finger ein.

«Zwei.»

Den Ringfinger.

«Drei.»

Sie lagen auf dem Boden. Sie hatten diese Stellung auch früher schon eingenommen. Drei von ihnen verschränkten automatisch die Hände im Nacken.

«Sagen Sie ihnen bitte, alle sollen die Hände hinter dem Kopf verschränken.»

Mei Ling sprach, und die beiden anderen gehorchten. Nachdem nun die Anspannung vorbei war, hatten sie sich auf die sprachlose Sanftmut zurückgezogen, die den Rest ihres Lebens ermöglichte.

«Bitten Sie Mr. oder Mrs. Ong, die Polizei zu verständigen, Mei Ling. Falls sie das nicht tun, sollten Sie es tun. Falls es kein Telefon gibt, werden Sie eines suchen müssen.»

«Ich habe bereits die Polizei verständigt, Sir. Das habe ich getan, als Sie mir sagten, ich solle wieder hineingehen.»

Zum erstenmal, seit Yan gekommen war, wandte ich jetzt den Blick von ihm und sah Mei Ling an. Auf ihren Wangenknochen waren zwei gerötete Flecken aufgetaucht, ansonsten war ihr die Aufregung nicht anzumerken.

«Danke, Mei Ling.»

«Gern geschehen, Sir.»

In der Ferne hörte ich jetzt Sirenen. Dann kam ein Streifenwagen der Port City Police in Sicht und hielt mit quietschenden Reifen neben uns an. Die beiden Uniformierten sprangen heraus, die Dienstwaffen gezogen, gedeckt durch den Wagen, und riefen: «Polizei, lassen Sie die Waffen fallen!»

«Wir sind die guten Jungs», sagte ich. «Die bösen liegen da auf dem Boden. Wo ist DeSpain?»

«Der kommt gleich», erwiderte einer der Uniformierten. Beide Cops blieben in Stellung und hielten die Kanonen schußbereit, als zwei weitere Streifenwagen und ein ungekennzeichneter grauer Ford hinter ihnen stoppten. Die Cops verließen die Wagen und bildeten mit gezogenen Waffen einen Kreis um uns. DeSpain stieg aus dem Ford. Er trug einen braunen Trenchcoat und einen grauen Filzhut, kam auf mich zu und trat Yan unterwegs voll auf den Rücken. DeSpain schien es gar nicht zu bemerken. Hawk und Vinnie senkten die Flinten. Ich steckte die Browning weg.

«Legt den Typen auf dem Boden Handschellen an», befahl DeSpain. «Filzt sie zur Sicherheit nach Waffen.»

«Was ist mit den Burschen mit den Schrotflinten», fragte einer der Cops.

«Darum kümmere ich mich schon», sagte DeSpain. «Schafft mir nur die Schlitzis hier weg.»

Er sah Mei Ling an.

«Wer ist das?»

«Mein Dolmetscher, Mei Ling Chu», sagte ich.

DeSpain nickte.

Zu Mei Ling sagte er: «Wie geht's?» und sah mich dabei an.

«Ich muß schon sagen, Sie entwickeln sich zu einer ausgemacht beschissenen Nervensäge», sagte DeSpain.

«Und ich dachte schon, das wäre Ihnen egal.»

Hinter uns hielt der Transportwagen der Polizei, und die Cops führten die fünf Death Dragons einen nach dem anderen hinein. Emotionslos schaute DeSpain zu.

«Sorgt dafür, daß ihr sie ins Präsidium schafft, bevor ihre Anwälte aufkreuzen», sagte DeSpain. Er sah wieder mich an.

«Wir müssen uns mal unterhalten», sagte er.

«Ich werde vorbeikommen.»

«Sie bringen die zwei Typen dahinten mit, falls ich sie brauche.»

«Ja.»

Ein Polizist verstaute die Kanonen der Death Dragons in einen Matchbeutel. Der mit der australischen Buschjacke hatte eine Uzi darunter gehabt.

«Okay», sagte DeSpain. Er sah Mei Ling an, tippte an seinen Hut und kehrte zu seinem Wagen zurück. Alle gingen.

Hawk kam herüber und stellte sich neben Mei Ling. Die Schrotflinte hielt er lässig an seiner Seite, den Lauf nach unten, damit der Regen nicht hineinlief. Er schaute zu ihr hinab und grinste.

«Was halten Sie davon, Missy?» fragte er.

«Ich hatte große Angst», sagte Mei Ling. «Ich war froh, als Sie gekommen sind.»

«Ich auch», schaltete ich mich ein.

«Hab sie die Straße runterkommen sehen», sagte Hawk, «und bin mit dem Wagen hinter die nächste Ecke gefahren. Dachte mir, wir sollten vielleicht besser von hinten kommen.»

«Glauben Sie, die Ongs haben jemanden verständigt, als sie nach hinten gegangen sind, um sich das Foto genauer anzusehen?»

«Ja», sagte ich. «Sie haben Lonnie Wu angerufen.»

«Und er hat diese Jungs geschickt, um Sie umzubringen?»

«Yep.»

«Das ist eine schreckliche Sache», sagte Mei Ling. «Wenn ich das mal so sagen darf, Sir.»

«Sie dürfen, und es ist», sagte ich. «Ich könnte es Ihnen nicht verdenken, wenn Sie jetzt aufhören wollen.»

«Nein, Sir. Ich brauche das Geld.»

«Und?» sagte Hawk.

Mei Ling sah ihn einen Augenblick an. Sie hatte wieder die Arme vor der Brust verschränkt und zitterte leicht. Ihr Gesicht war sehr ernst.

«Und ich weiß, daß Sie mich beschützen werden», sagte sie.

«Ja», sagte Hawk. «Das werden wir.»

«So sind wir eben», meinte Vinnie. «Stets zu Diensten und zum Schutz. Können wir jetzt vielleicht mal aus dem beschissenen Regen raus?»

«Ja», sagte Mei Ling. «Das würde ich auch gern.»

Kapitel 32

«Ich habe hier was, das du dir mal anhören sollst», sagte Susan.

Ich kam aus ihrer Küche in ihr Wohnzimmer eine Etage über ihrem Büro. Susans letzter Patient hatte seine fünfzig Minuten hinter sich gebracht. Draußen vor den Fenstern hatte die frühe winterliche Dunkelheit eingesetzt. Im Kamin knisterte ein Feuer, dank meiner freundlichen Hilfe – nur dann brannte dort überhaupt jemals ein Feuer. Pearl hatte ihr Fressen bekommen und schlief nun auf dem Boden vor dem Kamin. In Susans Küche köchelte ein Brunswick Stew, wieder dank meiner freundlichen Hilfe, denn nur dann köchelte dort ein Brunswick Stew. Ich trank eine Flasche Rolling Rock. Susan hatte sich ein Glas Rotwein eingeschenkt.

«Hör zu», sagte Susan und drückte auf den Wiedergabeknopf ihres Anrufbeantworters.

«Eine Stimme sagte: «Dr. Silverman, hier spricht Angela Trikkett...»

Susan sagte «Nee» und ließ das Band einen Moment vorspulen. Sie drückte erneut auf Wiedergabe.

Eine Stimme sagte: «Susan, ich bin's, Gwenn...»

«Nee.» Schnelles Vorspulen. «Die nächste Stelle ist es.»

«Dr. Silverman. Was ich Ihnen jetzt sage, wird nicht leicht zu verdauen sein, aber Sie müssen es wissen. Ihr Freund betrügt Sie. Ich weiß das aus eigener Erfahrung, die ich im übrigen zutiefst bereue. Aber Sie haben das Recht, es zu erfahren. Ich bin auch nicht die erste.»

Es folgte eine Pause, dann ein Geräusch, als das Telefon aufgelegt wurde. Susan drückte auf die Stopptaste und sah mich an.

Verlegen erwiderte ich ihren Blick.

«Diese verdammte Madonna», sagte ich. «Kann ihr großes Maul einfach nicht halten.»

Susan lächelte.

«Dachte mir doch, daß ich die Stimme schon mal gehört habe.»

«Spiel's noch mal ab», sagte ich.

Susan tat es. Wir hörten zu.

«Noch mal», sagte ich.

Wir lauschten.

«Jocelyn Colby», sagte ich.

«Mein Gott», sagte Susan. «Ich glaube, du hast recht.»

«Ich habe recht», sagte ich.

«Dann ist da noch was. Sie hat mich zwei- oder dreimal angerufen und gefragt, ob du da wärst, hat gesagt, sie sei mit dir verabredet, du wärst aber nicht dort gewesen, wo du sein solltest.»

«Was zum Teufel bedeutet das?» grübelte ich laut.

«Nun, zunächst mal nehme ich an, daß du Jocelyn Colby nicht gebumst hast.»

«Das stimmt», sagte ich.

«Also lügt sie, damit ich denke, du wärst untreu. Mich anzurufen, um sich nach dir zu erkundigen, sollte wahrscheinlich Mißtrauen säen. ‹Und, wo steckt er?› sollte ich mich fragen. Da du jedoch häufig ein ungeregeltes Leben führst, habe ich mir nichts dabei gedacht, und da sie dir keine Nachricht hinterlassen hat, hab ich mir auch nicht die Mühe gemacht, ihre Anrufe zu erwähnen.»

«Sie hat nie direkt mit dir gesprochen?»

«Nein, immer nur auf die Maschine. Ich nehme an, sie hat während der Arbeitszeit angerufen, wohl wissend, daß ich dann nicht rangehe.»

Mein Bier war alle. Ich ging in die Küche und machte eine neue Flasche auf, warf einen Blick auf mein Stew, schüttete einen Schluck Bier hinein, rührte einmal um und kehrte dann ins Wohnzimmer zurück. Susan saß auf der Couch, hatte die Schuhe ausgezogen und die Beine untergeschlagen. Das Weinglas hielt sie in beiden Händen und starrte über dessen Rand ins Feuer. Ich setzte mich neben sie.

«Warum macht sie so was?» fragte Susan.

«Als ich sie das letzte Mal gesehen habe, war sie sauer auf mich, weil ich ihr gesagt habe, kein Mensch würde ihr folgen.»

«Und?»

«Und sie hat mich einen selbstherrlichen Schwanz genannt.»

«Selbstherrlicher Schwanz? Was für ein prima Ausdruck. Aber ich meinte: ‹Und was folgte aus der Tatsche, daß du gesagt hast, niemand folge ihr?›»

«Ich wollte nicht mehr ihren Schatten spielen.»

«Meinst du, sie wußte, daß niemand ihr folgte?»

«Sofern sie nicht unter Wahnvorstellungen leidet», sagte ich. «Da war niemand.»

«Und warum sollte sie dir dann sagen, sie würde verfolgt?»

«Vielleicht um meine Aufmerksamkeit zu erregen?»

«Und am Ende deine Gesellschaft.»

Pearl bewegte sich auf dem Boden und machte im Schlaf ein schnupperndes Geräusch. Ich trank einen Schluck Bier.

«Kurz bevor sie mich einen selbstherrlichen Schwanz genannt hat, hat sie sich darüber beschwert, daß ich zu dir wollte.»

Susan nickte. Wir schwiegen. Die Flammen tanzten im Kamin. Unter der Hitze trat ein Bläschen Restfeuchtigkeit aus einem Scheit und verdunstete mit einem kaum hörbaren Zischen.

«Haben wir es hier wohl zu tun mit einem Fall à la ‹Die Stadt der tollen Männer schlägt wieder zu›?» sinnierte ich.

«Sie ist eifersüchtig», sagte Susan. «Sie hat auf irgendeine Weise eine emotionale Bindung zu dir aufgebaut, und nun ist sie eifersüchtig auf mich.»

«Tja, das wäre jede Frau», sagte ich.

Susan fuhr fort, als hätte ich nichts gesagt. Wenn sie erst einmal anfing, über etwas nachzudenken, konnte sie es schier endlos weiterspinnen.

«Du bist ein mächtiger Mann – auf eine Beschützer-, auf eine Retterart.»

«Sie hat davon geredet, gerettet zu werden.»

«Das ist zur Zeit ein populäres Psychojargon-Wort», sagte Susan. «Ich höre das bei der Therapie andauernd. Und es ist ein ganz brauchbarer Begriff, solange jedem klar ist, daß es eine Art Steno für ein erheblich größeres und komplizierteres emotionales Problem ist.»

«Glaubt sie allen Ernstes, daß sie uns durch anonyme Untreuebeschuldigungen auseinanderbringen kann?» sagte ich.

Susan lächelte.

«Verstiegenes Gerede für einen Burschen mit Kragenweite sechsundvierzig», sagte sie.

«Hab schließlich einen Shrink vernascht», sagte ich.

«Du Glücklicher», erwiderte Susan. «Eine Frau wie sie spiegelt ihr eigenes Gefühlsleben. Sie ist zu keiner tiefen Bindung fähig; sie versteht es auch nicht bei anderen. Sie hat kein Vertrauen; sie geht davon aus, daß es bei anderen genauso ist. Wenn er mich nicht will, dann nur, weil es jemand anderen gibt; wenn ich diesen anderen loswerden kann, dann wird er mich auch wollen. Es ist eine pubertäre Sicht der Liebe, soll heißen, eine zu romantische Sichtweise sexuellen Verlangens.»

«Danke, Frau Doktor.»

«Ich will hoffen, du hast es auch richtig verstanden. Vor dem Abendessen werde ich Klausurenhefte verteilen.»

«Hast du irgendwelche Ideen, was ich deswegen unternehmen sollte?»

«Ignorier's einfach», sagte Susan.

«Meinst du, sie wird weiter anrufen?»

«Wahrscheinlich, aber immer nur auf meinen Anrufbeantworter, Sie wird nicht mit mir reden wollen.»

«Du solltest von so was nicht belästigt werden.»

«Kein Problem», sagte Susan. «Nur eine weitere Nachricht auf meiner Maschine am Abend. Es könnte ganz aufregend werden. Vielleicht erzählt sie mir Details davon, was du und sie zusammen tun.»

«Sie sieht ziemlich gut aus», sagte ich.

«Hm-hmh.»

«Vielleicht nur, um ihr zu helfen, ihre psychische Gesundheit wiederzuerlangen... Wie wär's, wenn ich ihr entgegenkäme?»

«Könnte aber auch sein, daß die Enttäuschung sie endgültig in den Wahnsinn treibt», sagte Susan.

«Du scheinst nie enttäuscht zu sein», sagte ich.

«Ich bin Harvard-Absolventin», sagte Susan.

«Ja, ein Punkt für dich. Ich schätze, wir sollten bei Jocelyn lieber kein Risiko eingehen.»

«Ich stimme dir zu», sagte Susan.

«Da ist noch etwas, das sie betrifft», sagte ich. «Sie sagt, sie und Christopholous seien ein Paar, oder doch zumindest gewesen, daß, wer auch immer Christopholous beschattete, wahrscheinlich eifersüchtig auf seine Liebe zu ihr gewesen sei, oder ihre für ihn, in diesem Punkt hat sie sich nicht eindeutig ausgedrückt.»

«Na so was», sagte Susan. «Davon wußte ich nichts.»

«Anscheinend Christopholous auch nicht», sagte ich. «Er reagierte recht verdutzt auf eine entsprechende Andeutung.»

«Was hat er gesagt, als du Jocelyn zitiert hast?»

«Hab ich nicht. Ich versuche bei dieser Sache, nicht mehr zu sagen als unbedingt erforderlich. Wenigstens bis ich eine grobe Vorstellung davon bekomme, über was ich rede.»

«Das scheint klug zu sein», sagte Susan.

«Ich glaube nicht, daß Christopholous gelogen hat», sagte ich. «Warum sollte er? Es gibt überhaupt keinen Grund, warum er nicht mit Jocelyn gehen sollte. Er ist geschieden. Sie ist geschieden.»

«Sie ist verwitwet», sagte Susan, «nicht daß es irgendeinen Unterschied macht, vermute ich.»

«Mir hat sie gesagt, sie sei geschieden.»

Susan bekam große Augen.

«Na so was», sagte sie. «Mir hat sie aber erzählt, sie sei verwitwet.»

«Kennst du irgendwelche Einzelheiten? Den Namen des Ehemannes? Wann sie geheiratet haben? Wie er gestorben ist?»

Susan schüttelte den Kopf. Eines der Scheite im Kamin fiel zusammen. Das kurze Auflodern tauchte Susans Gesicht in einen rötlichen Schimmer und warf einen Schatten, durch den ihre Augen noch größer wirkten, als sie ohnehin schon waren.

«Nein. Nur daß er auf ‹tragische› Weise gestorben ist, bevor sie zum Ensemble kam.»

Ich lehnte mich ein wenig zurück, streckte die Beine zum Feuer und legte einen Arm um Susans Schulter.

«Anscheinend lügt Jocelyn», sagte ich.

«Stimmt», sagte Susan.

Pearl schlug die Augen auf und starrte mich an, wie ich den Arm um Susan gelegt hatte. Sie dachte einen Moment darüber nach, sprang dann, scheinbar aus der Bauchlage, auf die Couch und schmeichelte sich energisch zwischen uns.

«Anscheinend ist Pearl eifersüchtig.»

«Stimmt», sagte Susan.

Pearl drängte sich so zwischen uns, daß ich praktisch sie und nicht mehr Susan umarmte. Ich sah Pearl an. Sie leckte mir die Nase ab.

«Aus der Sicht des Profis für geistige Gesundheit», sagte ich, «besitzt du eine Meinung über Jocelyn?»

«Ich denke, sie könnte womöglich einen Dachschaden haben», erwiderte Susan.

«Könntest du das bitte so ausdrücken, daß auch ein Laie es versteht?»

«Nun, sie scheint ungelöste Konflikte bezüglich Männern zu haben, besonders solcher Männer in Macht- und Autoritätspositionen. Oder vielleicht auch nur älterer Männer.»

«Ist es noch zu früh zu unterstellen, sie könnte womöglich irgendein Problem mit ihrem Vater gehabt haben?»

Susan lächelte mich an.

«Ja», sagte sie. «Das ist noch zu früh.»

Halb sitzend, halb zwischen uns ausgestreckt verlagerte Pearl ihr Gewicht von mir zu Susan.

«Ist es noch zu früh zu unterstellen, daß Pearl ungelöste Probleme damit hat, eine kanine amerikanische Prinzessin zu sein?»

«Nein. Ich denke, für diese Diagnose besitzen wir ausreichend empirisches Material», sagte Susan. Pearl leckte an Susans Ohr. Susan drehte den Kopf, versuchte zu entkommen. Pearl ließ nicht locker. «Obwohl es sich dabei vielleicht nicht um einen ungelösten Konflikt handelt.»

Eine Weile saßen wir schweigend zusammen.

«Vielleicht ist sie Christopholous gefolgt?» sagte ich.

«Glaubst du?»

«Leute, die hinter anderen Leuten herschleichen, ziehen aus diesem Hinterherschleichen unter anderem ein Gefühl der Macht über die Person, hinter der sie herschleichen.»

Susan nickte.

«Und wenn man es in diesem Licht betrachtet, dann war es eine komische Bemerkung, daß der Schleicher Christopholous deshalb beschlichen hat, weil der Schleicher eifersüchtig war.»

«Außer es war die Wahrheit», sagte Susan.

«Und sie war der Schleicher», sagte ich.

«Sie entwickelt eine zwanghafte Bindung an Jimmy, weil er älter ist und Chef des Ensembles, und sie besitzt eine Neigung zu solchen affektiven Bindungen», sagte Susan.

Sie starrte ins Feuer. Das Weinglas in ihren Händen war immer noch fast voll. Ich wußte, daß sie es völlig vergessen hatte, während sie ihre Hypothese entwickelte.

«Und er zeigte keine Erwiderung. Sie nimmt an, daß es eine andere Frau geben muß, und verfolgt ihn, um zu sehen, ob dies so ist.»

«Und vielleicht auch», sagte ich, «weil sie sich gut dabei fühlt, ihn zu verfolgen.»

«Ja.»

«Und dann komme ich, und da ich absolut unwiderstehlich bin, wie du ja sehr wohl weißt, ersetze ich Christopholous in ihren Zuneigungen.»

«Und sie erzählt dir, verfolgt zu werden, damit du sie beachtest.»

«Wenn wir recht haben», sagte ich, «dann ist sie keine gesunde Frau.»

«Nein, sie muß sehr unglücklich sein.»

«Dann habe ich meinen Schleicher vielleicht gefunden», sagte ich.

«Vielleicht. Und wer hat Craig umgebracht?»

«Ich habe keine Ahnung», antwortete ich.

Susan beugte sich zu mir und küßte mich auf den Mund.

«Aber das kommt schon noch», sagte sie. «Was gibt's zum Abendbrot?»

«Brunswick Stew, französisches Brot, Tomatenchutney», sagte ich.

«Sollen wir was essen?»

«Das war ein Teil meines Plans.»

«Und wie sieht der Rest aus?»

«Tjaaa», sagte ich. «Wenn ich Jocelyn nicht helfen kann...»

Susan lächelte mich an.

«Der letzte Pfadfinder», sagte sie.

Kapitel 33

Wir waren in meinem Büro. Vinnie hörte Doo-wop über Kopfhörer, Hawk las immer noch Cornel West, und ich saß an meinem Schreibtisch und ging Craig Sampsons FBI-Akte durch. Als ich damit fertig war, gab ich sie Hawk. Er machte ein Eselsohr in sein Buch und legte es auf die Ecke meines Schreibtischs, nahm die Akte und las. Als er damit fertig war, gab er sie zurück.

«Was hast du gesagt, von wo diese chinesische Braut stammt?» sagte Hawk.

«Rikki Wu? Aus Taipeh.»

Hawk nickte und nahm sein Buch wieder in die Hand. Ich saß da und starrte den Aktenhefter an. Vinnie wippte rhythmisch mit dem Kopf zur Musik, die nur er hören konnte. Hinter mir rappelte das Fenster. Ich drehte meinen Stuhl und starrte zur Abwechslung eine Weile hinaus. Draußen war es hell und sehr warm für November, aber der Wind war stark. Wo ich den Himmel zwischen den Gebäuden sehen konnte, war er blaßblau, und die gebrochen weißen Wolken sahen ausgefranst aus, wie sie in östlicher Richtung zum Hafen trieben.

Nach der Akte, die Lee Farrell vorbeigebracht hatte, wäre Craig Sampson einundvierzig Jahre gewesen, würde er noch leben. Im August 1971 hatte er sich zur Army gemeldet, die Grundausbildung in Fort Dix gemacht, war dann auf die Sprachenschule der Army nach Monterey gegangen und hatte anschließend anderthalb Jahre bei einer Military Assistance Group in Taiwan verbracht. Er hatte den Rang eines Specialist Dritter Klasse, als er im Juli 1974 ehrenhaft entlassen wurde.

Von irgendwo hörte ich eine Sirene. Das Polizeipräsidium lag ein paar Blocks die Berkeley Street hinauf, und dahinter, zur Columbus, eine Feuerwache. Sirenen waren der Sound der Stadt, ein urbaner Bebop.

Ich drehte meinen Stuhl wieder um. Hawk schaute auf, machte erneut ein Eselsohr in sein Buch und legte die Füße auf die Ecke meines Schreibtisches. Seine Cowboystiefeln glänzten.

«Wohin wir auch sehen», sagte Hawk, «ist ein gottverdammtes Schlitzauge.»

«Ich glaube, so sollten wir sie nicht nennen», sagte ich.

«Okay, wie wär's dann mit ‹asiatischem Gentleman›?»

«Ich denke, du solltest den Ausdruck ‹Pacific Rim› irgendwo in deinen Kopf kriegen», sagte ich.

«Laß mich üben», sagte Hawk. «Ich weiß, daß ich's schaffen kann.»

«Okay», sagte ich. «Fürs erste jedenfalls: Wohin wir auch sehen, ist ein gottverdammtes Schlitzauge.»

«Wir wissen, daß Rikki Wu aus Taiwan stammt. Craig Sampson war auf Taiwan stationiert. Mit ziemlicher Sicherheit hat Rikki Wu Craig Sampson gebumst. Rikki Wus Gatte ist der große Mann des Kwan Chang in Port City. Er sagt dir, du sollst abschwirren. Das tust du nicht, und verschiedene Menschen vom Pacific Rim geben sich Mühe, dir das Hirn wegzupusten. Weißt du, von wo Lonnie Wu stammt?»

«Nein.»

«Meinst du, Craig hätte länger mit Rikki rumgemacht, als wir bislang dachten?»

«Vielleicht.»

«Meinst du, DeSpain weiß das alles und sagt dir, es gebe keine Unterlagen über Sampson, damit du der Sache nicht nachgehst?»

«Vielleicht. Vielleicht hat er aber auch einfach den Polizeicomputer abgefragt und nichts gefunden, und deshalb hat er die Sache nicht weiter verfolgt.»

«Als wüßte er nicht, daß es keine bürokratischen Versehen gibt», sagte Hawk. «Du kennst DeSpain, glaubst du, daß er bei einem Mordfall dermaßen schlampig vorgeht?»

«Nein.»

«Und sie stellen Sampsons Wohnung auf den Kopf», sagte Hawk. «Und sie finden unter dem Bett nicht die Nacktaufnahmen, die selbst eine beschissene Pfadfinderin in zehn Minuten finden würde.»

«Ich weiß», sagte ich. «Das hat mich auch schon beschäftigt.»

Vinnie nahm das Band aus seinem Walkman und drückte ein anderes hinein. Er legte keinerlei Interesse an unserer Unterhaltung an den Tag.

«Dann hast du also eine Theorie?» fragte Hawk.

«Was die Fotos betrifft, ja. Ich denke, die Polizei von Port City hat Sampsons Zimmer nicht wirklich durchsucht. Die sind einfach reingegangen, haben ein paar Schubladen umgekippt und ein großes Durcheinander hinterlassen, damit es aussieht, als hätten sie es durchsucht. Dazu haben die wahrscheinlich keine fünf Minuten gebraucht.»

«Was erklärt, warum sie so ein Chaos hinterlassen haben», sagte Hawk.

«Hm-hmh. Natürlich könnte DeSpain auch ein paar Burschen vorbeigeschickt haben, und die hatten einfach keine Lust», sagte ich.

«Und DeSpain wußte nicht, daß sie ihn bescheißen und nichts tun», sagte Hawk.

«Genau.»

«Glaubst du, DeSpains Leute bescheißen ihn, und er weiß nichts davon?»

«Nein, und nein», sagte ich.

«Also?»

«DeSpain vertuscht», sagte ich.

«Und zu den Dingen, die er vertuscht, gehört Wus Verbindung zu Sampson.»

«Ja.»

«Weißt du auch warum?»

«Nein.»

«Siehst du irgendeine Verbindung zu dem Schatten?»

«Nein, aber ich glaube, die Sache habe ich geklärt.»

Ich erzählte ihm von Jocelyn und den Anrufen.

«Sie *ist* neurotisch», sagte Hawk. «War sie schon von dir besessen, als ich auf der Bildfläche auftauchte?»

«Und vor mir war sie besessen von Christopholous», sagte ich. «Falls wir recht haben.»

Hawk schüttelte den Kopf.

«Muß 'ne typisch weiße Sache sein», sagte er. «Glaubst du, Lonnie hat Sampson umlegen lassen?»

«Möglich», sagte ich. «Ist dahintergekommen, daß er Nacktfotos von Rikkis Blume gemacht hat, und schickte dann jemanden vorbei, um ihn auf der Bühne abzuknallen, damit Rikki es auch ja mitkriegt.»

«Also», sagte Hawk. «Was den Schatten betrifft, hast du eine ziemlich klare Vorstellung. Du hast eine ziemlich klare Idee, wer Sampson umgebracht hat. Wieso erklären wir nicht einfach alles für gelöst und sehen zu, daß wir da verschwinden?»

«Ich glaube nicht», sagte ich.

«Weil du gern den ganzen Tag mit mir und Vinnie herumhängst.»

Ich zuckte mit den Achseln.

«Das ist alles nur Theorie», sagte ich. «Wir haben nichts gegen Lonnie in der Hand. Falls wir DeSpain geben, was ich weiß, wird er der Sache dann weiter nachgehen?»

«Unwahrscheinlich», sagte Hawk.

«Wir wissen nicht, daß Jocelyn Christopholous gefolgt ist.»

«Wir wissen es», sagte Hawk. «Wir können es nur nicht beweisen.»

«Ist doch das gleiche.»

«Nicht in meiner Welt», sagte Hawk.

«Ja, aber wir arbeiten in meiner.»

«Was es schrecklich langweilig macht», sagte Hawk. «Würden wir in meiner arbeiten, würden wir dieses Problem erheblich schneller lösen.»

«Ich weiß, aber selbst wenn wir es auf deine Art machten, irgend etwas stimmt nicht in Port City. Wenn wir Lonnie Wu, äh, chirurgisch entfernen, hat das Kwan Chang am nächsten Tag einen anderen *dai low* installiert.»

«Wird so oder so passieren, egal wie Lonnie entfernt wird», sagte Hawk.

«Ich weiß», sagte ich.

«Also, wo liegt der Unterschied?»

«Eine unbestechliche Polizei kann irgendwie ein Gegengewicht zum *tong* darstellen», sagte ich. «Ich muß wissen, was mit DeSpain los ist.»

Hawk grinste.

«Und?» sagte er.

Ich zuckte mit den Achseln. «Und ich hab Susan gesagt, ich würde die Sache in Ordnung bringen.»

«Hm-hmh», machte Hawk.

Wir grinsten.

Wir kannten uns schon sehr, sehr lange.

Kapitel 34

Ich saß in DeSpains Büro und erkundigte mich nach den Death Dragons, die er verhaftet hatte.

«Draußen», sagte er.

«Schon?»

«Ja. Der Anwalt war schon da, als wir mit ihnen hier angekommen sind. Was haben die denn auch schon groß gemacht, verdammt? Sind einfach die Straße langgeschlendert, als ihr Leute sie angemacht habt.»

«Besitzen sie Waffenscheine für die Waffen, die sie bei sich hatten?» fragte ich.

DeSpain grinste, ohne sich etwas dabei zu denken.

«Haben Sie irgendwas Neues im Zusammenhang mit dem Mord an Sampson?» fragte ich.

«Nee.»

«Ich habe so das eine oder andere Detail herausgefunden», sagte ich.

DeSpain lehnte sich auf seinem Sessel zurück und verschränkte die Hände hinter dem Kopf.

«Und das wollen Sie mir jetzt erzählen», sagte er.

«Ja.»

Und ich machte es dann auch. Ich erzählte ihm, was ich wußte und was ich vermutete. Ich erzählte ihm von Rikki Wu, den Fotos, über Craig Sampson und seine militärische Laufbahn, über Jocelyn und ihren eingebildeten Schatten. DeSpain verschränkte seine fleischigen Arme über der Brust, kippte seinen Sessel nach hinten und saß bewegungslos da, während ich redete. Das harte Licht der Neonröhren wusch seine Gesichtszüge aus und ließ ihn abgespannt wirken. Bei mir war's vermutlich nicht anders. Als ich fertig war, rührte DeSpain sich nicht. Auch seine Miene änderte sich nicht.

«Und?» sagte er.

«Was ist hier oben los?» fragte ich.

DeSpain sagte nichts. Er saß einfach nur da.

«Ich habe einen State Cop angerufen, mit dem ich einmal zusammengearbeitet habe», sagte ich. «Ein Bursche namens Healy. Kennen Sie ihn?»

DeSpain war ruhig und gelassen.

«Ist jetzt Chef der Criminal Investigation Division. Er kennt Sie. Sagt, Sie wären ein verdammt guter Cop gewesen. Hätten manchmal hart am Rande der Legalität gearbeitet, seien aber ein verdammt guter Cop. Hat gesagt, Sie hätten noch eine steile Karriere bei den Staties vor sich gehabt. Hat gesagt, wären Sie geblieben, dann wären Sie heute Chef der CID und nicht er.»

«Ich kenne Healy», sagte DeSpain.

«Und wie kommt's dann, daß Sie Sampsons Fingerabdrücke nicht bekommen haben?»

DeSpain zuckte mit den Achseln.

«Vielleicht hat der Computer Mist gebaut. Angestellte machen Fehler. Aber ich habe ohne zu fragen herausgefunden, daß Sampson in der Army war.»

DeSpain starrte mich an. Seine Augen waren völlig ausdruckslos.

«Ich habe die Fotos innerhalb von zehn Minuten gefunden.»

«Und?»

«Also wollen Sie was vertuschen.»

Die Falten um DeSpains Mund wurden tiefer.

«Sie könnten üble Schwierigkeiten kriegen, wenn Sie weiter so reden.»

«Ich könnte üble Schwierigkeiten kriegen, wenn ich Schalentiere im *Happy Haddock* esse», sagte ich.

«Ja.»

DeSpain drehte sich auf seinem Schreibtischstuhl um und kehrte mir den Rücken zu, schaute aus dem Fenster auf den schiefergrauen Morgen hinaus.

«Es hat keinen Sinn, versuchen zu wollen, Sie einzuschüchtern», sagte er. «Ich weiß Bescheid über Sie. Lonnie hat's auch vergeblich versucht.»

Er legte einen Fuß auf die Fensterbank hoch und lehnte sich in seinem Sessel weiter zurück. Vor seinem Fenster parkten die Wagen des Port City Police Department in ordentlichen Reihen, wo sie vom monotonen Regen blitzblank gewaschen wurden.

«Trotzdem bin ich hier immer noch der Chief of Police. Wenn man mich unter Druck setzt, muß ich meine Autorität ins Spiel bringen.»

«Wieso haben Sie die State Police verlassen?» fragte ich.

«Wenn der Chief in einem kleinen, gottverlassenen Nest wie diesem hier halbwegs was taugt, kann er eine Menge Einfluß kriegen», sagte DeSpain.

«Wieso versuchen Sie nicht herauszufinden, wer Sampson umgebracht hat?» fragte ich.

«Man fängt damit an, daß man die Befehlshierarchie auf Vordermann bringt und disziplinarische Probleme aus der Welt schafft.»

«Hat Wu Sie in der Hand?» sagte ich.

«Man sorgt zum Beispiel dafür, daß oben auf dem Berg alles bestens ist, daß die Straßen sicher sind. Man hält die Portugiesen und Schlitzaugen aus den guten Vierteln fern.»

«Hatten Sie irgendwas mit Sampson zu tun? Mit Jocelyn Colby? Rikki Wu?»

«Wenn man dafür sorgt, daß das Leben oben auf dem Berg sorglos bleibt, kann man hier unten so ziemlich alles tun, was man will.» DeSpains Stimme war ein leises, tiefes Grollen. Langsam drehte er sich wieder zu mir um, indem er sich leicht mit dem Fuß von der Fensterbank abstieß. Er fixierte mich mit den Augen so leblos wie Kugellager.

«Sie können hier unten tun und lassen, was Sie wollen.»

Ich wartete. DeSpain wartete. Der Regen nieselte auf die ordentliche Reihe Streifenwagen auf dem Parkplatz.

«Haben Sie mir nichts zu sagen?» fragte ich.

«Sie haben jetzt die Chance», sagte DeSpain, «einfach zu gehen. Nutzen Sie sie. Gehen Sie. Wenn Sie auf diesem Weg weitergehen, geraten Sie noch an ein großes, häßliches Ding, das Sie mit Haut und Haaren fressen wird.»

Bedrückendes Schweigen legte sich über das Büro. DeSpain und ich sahen uns an und sagten kein Wort. Schließlich stand ich auf.

«So bin ich nun mal, DeSpain. Ich bin ein Bursche, der seinen Weg geht.»

«Ich weiß», sagte DeSpain. «Ich weiß.»

Kapitel 35

Wir saßen in Hawks Wagen. Mei Ling saß vorn bei ihm. Ich stieg hinten zu Vinnie. Hawk sah mich im Rückspiegel an.

«Hat DeSpain sich dir auf Gnade und Ungnade ausgeliefert?»

«Und um Vergebung gebettelt», sagte ich.

«Hab dir doch gleich gesagt, es ist reine Zeitverschwendung», sagte Hawk.

Mei Ling drehte sich auf dem Beifahrersitz halb nach hinten. Sie trug wieder ihre Regenjacke und eine etwas zu große Baseballkappe der New York Yankees mit einem verstellbaren Plastikband hinten. Sie hatte ihr schwarzes Haar durch die Öffnung oberhalb des Bandes gezogen. Es bildete jetzt einen wallenden Pferdeschwanz über ihren Rücken. Unter dem langen Schirm der Kappe wirkten ihre schwarzen Augen viel zu groß für ihr Gesicht.

«Verdächtigen Sie den Police Chief, Sir?»

«Ja, das tue ich.»

Sie lächelte.

«Was ist daran so komisch, Mei Ling?»

«Sie lernen, was die Chinesen schon immer gewußt haben. Es ist besser, den Behörden nicht zu trauen. Es ist besser, einem *tong* Vertrauen zu schenken.»

«Das *tong* war es, das die Death Dragons geschickt hat, als wir in Chinatown waren», sagte ich.

«Das ist ebenfalls richtig, Sir. Chinesen glauben nicht, daß das Leben leicht ist.»

«Das sehen die Chinesen vollkommen richtig», sagte ich.

«Was jetzt?» fragte Vinnie. Small talk war nichts für Vinnie.

«Ich glaube, daß Jocelyn Colby der Schwachpunkt bei dieser Sache ist. Wir könnten ihr also ruhig mal Dampf machen. Vielleicht bricht sie zusammen und erzählt uns irgendwas.»

«Wär zur Abwechslung mal ganz nett», sagte Hawk.

Mei Ling lächelte ihn an.

«Um diese Uhrzeit müßte sie eigentlich im Theater sein», sagte ich.

Vinnie schüttelte den Kopf.

«Hab schon mein ganzes Leben Räuber und Gendarm gespielt», sagte er. «Zum erstenmal bin ich der Gendarm.»

Hawk ließ den Jaguar an, und wir fuhren zum Theater.

«Was wissen Sie über chinesische Einwanderung?» sagte ich zu Mei Ling.

Hawk warf mir im Rückspiegel einen Blick zu.

«Ich hab da neulich was in einer Kneipe aufgeschnappt», sagte ich.

Mei Ling schlug auf dem Beifahrersitz die Beine unter. Ich sah, wie sie sich sammelte, um zu erklären.

«Im neunzehnten Jahrhundert», sagte sie, «sind Chinesen hergekommen und haben jede Arbeit zu jedem Lohn getan. Anscheinend haben die Menschen sie deshalb verachtet, und sie haben Angst bekommen, daß sie *low faan* Arbeitsplätze wegnahmen.» Mei Ling lächelte mich an und verneigte entschuldigend den Kopf.

«Ist doch immer dasselbe», sagte Hawk.

Vinnie neben mir war still, die Schrotflinte lehnte gegen seinen linken Oberschenkel, seine Blicke wanderten über die Straße, während wir weiterfuhren. Er hatte die Ohrhörer wieder auf, groovte auf Little Anthony and the Imperials.

«Also», fuhr Mei Ling fort, «verabschiedete der amerikanische Kongreß 1882 den Chinese Exclusion Act, der besagt, daß keine chinesischen Arbeiter oder ihre Frauen herkommen durften. Und er schloß gleichzeitig die Chinesen, die bereits hier waren, von den meisten Jobs aus.»

Ich nickte. Eigentlich war ich mehr an aktuellen Informationen interessiert, aber Mei Ling mochte offenbar ihren Vortrag, daher brachte ich es nicht übers Herz, sie zu unterbrechen.

«Als dann der Zweite Weltkrieg begann und die Vereinigten Staaten sich mit China gegen Japan verbündeten, wurde der Exclusion Act aufgehoben, und 1982 wurde der Volksrepublik China, nach Anerkennung durch die Vereinigten Staaten, in Übereinstimmung mit dem Einwanderungsgesetz von 1965 eine Einwandererquote zugestanden.»

«Was bedeutet?»

«Zwanzigtausend Chinesen pro Jahr wurde die Einreise in die Vereinigten Staaten erlaubt.»

Mei Ling sah Hawk an. Er lächelte sie an.

«Sie wissen eine Menge Zeug, Missy», sagte er und bog auf die Ocean Street zum Port City Theater ein.

«Was ist mit dem Rest?» sagte ich.

«Illegalen Einwanderern?»

«Ja.»

«Es gibt viele. Vielleicht sogar die meisten. Sie bezahlen einen sehr hohen Geldbetrag, um herzukommen. Dreißig-, vierzig-, fünfzigtausend US-Dollar», sagte Mei Ling. «Dafür werden sie nach Amerika geschleust, oft an eine Stellenvermittlung verwiesen, die ihnen einen Job besorgt, und dann verschwinden sie in Chinatown.»

«Woher kriegen sie das Geld?» fragte ich.

«Sie leihen es sich von dem Menschenschmuggler oder dem Stellenvermittler oder letztendlich dem Arbeitgeber und zahlen es von ihrem Lohn zurück.»

«Der niedrig ist», sagte ich.

«Ja.»

«Oft unterhalb des Mindestlohns», sagte ich, «weil sie ja illegale Einwanderer sind, sie können sich nicht beschweren, sie sprechen kein Englisch, und sie können auch nicht kündigen, weil *they owe their soul to the company store*.»

«Ich verstehe nicht, was Sie mit ‹company store› meinen», sagte Mei Ling.

«Das ist eine Zeile aus einem Lied», sagte Hawk. «Sie können nicht gehen, weil sie ihren Lohn schulden. Eine Art Sklaverei.»

«Ich verstehe, ja.»

Wir parkten an einem Hydranten direkt vor dem Theater.

«Kennen Sie persönlich irgendwelche illegalen Einwanderer?» fragte ich.

Mei Ling zögerte und sah kurz Hawk an, bevor sie antwortete.

«Ja.»

«Ich würde gern einen kennenlernen», sagte ich.

Wieder sah Mei Ling zuerst Hawk an.

«Natürlich», sagte sie. Ich ließ sie bei Hawk und Vinnie zurück und ging zum Theater. Als ich den Bürgersteig überquerte, kam ich mir ungeschützt vor, wie eine Jagdbeute auf freiem Feld. Je länger ich in Port City blieb, desto häufiger beschlich mich dieses Gefühl. Ich registrierte das beruhigende Gewicht der Browning Automatic an meiner rechten Hüfte. In den zur Straße gelegenen Schaufenstern des Theaters hingen Plakate, auf denen eine Spielzeit mit Historienstücken von Shakespeare angekündigt wurde. Die meisten kannte ich. Einige würde ich sogar gern noch einmal sehen.

Jocelyn war nicht bei der Probe. Worüber Lou Montana offensichtlich verärgert war, und auch über mich, daß ich nach ihr fragte. Alle anderen in Port City wollten mich umbringen; einfache Verärgerung war mal eine angenehme Abwechslung. Ich ging ins Foyer und rief aus einer Telefonzelle Jocelyn Colbys Privatnummer an. Ich erreichte nur ihren Anrufbeantworter.

«Hier spricht Jocelyn. Wahnsinnig gern würde ich mit Ihnen sprechen, also hinterlassen Sie Namen und Telefonnummer sowie eine kurze Nachricht, wenn Sie wollen, und ich werde Sie zurückrufen, sobald ich nach Hause komme. Einen schönen Tag noch.»

Ich legte auf und ging nach oben zu Christopholous' Büro. Den schönen Tag würde ich mir später machen. Er war da und las ein Buch von E. M. W. Tillyard über das Elisabethanische Zeitalter. Er legte das Buch verkehrt herum auf seinen Schreibtisch, als ich eintrat.

«Sie wissen nicht zufälligerweise, wo Jocelyn Colby steckt?» fragte ich.

«Jocelyn? Ich nehme an, sie ist bei der Probe.»

«Nee.»

«Haben Sie Lou gefragt?»

«Ja.»

«Ich nehme an, er war sauer, daß Sie seine Probe unterbrochen haben.»

«Das war er, aber ich hab's überlebt», sagte ich.

«Das denke ich mir», meinte Christopholous.

«Ich weiß, daß ich Sie bereits gefragt habe, aber sind Sie wirklich sicher, daß es keine romantische Beziehung zwischen Ihnen und Jocelyn gegeben hat?»

Christopholous lächelte müde.

«Ich bin sicher», sagte er. «Wir waren Freunde. Jocelyn ist sehr gewinnend. Sie kommt manchmal einfach rein, und dann trinken wir zusammen Kaffee und reden. Aber eine Affäre gab es nie.»

«Vielleicht einseitig von ihr aus?»

«Sie schmeicheln mir», sagte Christopholous. «Ein übergewichtiger, alternder Grieche?»

Ich zuckte mit den Achseln.

«*Chacun à son goût*», sagte ich. «Erinnern Sie sich zufälligerweise, wie Craig Sampson zum Ensemble gekommen ist?»

Christopholous blinzelte.

«Craig?» wiederholte er.

«Der verstorbene Craig», sagte ich.

«Ich ... ich nehme an, er, äh, hat sich einfach beworben und vorgesprochen und wurde genommen.»

«War er ein talentierter Schauspieler?» fragte ich.

«Nun, Sie haben ihn ja selbst gesehen, was meinen Sie?»

«Sie müssen Witze machen», sagte ich. «Dieses Stück würde selbst die Barrymores verschlingen.»

«Ja, das ist wohl wahr. Craig war fähig, würde ich meinen, aber nicht wirklich talentiert.»

«Hat irgendwer zu seinen Gunsten Einfluß geltend gemacht?»

«Einfluß?»

«Einfluß.»

«Das hier ist kein politisches Patronageunternehmen», sagte Christopholous.

«Machen Sie einen Gewinn mit den Kartenverkäufen?»

«Natürlich nicht, kein ernsthaftes künstlerisches Bemühen wirft mit seiner Arbeit einen Gewinn ab.»

«Wie holen Sie dann das Minus rein?»

«Sie unterstellen, ich vergebe Jobs gegen Spenden?»

«Ich frage, ob ein einflußreicher Spender Sie gebeten haben könnte, sich Sampson einmal anzuschauen.»

«Es geschieht häufig, daß wir auf Leute aufmerksam gemacht werden. Was aber nicht bedeutet, daß wir sie auch engagieren.»

«Wer hat Sie auf Sampson aufmerksam gemacht?»

Christopholous wirkte mitgenommen, gerade so als wäre er drauf und dran, seine leutselige Beherrschung zu verlieren.

«Ich habe nicht gesagt, daß wir von jemandem auf ihn aufmerksam gemacht wurden.»

Ich wartete.

«Ich denke allerdings, und ich kann mich nicht an jede einzelne Personalentscheidung erinnern, die wir hier treffen, aber ich denke, daß es durchaus Rikki Wu gewesen sein könnte, die uns Craigs Foto und Lebenslauf geschickt hat.»

«Das denke ich auch», sagte ich. «Es wäre vielleicht nicht schlecht gewesen, wenn Sie das früher erwähnt hätten.»

«Rikki ist eine Freundin», sagte Christopholous. «Und ein großzügiger Förderer. Ich habe keinen Grund gesehen, sie in eine polizeiliche Ermittlung hineinzuziehen.»

«Wußten Sie, daß die zwei eine Beziehung hatten?» fragte ich.

«Eine Beziehung? Sie meinen, eine intime Beziehung? Das meinen Sie doch, oder? Das ist lächerlich.»

«Ja, ist es», sagte ich. «Aber wahrscheinlich ist Craig Sampson deshalb ermordet worden.»

Kapitel 36

«Wir gehen zu einem *gong si fong*», sagte Mei Ling.

Es war früher Abend. Wir saßen in Hawks Jaguar, parkten auf der Bostoner Harrison Avenue, unten hinter dem Tufts Medical Center mitten in Chinatown, vor einem großen, roten Ziegelhaus mit städtischen Sozialwohnungen.

«Die chinesische Lady besitzt ein mietpreisgebundenes Apartment, und sie hat es zu einer Wohnung für Junggesellen umgebaut. Das ist natürlich illegal», sagte Mei Ling.

«Ich bin entsetzt», sagte ich.

«Mein Cousin wohnt hier mit neun anderen Männern. Alle anderen sind Kellner, sie sind jetzt zur Arbeit. Ich habe ihm versprochen, daß Sie niemandem etwas erzählen werden.»

«Versprochen», sagte ich.

«Gibt's hier in der Nähe ein anständiges Restaurant, wo man sich was zu Essen holen kann, Mei Ling?» erkundigte sich Vinnie.

«Ich weiß nicht», erwiderte sie. «Ich bin noch nie zum Essen hergekommen.»

«Der Laden da an der Ecke sieht okay aus», meinte Vinnie. «Hühnchen mit Cashews?»

Hawk nickte. Er sah Mei Ling an. Sie lächelte.

«Wir werden hier sein, Missy», sagte er.

Mei Ling nickte und stieg mit mir aus. Vinnie stieg ebenfalls aus, und dann gingen wir auf das *Bo Shin* Restaurant an der Ecke Kneeland Street zu. Wir betraten das Wohnhaus. Das *gong si fong* lag auf dem zweiten Stock. Es gab keinen Fahrstuhl.

«Viele chinesische Männer, die herkommen, können es sich nicht leisten, ihre Frauen mitzubringen», erklärte Mei Ling, als wir die Treppe hinaufstiegen. «Vor allem nicht die Illegalen.»

«Ihr Cousin ist ein Illegaler?»

«Ja, Sir. Sie kommen her, leben so billig wie möglich, bezahlen die Schmuggler, schicken Geld nach Hause und sparen, um ein Geschäft zu gründen und ihre Familien nachkommen zu lassen.»

Das Gebäude besaß den üblichen Charme einer Sozialsiedlung. Es waren keine Kosten gescheut worden für Hohlblocksteine und Linoleum und Maschendraht über der Deckenbeleuchtung. Wir klopften an eine unscheinbare Tür ohne Nummer, und ein zierlicher Chinese in weißem Hemd und schwarzer Hose machte auf, lächelte uns an und verbeugte sich. Mei Ling sprach ihn auf Chinesisch an.

«Mein Cousin heißt Liang», sagte Mei Ling zu mir.

Liang verneigte sich wieder und streckte eine Hand aus.

«Wie geht es Ihnen?» sagte er.

Ich schüttelte seine Hand. Er trat einen Schritt zurück und bat uns herein. Einen Moment war ich desorientiert. Die Wohnungstür führte praktisch sofort auf eine nackte Wand aus Sperrholz. Parallel zum Korridor draußen verlief ein Flur nach links und rechts, unterbrochen von Sperrholztüren, die mit Vorhängeschlössern gesichert waren. Die einzige Lichtquelle war eine nackte Glühbirne in einer Wandleuchte am Ende des Ganges. Liang führte uns den Sperrholzflur hinunter zur letzten Tür und in sein Zimmer. Es war so schmal, daß ich beide Wände mit den Fingerspitzen hätte berühren können. Es war etwa zwei Meter tief und wurde praktisch ausgefüllt von einem Etagendoppelbett. Unter dem Bett lagen zwei Koffer, und mehrere Hemden hingen an Bügeln an der Wand. Licht lieferte eine dieser tragbaren Baulampen, die mit Klemmen am Kopfende des Etagenbettes befestigt war. Ich hatte schon Gräber gesehen, die besser aussahen.

«Wieviel bezahlen Sie hierfür?» fragte ich.

Liang sah Mei Ling an. Sie übersetzte. Er antwortete.

«Liang zahlt einhundert Dollar im Monat», sagte sie. «Genau wie der andere Mann.» Sie deutete mit dem Kopf auf das obere Bett.

«Und es gibt noch vier weitere Verschläge wie diesen hier?» sagte ich.

Mei Ling übersetzte. Liang nickte.

«Mietpreisgebunden kostet die Bude die Vermieterin vielleicht zweihundert, zweihundertfünfzig den Monat», sagte ich mehr zu mir selbst als zu Mei Ling. Mei Ling war alles andere als überrascht. «Damit bleiben ihr siebenhundertfünfzig, achthundert pro Monat an Reingewinn.»

Liang sagte etwas zu Mei Ling.

«Er möchte uns den Rest zeigen», sagte Mei Ling, und wir folgten ihm den Flur hinunter zur Küche. Darin befand sich ein uralter, gasbetriebener Kühlschrank, ein Gasherd und ein mit dunklen Flecken übersätes Porzellanspülbecken. Der Wasserhahn tropfte. Der Kühlschrank funktionierte nicht. Der Herd schon, dafür gab es allerdings keinerlei Anzeichen, daß er von jemandem benutzt wurde. Hinter der Küche lag eine Toilette ohne Brille und eine Duschkabine ohne Vorhang.

«Hat er Arbeit?» fragte ich Mei Ling.

«Ja. Er verkauft Obst und Gemüse», sagte sie. «An einem Stand. Er könnte sich eine bessere Unterkunft leisten, möchte aber nicht. Er zieht es vor, sein Geld zu sparen.»

Sie sagte etwas zu Liang. Er antwortete sehr lebhaft.

«Er hat im vergangenen Jahr 31 000 Dollar verdient und davon 25 000 Dollar gespart. Er bezahlt keine Steuern. Die Schmuggler hat er bereits abbezahlt. Er sagt, nächstes Jahr wird er seine Frau aus China nachkommen lassen.»

«Fragen Sie ihn, wie er hergekommen ist», sagte ich.

Mei Ling redete. Während sie sprach, sah mich Liang verstohlen an. Er antwortete. Sie schüttelte den Kopf. Sprach wieder. Liang nickte und redete dann einige Minuten.

«Liang stammt aus der Provinz Fujian», sagte Mei Ling. «Er ist zu dem Beamten seines Dorfes gegangen, der solche Dinge arrangiert. Er hat Liang nach Hongkong geschickt und von dort weiter nach Bangkok. Von Bangkok ist Liang nach Nicaragua geflogen. Dort ist er mit einem Lastwagen nach Vera Cruz in Mexiko gefahren und von dort mit einem Boot in die Vereinigten Staaten gekommen.»

«Wo ist er an Land gegangen?» fragte ich.

«Liang wurde nachts mit einem kleinen Boot in Port City an Land gebracht. Dort ist er eine Woche geblieben und dann nach Boston gekommen. Die ganze Reise hat drei Monate gedauert.»

Wir standen in der tristen Küche, und außer unseren Stimmen kam das einzige Geräusch von dem undichten Wasserhahn. Mehrere Küchenschaben huschten über die Arbeitsplatte und verschwanden hinter dem Herd. Ich sah Liang an. Er lächelte höflich.

«Drei Monate», sagte ich.

«Für manche dauert es noch erheblich länger», sagte Mei Ling. «Sie müssen ihre Reise an jeder Zwischenstation unterbrechen und dort arbeiten. Einige müssen Drogen schmuggeln oder zurückgehen und andere Landsleute einschmuggeln, um ihre Reisekosten zu bestreiten. Wenn es Frauen sind, müssen sie sich nicht selten prostituieren, um bezahlen zu können.»

«Kennt er den Namen des Mannes in Port City, der den Menschenhandel kontrolliert?»

Sie sprach mit Liang. Liang schüttelte den Kopf.

«Er sagt nein», sagte Mei Ling.

«Glauben Sie ihm?»

«Ich weiß nicht», antwortete Mei Ling. «Aber ich weiß, daß er es Ihnen nicht sagen wird.»

«Lonnie Wu?» sagte ich.

Liang setzte eine ausdruckslose Miene auf.

«Natürlich ist er es», sagte ich. «Das wissen wir alle. Aber selbst wenn Liang es mir sagte, würde er es vor Gericht niemals wiederholen.»

«Ja, Sir», sagte Mei Ling. «Das ist richtig.»

Ich schaute mich um.

«Das hier war mal eine Studiowohnung», sagte ich. «Und jetzt leben hier zehn Männer.»

«Ja, Sir.»

Ich schüttelte den Kopf. Ich wollte etwas dazu sagen, daß es so nicht sein sollte. Aber ich wußte genug und hatte schon lange genug gelebt, um jetzt nicht in Kategorien von «sollte» und «müßte» zu reden.

«Schickt mir eure Unterdrückten und Entrechteten», sagte ich, «die sich danach sehnen, frei zu atmen.»

Kapitel 37

Die meisten Menschen, die nach Brant Island im Norden von Port City kamen, taten dies tagsüber, um Vögel zu beobachten. Bei Sonnenlicht überquerten sie den schmalen Damm und gingen mit ihren Ferngläsern zu dem rustikalen Blockhaus, wo sie darauf warteten, einen Vogel zu erspähen, den sie noch nie zuvor gesehen hatten.

Es war pechschwarze Nacht, als wir kamen. Und kalt. Vinnie blieb beim Wagen zurück, den wir hinter einem Gestrüpp aus Weißkiefern und Strandpflaumen etwas abseits der Straße geparkt hatten. Hawk und ich nahmen Mei Ling in die Mitte und marschierten zur Insel hinüber. Es war Neumond. Die Insel war der Küste nur gut dreißig Meter vorgelagert, doch das stetige Anbranden des Meeres gegen den Damm und die beklemmende Kälte der Dunkelheit ließen es weiter erscheinen. Es war unsere vierte Beobachtungsnacht und die erste, in der kein Mond am Himmel stand. Wir erreichten das kleine Blockhaus. Es bot einen günstigen Aussichtspunkt, aber nur wenig Schutz vor dem kalten Wind vom Meer. Hawk lehnte sich gegen einen der Pfosten, die das Dach des Hauses stützten, und Mei Ling stand sehr dicht neben ihm, die Hände so tief wie möglich in die Taschen ihrer Daunenjacke vergraben. Ich begann, mit einem Nachtglas den Ozean abzusuchen.

«Wie kann er etwas sehen?» fragte Mei Ling Hawk.

«Mit Hilfe einer 9-Volt-Alkalibatterie im Handgriff», erwiderte Hawk. Ich warf ihm einen kurzen Blick zu. Als würde das etwas erklären. Er grinste. Und Mei Ling sah ihn an, als verstünde sie jetzt. Ich konzentrierte mich wieder auf das Meer. Die Brandung war laut, aber in dem surrealen, kreisförmigen Bild des Nachtsichtfernglases bewegten sich die Wellen lautlos. Wenn sie einmal im Monat kamen und dies jetzt unsere vierte Nacht war, dann standen unsere Chancen eins zu sieben. Vielleicht auch etwas besser, weil heute kein Mond die Nacht erhellte.

«Was will er hier erfahren?» fragte Mei Ling.

Sie sprach mich nicht direkt an, da ich ihrer Meinung nach beschäftigt war und nicht gestört werden sollte. Die Folge war, daß sie über mich redete, als wäre ich nicht da.

«Das wissen wir erst», sagte Hawk, «wenn wir's sehen.»

«Aber jede Nacht hier rauszufahren und das Meer zu beobachten. Könnte doch sein, daß es noch Wochen dauert, bis sie wieder kommen.»

«Könnte sein», antwortete Hawk.

«Sie hätten aber auch schon in der ersten Nacht kommen können», warf ich ein.

Die Wasseroberfläche war nie ruhig, schwoll im Wechsel an und brach, wurde glatt, kräuselte sich, bildete Kämme auf dem Weg zur Küste, bis die Wellen auf den Felsen zerschlugen. Endlos bildeten sich neue Wellen und rollten herein, sich immer verändernd und doch immer gleich... Vielleicht zweihundert Meter draußen auf dem dunklen Meer, dunkel unter dem Himmel, war plötzlich die schwarze Silhouette eines Schiffs. Es gab keine Ankunft. Es tauchte einfach in der Linse auf und blieb bewegungslos dort stehen. Ich senkte das Glas und reichte es Hawk.

«Am Horizont», sagte ich, «ungefähr ein Uhr.»

Hawk schaute hinein, ließ das Glas langsam den Horizont entlanggleiten, verharrte, korrigierte die Einstellung und blieb so.

«*Yessiree bob*», sagte er mit dem stumpfen, nasalen Tonfall des mittleren Westens. Hawk konnte klingen wie jeder, den er sich aussuchte. Er gab Mei Ling das Nachtglas.

«Am Horizont», sagte er. «Ungefähr dort, wo ein Uhr sein würde, wenn es ein Zifferblatt wäre.»

Mei Ling schaute hinein. Sie brauchte einen Moment, bis sie es gefunden hatte. Sie schien begeistert.

«Es müssen keine Menschenschmuggler sein», sagte ich.

«Nein, müssen nicht», bestätigte Hawk.

Wir warteten in der Dunkelheit und dem Wind und der Kälte, während sich unter uns die Wellen bewegten. Wir wechselten uns am

Fernglas ab, und dann hörten wir schließlich das leise Tuckern eines Motors. Wir machten es erst aus, als es schon ganz nah war. Die breite, flache Barkasse mit dem Maschinenhaus in der Mitte bot praktisch keinen Schutz gegen die Elemente. Sie war vollgepackt mit Menschen. Das Tuckern des Motors war das einzige Geräusch, das zu uns herüberkam. Die Menschen machten keinen Laut. Die Barkasse schaukelte dicht an die Felsen heran, so dicht, daß ich die Fender sehen konnte, die von der Besatzung zum Schutz des Schiffes über die Reling geworfen wurden. Der Motor tuckerte weiter, und die Barkasse blieb auf Kurs in das granitene Wirrwarr, an dem sich unter uns die Wellen brachen. Die Menschen kletterten von Bord, die meisten mit leeren Händen, manche trugen kleine Koffer oder Papiertüten oder Bündel. Es sah gefährlich aus.

Wir rührten uns nicht und beobachteten die nur wenige Meter entfernten, dunklen Gestalten in der Nacht. Sie waren kaum zu erkennen. Niemand sprach. In einer Reihe bewegten sie sich die Felsen entlang und weiter hinauf auf den Damm. Jemand führte sie zum Festland. Es mußten an die hundert gewesen sein. Als der letzte die Felsen hinaufgeklettert war, zog sich die Barkasse zurück und bewegte sich langsam parallel zum Ufer in südlicher Richtung, dann um die gegenüber von Brant Island gelegene Landspitze und war nicht mehr zu sehen. Ich schaute durch das Nachtglas zum Horizont. Das Schiff war verschwunden. Ich warf einen Blick zum Damm hinüber. Die Menschen waren auch verschwunden. Die kleine Bucht unterhalb von Brant Island war wieder leer und still bis auf die ewigen Geräusche des Meeres.

Schweigend standen wir da, als stünden wir unter den Nachwirkungen eines finsteren Rituals, dessen Zeugen wir unvorbereitet geworden waren und das wir nicht verstanden hatten. Die lautlos und phantasmagorisch durch die fast lichtlose Nacht ziehende gespenstische Prozession schien mehr gewesen zu sein als nur illegale Einwanderer, auch wenn sie genau das mit Sicherheit waren. Dem geisterhaften Zug vom Meer ans Land und in die Dunkelheit schien etwas Uraltes, Primitives anzuhaften, das wir alle gespürt haben mußten, auch wenn keiner von uns es aussprach.

«Das letzte Boot von Xanadu», sagte ich.

Kapitel 38

Wenn ich meine Büropost durchging, bildete ich immer einen Haufen mit Post, die ich sofort zu öffnen beabsichtigte, sowie einen zweiten mit Rechnungen, die am dreißigsten des Monats fällig wurden. Die Werbung warf ich ungeöffnet weg. Da war ein Paket in braunem Packpapier ohne Absender. Die Adresse war mit grüner Tinte geschrieben, und es war vor zwei Tagen in Boston aufgegeben worden. Ich legte es auf den Haufen der zu öffnenden Post.

Vinnie und Hawk waren bei mir. Vinnie reinigte seine Schrotflinte.

«Der beschissene Lauf wird noch durchrosten, wenn wir nicht endlich aufhören, nach Port City zu fahren», brummte Vinnie. Hawk las in seinem Buch. Er nickte, ohne den Blick von der Seite zu heben.

«Wie heißt das Buch», fragte Vinnie. Er hatte seinen Walkman nicht auf und war unruhig.

«*Über die Rassenproblematik*», erwiderte Hawk.

«Aha. Wieso liest du so was?»

«Der *brother* ist ein kluger Mann», sagte Hawk.

«Macht dir diese Rassen-Scheiße zu schaffen?» fragte Vinnie.

Ich war mit der Wegwerfpost durch und widmete mich nun dem Paket. Die Umschläge, in denen sich womöglich Schecks befanden, hob ich mir bis zuletzt auf.

«Hast du ein Problem damit, daß ich schwarz bin, Vinnie?»

«Nein.»

«Ich auch nicht. Also hab ich im Moment keine Rassen-Scheiße, die mir zu schaffen macht, verstehst du? Ich versuche dafür zu sorgen, daß es so bleibt.»

Ich öffnete das Paket. Es enthielt eine Videocassette. Beschriftet war sie mit «Jocelyn Colby.» Ich drehte sie um. Sonst war da nichts. Ich besaß keinen Videorecorder.

«Hat einer von euch einen Videorecorder?» fragte ich.

Hawk schüttelte den Kopf.

«Ich hatte mal einen», sagte Vinnie. «Meine Alte hat ihn mitgenommen, als wir uns getrennt haben.»

Hawk sagte: «Wußte gar nicht, daß du verheiratet warst, Vinnie.»

Vinnie grinste.

«Ich auch nicht», sagte er. «Wahrscheinlich der Grund, warum wir uns getrennt haben.»

Ich nahm den Hörer ab und rief Susan an.

«Ich habe hier ein Video, das ich mir gern auf deinem Recorder ansehen würde», sagte ich, als sie sich meldete. «Vielleicht hast du ja Lust, für eine Weile die Bekloppten bekloppt sein zu lassen und es dir mit mir anzusehen, wenn ich uns ein schickes Mittagessen mitbringe.»

«Es ist doch hoffentlich nicht eins von diesen ekelhaften Pornomachwerken, oder?»

«Keine Ahnung. Es ist mit der Post gekommen, und drauf steht nur Jocelyn Colby.»

«Ich habe zwei Stunden Mittagspause», sagte Susan. «Von eins bis drei.»

«Bist du enttäuscht, daß es kein ekelhaftes Pornomachwerk ist?» fragte ich.

«Ja», sagte sie und legte auf.

Hawk und Vinnie setzten mich bei ihr ab und warteten vor dem Haus. Ich ging durch den Seiteneingang und hatte schon einiges von dem schicken Mittagessen an Pearl verfüttert, während ich wartete. Als Susan dann die Treppe von ihrem Büro hochkam, war es fünf nach eins, und das Video lag bereits in ihrem Recorder. Das schicke Mittagessen hatte ich auf den oberen Regalen ihres Bücherschranks ausgebreitet, damit Pearl nicht rankam. Susan gab mir einen Kuß, gab Pearl einen Kuß und warf einen Blick auf unseren Lunch.

«Sehe ich da vielleicht ein gewaltiges Hero Sandwich?» fragte sie.

«Ja», sagte ich. «Ohne Zwiebeln.»

«Schick.»

Wenn sie arbeitete, war sie erheblich weniger extravagant, was ihr Make-up und ihre Kleidung betraf. «Ich stehe nicht im Zentrum der Therapie», erklärte sie, als ich einmal danach fragte. Heute trug sie einen dunkelblauen Hosenanzug mit einer weißen Bluse und Perlenkette. Ihr Make-up war dezent.

«Selbst wenn ich geistig gesund wäre», sagte ich, «würde ich hundert Dollar die Stunde ausklinken, um vorbeikommen und dich ansehen zu dürfen.»

«Es sind einhundertfünfundzwanzig, aber ich könnte dir einen Sonderpreis machen», sagte sie. Sie ging in die Küche und kehrte mit zwei Platzdeckchen, Messern und Gabeln sowie Stoffservietten zurück. Sie deckte unser Mittagessen auf dem Couchtisch.

«Zu den Sandwiches gab's auch Servietten», sagte ich.

Susan sah mich mitleidig an, dann richtete sie ihren funkelnden Blick auf Pearl, die sich an die Sandwiches anschlich. Pearl schien kein Problem mit dem stechenden Blick zu haben, kam aber auch nicht näher. Ich deutete auf die Cassette im Videorecorder.

«Weißt du, was drauf ist?» fragte Susan.

«Nee, ich hab auf dich gewartet.»

Susan fischte einen Pickle aus ihrem Sandwich und biß hinein.

«Dann laß knacken», sagte sie.

Ich drückte auf den Wiedergabeknopf der Fernbedienung, und es dauerte einen Augenblick, bis der Recorder in die Gänge kam. Eine Weile war nichts auf dem Band, dann tauchte plötzlich Jocelyn Colby auf dem Bildschirm auf. Sie war an einen Stuhl gefesselt und hatte einen weißen Schal über dem Mund. Sie versuchte verzweifelt, sich von den Seilen zu befreien. Ihre Augen über dem Schal waren vor Angst weit aufgerissen. Und das war's. Das Band dauerte etwa fünf Minuten. Kein Laut außer den gedämpften Geräuschen, die sie durch den Schal machen konnte. Keine Nachricht, nur das Bild von Jocelyn, die mit ihren Fesseln kämpfte. Der Bildschirm wurde leer, auch wenn das Band sich weiter drehte. Nachdem es lange genug gelaufen war, um mich davon zu überzeugen, daß sonst nichts mehr kam, drückte ich die Stopptaste und ließ zurückspulen.

«Es gab also doch jemanden», sagte Susan. «Wir haben uns geirrt.»

Ich nickte.

«Wie willst du sie finden?» fragte Susan.

«Sehen wir uns das Band noch mal an», sagte ich und drückte auf den Wiedergabeknopf.

Jocelyn trug einen schwarzen Unterrock und schwarze, hochhackige Schuhe, oder genauer gesagt, einen schwarzen hochhackigen Schuh. Der andere Schuh lag vor ihr auf dem Boden. Der Träger ihres Unterrocks war von der linken Schulter gerutscht. Es gab keinen BH-Träger. An Knöcheln und Knien war sie mit Wäscheleine gefesselt. Mehrere Schleifen derselben Leine waren um ihre Taille gebunden, um sie auf dem Stuhl festzuhalten. Der weiße Schal schien aus Seide zu sein. Er bedeckte ihr Gesicht von der Nase bis zum Kinn. Ihr dunkles Haar war nach vorn gefallen und hing über ihr rechtes Auge. Im Hintergrund war die Ecke eines Bettes zu sehen. Das Licht wirkte natürlich und schien von links von Jocelyn zu kommen. Die Hände hinter ihrem Rücken waren nicht zu sehen, aber so wie sie sich auf dem Stuhl wand, schien es, als seien sie ebenfalls an den Stuhl gefesselt. Der Stuhl selbst war ein gerader Stuhl aus robuster Eiche, ein Stuhl, wie man ihn in Bibliotheken findet. Die Wand hinter ihr war ein neutrales Beige. Sie war leer.

Ich ließ das Video noch ungefähr fünfmal abspielen, während Susan sich vorbeugte, das Kinn auf den Händen abstützte und aufmerksam hinschaute. Es gab nichts anderes zu sehen. Ich schaltete das Gerät aus.

«Was will er?» fragte Susan.

«Falls es ein Mann ist», sagte ich.

Susan schüttelte ungeduldig den Kopf.

«Er oder sie. Was will der Kidnapper? Warum hat er dieses Band geschickt?»

«Ich weiß es nicht. Es läßt mich wissen, daß er sie hat.»

«Bei dem Band lag kein Brief?»

«Nein. Vielleicht werden wir demnächst etwas hören.»

«Ich verstehe das nicht», sagte Susan.

«Ich glaube, das ist mein Mantra», sagte ich.

«Wirst du die Polizei verständigen?»

«Ich muß. Ich lasse eine Kopie von dem Video anfertigen, fahre nach Port City und gebe DeSpain das Original.»

«Was wirst du sonst noch tun?»

«Ich werde Jocelyns Vergangenheit etwas genauer unter die Lupe nehmen. Ein bißchen in ihrem Apartment herumwühlen.»

Pearl kam und legte den Kopf auf Susans Schoß. Susan streichelte Pearl den Kopf und wendete sich wieder mir zu.

«Ich weiß, daß du Wert auf Zurückhaltung legst», sagte Susan. «Und ich weiß, wenn du arbeitest, dann versuchst du mit dem zu arbeiten, was du weißt, nicht was du empfindest. Aber es ist nur menschlich, wenn du dich jetzt schlecht fühlst, und es ist völlig in Ordnung.»

Susans Augen schienen bodenlos zu sein. Wenn ich sie anschaute, hatte ich immer das Gefühl, meine Seele könnte sich kopfüber durch diese Augen in ihre Seele stürzen und für immer in Frieden leben. Ich beugte mich vor und küßte sie auf den Mund, und wir küßten uns, bis Pearl ihren Kopf von Susans Schoß hob und ihn zwischen uns zwängte.

«Ich muß Versprechen einhalten», sagte ich und ging zur Tür.

Kapitel 39 DeSpain und ich schauten uns das Video von Jocelyns Gefangenschaft in seinem Büro an. Dabei wurden die Falten um seinen Mund tiefer. Er spielte das Band zweimal ab, dann stellte er das Gerät aus. Als er mich dann ansah, lag etwas um seine Augen, das ihn müde wirken ließ.

«Wären Sie früher zu mir gekommen», sagte DeSpain, «wäre das vielleicht gar nicht erst passiert.»

«Vielleicht», sagte ich.

«Ich bin der Chief of Police in dieser gottverdammten Stadt», sagte DeSpain. Seine Stimme war tonlos. Er klang müde. «Ich sollte es eigentlich als erster erfahren, wenn hier wegen einer Straftat ermittelt wird.»

«Wollte Sie nicht ablenken von der heißen Verfolgungsjagd nach dem Theatermörder.»

DeSpain nickte müde.

«Glauben Sie, es gibt da einen Zusammenhang?» fragte er.

«Warum fragen Sie mich das?» sagte ich. «Ich hab nicht mal daran geglaubt, daß es einen Schatten gibt.»

DeSpain nickte wieder.

«Haben Sie noch die Verpackung, in dem das hier gekommen ist?» wollte er wissen.

Ich hatte das Paket in einem großen, braunen Umschlag mitgebracht, den ich ihm nun auf den Schreibtisch legte.

«Wir lassen das Labor mal einen Blick drauf werfen», sagte DeSpain. «Die werden alles genauestens untersuchen und mir dann sagen, daß es in Boston aufgegeben wurde. Aber so machen wir's eben. Wir lassen das beschissene kriminaltechnische Labor untersuchen.» DeSpain zuckte mit den Achseln. «Das verteilt den Schwarzen Peter ein bißchen.»

«Ich war gestern nacht draußen auf Brant Island», sagte ich.

«Ach ja?»

«Hab gesehen, wie ungefähr hundert Chinesen mit einem kleinen Schiff von einem großen Schiff an Land gesetzt worden sind.»

«Arbeiten Sie auch noch für die Einwanderungsbehörde?» fragte DeSpain.

«Wissen Sie irgendwas darüber?»

«Nee.»

Wir sahen uns an. Keiner sagte ein Wort. In DeSpains Büro war es dämmerig. Das graue Nachmittagslicht fiel schwächlich durch das regenverschmierte Fenster.

Schließlich sagte ich: «Sie waren mal ein guter Cop, DeSpain. Was zum Teufel ist mit Ihnen los?»

Die Falten auf DeSpains Gesicht wurden tiefer, die Augen noch müder.

«Was ist mit Ihnen, Sherlock? Wie gut sind Sie als Cop? Was haben Sie getan, seit Sie hier aufgetaucht sind, außer nur Scheiße zu bauen?»

Wir schwiegen wieder. DeSpain schien nicht wütend zu sein. Er wirkte traurig. Anscheinend war keine Kraft mehr in ihm, nur noch Müdigkeit.

«Bislang», sagte ich, «sind wir so ungefähr quitt. Vielleicht können wir was wiedergutmachen, indem wir diese Frau finden.»

«*Ich* werde die Frau finden», sagte DeSpain. Plötzlich lag Autorität in seiner Stimme, als wäre ein Schalter umgelegt worden. «Kommen Sie mir gottverdammt einfach nicht in die Quere.»

Ich stand auf.

«Sicher», sagte ich.

Aber ich meinte es nicht wirklich so. Und er wußte, daß ich es nicht meinte, aber die Autorität hatte ihn genauso schnell wieder verlassen, wie sie gekommen war.

Ich ging und fuhr in meinem Wagen zum Theater, wobei mir Hawk und Vinnie in Hawks Wagen folgten. Ein leichter Nebel zog auf, das perfekte Herbstwetter in Port City. Ich hatte den Scheibenwischer auf die niedrigste Intervallstufe gestellt. Ich dachte über Hawks Reaktion nach, als ich ihm von Jocelyn erzählte. *Niemand ist der Braut gefolgt*, hatte er gesagt. Ich sah die Sache nicht anders, und das beschäftigte mich. Ich irrte mich manchmal, und auch Hawk konnte sich gelegentlich irren, aber normalerweise lagen wir bei solchen Dingen nicht beide voll daneben. Etwas anderes ließ mir keine Ruhe, aber ich konnte nicht genau den Finger darauf legen, was es war. Es nagte einfach etwas in einem abgelegenen Winkel meines Bewußtseins. Sobald ich versuchte, es zu packen, war es auch schon wieder weg. Wenn ich an andere Dinge dachte, dann war es sofort wieder da und nagte weiter. Auch DeSpain war ein Rätsel. Seine Reaktion war ziemlich merkwürdig. DeSpain war ein geradliniger Bursche. Er war ein Bursche von der Sorte ‹Geh mir aus dem Weg oder ich schmeiß dich auf die Straße›. Und dann war da noch die Frage: Wenn wir uns bezüglich

Jocelyns Schatten geirrt hatten, lagen wir dann auch daneben, was Christopholous' Schatten betraf? Und vielleicht hatte ich ja gar nicht mit eigenen Augen gesehen, wie illegale chinesische Einwanderer an Land geschmuggelt worden waren, und vielleicht war das hier gar nicht Port City, sondern nur Asbury Park.

Wie immer parkte ich vor dem Hydranten direkt vor dem Theater, stieg mit meiner Kopie des Videos aus und ging hinein. Christopholous hatte keinen Recorder in seinem Büro. Er führte mich ins Konferenzzimmer. Recorder und Monitor standen auf einem Servierwagen. In dem großen, leeren Raum mit den stilisierten Theaterplakaten an den Wänden setzten wir uns im Licht der hellen Deckenlampen auf zwei Klappstühle und schauten zu – ich ungefähr zum fünfzehnten Mal –, wie Jocelyn hilflos auf ihrem Stuhl saß.

«Um Himmels willen», sagte Christopholous, als der Bildschirm leer wurde. «Was bedeutet das?»

«Jetzt wissen Sie, was ich weiß», sagte ich.

«Woher haben Sie das?»

«Ist heute morgen mit der Post gekommen», sagte ich. «In Boston aufgegeben.»

«Nun, was ist sie? Eine Geisel? Fordern die ein Lösegeld? Was?»

Ich zuckte mit den Achseln.

«Irgendwelche Ideen?» fragte ich.

«Ideen? Jesus Christus, Spenser, das ist Ihr Job, nicht meiner. Wie soll ich Ideen haben? Haben Sie die Polizei verständigt?»

«Ja.»

«Nun, was anderes fällt mir nicht ein. Das Theater hat kein Geld. Falls es zu einer Lösegeldforderung kommt, besitzen wir nicht das Geld, es zu bezahlen.»

«Wäre dann ja nichts mehr da für diese netten Vorstandsparties, wenn Sie ein Lösegeld zahlen müßten», sagte ich.

«Verdammt, das ist nicht fair.»

«Nein, wahrscheinlich nicht», sagte ich. «Ich habe schlechte Laune. Haben Sie so was wie eine Personalakte von Jocelyn?»

«Ich denke, wir haben ein Porträtfoto und ihren Lebenslauf, die Sozialversicherungsnummer, solche Dinge eben.»

«Holen Sie's mir, okay?»

«Also... oh, natürlich, gewiß. Aber gern.»

«Sofort», sagte ich.

«Sicher. Entschuldigen Sie mich einen Moment.»

Christopholous rauschte von dannen und ließ mich allein zurück in diesem leeren Raum mit den unzähligen Plakaten vergangener Ereignisse, die ich anstarrte, ohne dabei etwas zu sehen.

Kapitel 40

Es war später Nachmittag. Ich saß mit zwei Fingerbreit irischem Whisky in einem Wasserglas in meinem Büro, hatte die Füße auf die Fensterbank hochgelegt und schaute nach draußen. Ich hatte Jocelyns Wohnung durchsucht und nur herausgefunden, daß sie offenbar eine ordentliche Hausfrau war. Ich hatte ihre Akte gelesen und erfahren, daß sie 1961 in Rochester, New York geboren wurde. Ich erfuhr, daß sie auf dem Emerson College in Boston Theaterwissenschaft studiert hatte. Ich erfuhr, daß sie auf dem Williamstown Theater Festival einmal die Portia im *Kaufmann von Venedig* gespielt hatte, daß sie einige Werbespots für einen ortsansässigen Reifenhändler gemacht hatte und daß sie bei einem Theaterensemble in Framingham gewesen war, bevor sie nach Port City kam. Ich machte gewaltige Fortschritte.

Hawk und Vinnie waren nach Hause gegangen. Ich war bereit, für etwas Einsamkeit einen Hinterhalt der Death Dragons zu riskieren. Außerdem machte es mich krank, nicht zu wissen, was ich tat. An sich ein Normalzustand bei mir, aber daran gewöhnen konnte ich mich nie. Ich nippte an meinem Whisky.

Um mich herum in den anderen Büros des Gebäudes wurden Aktentaschen zugeschnippt, Unterlagen abgelegt, Schubladen geschlossen, Computer runtergefahren, Fotokopierer ausgeschaltet. Die dreiundzwanzigjährigen Frauen, die das Gebäude beherrschten, erneuerten ihr Make-up, brachten ihr Haar wieder in Ordnung, legten neuen Lippenstift auf. Die jungen Burschen, die mit ihnen arbeiteten, waren auf den Toiletten, kontrollierten ihre Frisuren, machten sich frisch, rückten Krawatten gerade, besprühten sich mit etwas Binaca. Daisy Buchanan's. The Ritz Bar. The Lounge at the Four Seasons. Gott sei Dank, es ist Freitag. Die meisten von ihnen waren noch Kinder; sie hatten noch alles vor sich. Karriere, Sex, Liebe, Katastrophen. Alles das kam erst noch, alles das erwartete sie, während sie ihre Krawatten geraderückten oder ihre Strumpfhosen glattstrichen und an den ersten Cocktail dachten und an wer weiß was danach kam. Das Licht schwand. Die Straßenlaternen an der Boylston Street flammten auf. Die Innenbeleuchtung des neuen Gebäudes schimmerte in sich wiederholenden Rechtecken über die Boylston Street. Früher einmal, vor einer Weile, durch ein anderes Fenster, als hier noch ein anderes Gebäude stand, hatte ich immer beobachtet, wie sich eine Frau namens Linda Thomas über ihr Reißbrett in der Werbeagentur beugte, die dort mal untergebracht war. Ich trank noch einige Schlucke von meinem Whisky.

Es ließ mir keine Ruhe, daß wer immer Jocelyn festhielt mir nur das Band geschickt hatte und sonst nichts. Warum? Was wollte er? Keine Lösegeldforderung. Keine Drohung, irgendwas zu tun, falls ich nicht irgendwas tat. Nur eine Art Benachrichtigung. Sieh mal, ich hab sie. Vielleicht war es ein orchestrierter Versuch. Sollte ich doch einen Tag oder so über der ganzen Sache schwitzen, dann schickte man mir einen Brief. Gib mir eine Million Dollar, wenn du sie lebendig wiedersehen willst. Warum ausgerechnet ich? Würde ich Lösegeld für sie bezahlen? Der Kidnapper hatte keinerlei Veranlassung zu glauben, daß ich dies würde oder könnte. Warum sie überhaupt entführen? Ich hatte keinerlei Veranlassung zu glauben, daß sie reich sei. Nichts in ihrer Wohnung hatte mir einen Anhaltspunkt darauf gegeben.

Ich lehnte mich zurück, fischte das Telefon von meinem Schreibtisch und rief die Auskunft in Rochester, New York an. Es gab dort zweiunddreißig Colbys. Ich bedankte mich und legte auf. Mein Glas war leer. Ich schenkte mir einen Fingerbreit ein. In einem der Büros auf der anderen Straßenseite zog eine junge Frau ihren Mantel an, um nach Hause zu gehen. Sie streifte den Mantel über und warf dann mit beiden Händen ihr Haar nach hinten, so daß es über den Mantelkragen fiel. Offiziell waren attraktive Frauen das Interessanteste auf der Welt überhaupt. Ich liebte es, wie sie sich bewegten, wie sie ihren Kopf neigten, wenn sie Lippenstift auflegten, wie sie Kleider anprobierten und in den Spiegel schauten, wie sie ihr Haar zurechtstrichen, den Schwung ihrer Hüften, wenn sie mit hochhackigen Schuhen gingen. Die junge Frau auf der anderen Straßenseite sah einen Moment ihr Spiegelbild im Fenster an, beugte sich aus der Taille vor, interessierte sich unbefangen für ihr Aussehen. Dann richtete sie sich auf, drehte sich um, und einen Augenblick später war das Fensterrechteck dunkel.

Ich nahm wieder mein Telefon ab und wählte die Nummer des Präsidiums der State Police an der Ten-Ten Commonwealth Avenue. Ich ließ mich mit Captain Healy verbinden, und einen Moment später hatte ich ihn in der Leitung.

«Spenser hier», meldete ich mich. «Ich brauche Hilfe.»

«Freut mich, daß Sie das endlich erkennen», sagte Healy. «Was brauchen Sie?»

«Sie erinnern sich noch an meinen Anruf neulich? Es ging um einen Ex-Statie namens DeSpain», sagte ich.

«Ich erinnere mich.»

«Ich möchte mich mit Ihnen über ihn unterhalten», sagte ich.

«Was springt für mich dabei heraus?» fragte Healy.

«Das Vergnügen meiner Gesellschaft», sagte ich. «Und ein Steak im *Capital Grill*.»

«Steak klingt nicht schlecht», sagte Healy. «Wann?»

«Sofort.»

«Sie haben Glück», sagte Healy. «Meine Frau geht heute mit ihrer Schwester ins Kino, und in der Kiste gibt's kein Basketball.»

«Dann sind Sie also verzweifelt.»

«Ja», sagte Healy. «Wir treffen uns dort in einer Stunde.»

Wir legten auf. Ich trank noch einen Whisky. Auf der anderen Straßenseite waren inzwischen die meisten Lichter aus. In den Korridoren brannte immer noch Licht, und auch in den Büros, in denen die Putzkolonnen nun an die Arbeit gingen. Die sporadische Beleuchtung ließ das Gebäude irgendwie leerer wirken. In meinem eigenen Bürohaus war es inzwischen auch still geworden. Jetzt trank man Tequila Sunrise. Verführungen bahnten sich an. Tiefgefrorene Healthy-Choice-Mahlzeiten wurden in Mikrowellen geschoben. Die Leute von den Lokalnachrichten bekamen Heiterkeitsanfälle an den Redaktionstischen. Hunde wurden ausgeführt. Ich rief Susan an. Sie war nicht da. Ich hinterließ eine unanständige Nachricht auf ihrem Anrufbeantworter.

Ich leerte mein Glas, steckte den Korken auf die Flasche und verstaute sie in meinem Schreibtisch. Ich stand auf, spülte das Glas aus und stellte es fort. Dann nahm ich die Browning vom Schreibtisch und schob sie wieder in das Holster an meiner Hüfte. Ich zog mein Jackett an, knipste das Licht aus, verließ mein Büro und schloß die Tür hinter mir ab.

Es war ein zehnminütiger Fußmarsch vom Büro zum *Capital Grill*. Den ganzen Weg über dachte ich an Susan und fühlte mich erheblich besser, als ich dort ankam.

Kapitel 41   Healy bestellte einen Absolut Martini on the rocks. Ich auch. Als der Kellner ging, legte Healy einen braunen Umschlag vor mich auf den Tisch.

«Ich habe DeSpains Personalakte gezogen», sagte er. «Sie sind nicht befugt, einen Blick hineinzuwerfen.»

«Ich weiß», sagte ich.

Ich nahm den Umschlag und ließ ihn in der Innentasche meiner Jacke verschwinden. Der Kellner kehrte mit den Martinis zurück. Wir bestellten das Essen. Healy hob den Martini und sah mich einen Augenblick lang an, dann trank er. Er schluckte und schüttelte langsam den Kopf.

«Martinis enttäuschen einen nie», sagte er.

Ich nickte. Nach mehreren Unzen irischem Whisky war meiner nicht ganz so bezwingend.

«Das kann man nicht gerade von vielen Dingen behaupten», sagte Healy.

«Ab und an von einer Frau», sagte ich.

Healy nickte langsam.

«Bin jetzt seit siebenunddreißig Jahren verheiratet», sagte er. «Sind Sie immer noch mit Susan zusammen?»

«Ja.»

«Ich weiß noch, wie Sie sie kennengelernt haben. Diese Entführung oben in Smithfield. Arbeitet sie immer noch in der Schule?»

«Nein, sie ist Shrink», sagte ich.

«Habt ihr geheiratet?»

«Nein.»

«Warum nicht?»

Ich zuckte mit den Achseln.

«Wir haben's irgendwie nie gleichzeitig gewollt», sagte ich.

«Leben Sie mit ihr?»

«Nein.»

«Das macht's besser, wenn man zusammen ist, stimmt's?» fragte Healy.

«Ja.»

«Ich und meine Alte haben getrennte Schlafzimmer. Die Leute reagieren immer ganz schockiert. Glauben, unsere Ehe stecke in Schwierigkeiten.»

«Genau das Gegenteil ist der Fall», sagte ich.

Healy nickte. Er war ein schlanker Mann mit breiten Schultern und kurzgeschnittenen, grauen Haaren.

«Hätten's schon viel früher gemacht», sagte er. «Aber als die Kinder noch im Haus waren, hatten wir nicht genug Platz. Heute schon.»

Er grinste und nahm noch einen Schluck von seinem Martini.

«Hält alles frischer», sagte er.

«Erzählen Sie mir von DeSpain», sagte ich.

«Erzählen Sie mir, warum Sie das wissen wollen», konterte Healy.

Ich erzählte es ihm.

«Sie haben wirklich ein Händchen für so was», sagte Healy. «Mord, Kidnapping, illegale Einwanderer, und Sie haben es auch noch geschafft, das Kwan Chang *tong* zu verärgern.»

«Alle Male besser, als sich mit einem Fotoapparat bewaffnet vor Motels herumzudrücken», sagte ich.

«Haben Sie Unterstützung gegen das Kwan Chang?» fragte Healy.

«Hawk und Vinnie Morris.»

«Der gottverdammte Vinnie Morris?» sagte Healy.

«Er macht, was er sagt, daß er es machen wird, und er kann gut mit einer Kanone umgehen.»

«Das muß ich ihm lassen», sagte Healy. «Bin noch nie jemandem begegnet, der so gut schießen kann wie Vinnie.»

Ich räusperte mich. «A-hmh.»

Healy ignorierte mich und machte sich über sein Steak her.

«Wollen Sie mir nicht sicherheitshalber die Namen Ihrer nächsten Angehörigen geben?» fragte ich.

Healy grinste.

«Mein Cholesterinspiegel liegt bei hundertfünfzig», sagte er. «Ich wiege immer noch genausoviel wie damals, als ich das Marine Corps verließ.»

Ich sah auf meine Auswahl verschiedener kalter Meeresfrüchte. Ich warf einen Blick auf Healys Steak. Ich war froh, daß ich es nicht essen mußte. Ich war froh, daß ich kalte Meeresfrüchte aß. Kalte Meeresfrüchte waren moralisch einwandfrei.

«DeSpain und ich haben ungefähr zur gleichen Zeit angefangen», sagte Healy. «Er war schon immer hart wie Stahl und zäh wie Leder, und clever. Und stur. Wenn er sich einmal in einen Fall verbissen hatte, dann ließ er nicht mehr locker. Und dabei führte er sich nicht auf wie der knallharte Macho. Er war bodenständig, wie Will Rogers. Die meisten Leute mochten ihn.»

Der Kellner kam vorbei. Healy krallte ihn sich und bestellte einen weiteren Martini. Der Kellner sah mich an. Ich schüttelte den Kopf. Martinis paßten nicht so wahnsinnig gut zu einer Auswahl kalter Meeresfrüchte.

«Dann lag also eine großartige Zukunft vor ihm», sagte ich.

«Ja. Heute müßte er eigentlich Chef der Criminal Investigations sein.»

«An Ihrer Stelle?»

«An meiner Stelle», sagte Healy. «DeSpain arbeitete als Ermittler für die Staatsanwaltschaft von Middlesex, hatte sein Büro in der Framingham-Kaserne. Dann erwischte er einen Fall, bei dem jemandem nachgestellt wurde. Er ließ sich mit dem Opfer ein.»

Es war wie ein Schlag in den Solarplexus.

«Eine Frau», sagte ich.

«Ja. Wie viele Männer kennen Sie, denen nachgestellt wird?»

«Einen. Vielleicht», sagte ich.

«Jedenfalls ging seine Ehe darüber in die Brüche. Es war sehr unschön und ruinierte seine weitere Karriere. Der Public Safety Commissioner haßt es, wenn wir anfangen, mit Leuten zu schlafen, die in ein Ermittlungsverfahren verwickelt sind. DeSpain nahm seinen Abschied. Bis zu Ihrem Anruf neulich hatte ich keine Ahnung, was aus ihm geworden ist.»

«Den Namen dieser Frau kennen Sie nicht?»

«Nein, müßte aber in der Akte stehen. Glauben Sie, daß sie irgendwas mit dieser Sache in Port City zu tun hat?»

«Das Entführungsopfer, eine Frau namens Jocelyn Colby, die behauptet, verfolgt worden zu sein, war früher Mitglied eines Theaterensembles in Framingham.»

«Wär schon ein großer Zufall», sagte Healy. «Diese Braut oben in Port City, hat sie was mit DeSpain?»

«Zumindest nicht offensichtlich.»

«Die Wege wahrer Liebe», sagte Healy, «sind meistens unergründlich.»

Kapitel 42

Ich pendelte so häufig zwischen Boston und Port City hin und her, daß ich mir langsam wie eine Brieftaube vorkam. An einem verregneten Sonntag waren wir wieder dort oben, saßen mit Mei Ling im *Puffin' Muffin*, und ich hatte es gründlich satt. Ich hatte die Fahrerei satt. Ich hatte es satt, nicht mehr an dem Haus in Concord arbeiten zu können. Ich hatte den Regen satt. Ich hatte es satt, den Ereignissen immer anderthalb Schritte hinterherzuhinken. Ich hatte es satt, Susan nicht zu sehen. Ich hatte es satt, daß Hawk und Vinnie mir dauernd folgten. Ich vermißte Pearl.

«Hawk, du knöpfst dir mit Mei Ling Chinatown vor. Ihr geht von Tür zu Tür, sucht jemanden, der mit euch reden will. Vinnie, du übernimmst den Hafen.»

«Was ist mit den Death Dragons?» sagte Vinnie.

«Scheiß auf die Death Dragons», erwiderte ich.

«Glauben Sie wirklich, daß wir Miss Colby so finden?» fragte Mei Ling.

«Nein», sagte ich. «Aber was Besseres fällt mir nicht ein.»

«Gib mir Vinnie mit», sagte Hawk.

Ich starrte ihn an. Ich hatte noch nie erlebt, daß er Hilfe haben wollte.

«Ich möchte, daß jemand auf Missy aufpaßt», sagte er. «Falls ich die Death Dragons zusammenschlagen muß.»

«Daran hab ich nicht gedacht», gestand ich.

«Ich weiß», sagte Hawk.

«Ich hab keine Angst», sagte Mei Ling.

«Ich weiß», sagte ich. «Vinnie?»

«Klar», nuschelte Vinnie. Er aß gerade einen Kürbismuffin.

«Okay, ich gehe rüber zum Theater, stelle den gleichen Leuten wieder die gleichen Fragen. Um zwölf treffen wir uns dort im Foyer. Vergleichen unsere Notizen. Mal sehen, wer was herausgefunden hat.»

Hawk lächelte breit.

Er sagte: «Schön, dich so optimistisch zu sehen.»

«Falls dir irgendwelche Death Dragons über den Weg laufen, knall sie einfach ab», sagte ich. «Von denen hab ich auch die Schnauze voll.» Sie standen auf und gingen, Mei Ling dicht neben Hawk, wobei ihr Kopf nicht ganz seine Schulterhöhe erreichte. Ich bezahlte die Rechnung, ging zum Theater und machte mich daran, die üblichen Verdächtigen zusammenzutreiben.

Um zehn vor zwölf saß ich mit Deirdre Thompson und ihrer Brust, die sie immer wieder auf mich richtete, in dem großen, leeren Konferenzzimmer. Sie trug Jeans und ein taubenblaues T-Shirt mit Reklameaufdruck für das *Casablanca Restaurant*. Der Halsausschnitt des T-Shirts war mit Hilfe einer Schere so weit vergrößert worden, daß ihre Schultern weitgehend entblößt waren und es nur noch so gerade eben ihr Dekolleté bedeckte.

«Hat Jocelyn irgendwann mal angedeutet, daß sie näher an Christopholous interessiert ist?» fragte ich.

«Oh, verdammt», sagte Deirdre. «Wahrscheinlich. Wenn Sie Hoden haben, wird Jocelyn sich früher oder später auch näher für Sie interessieren.»

«Hübsch gesagt», sagte ich.

«Ja, ja, sie ist schon eine heiße Feder», sagte Deirdre. «Gott, ich hoffe, Sie können sie befreien.»

«Erinnern Sie sich, ob sie sich speziell für Christopholous interessiert hat?»

«Glauben Sie, er hätte sie entführt?» sagte Deirdre.

Ich atmete tief ein und langsam wieder aus.

«Nein. Hat sie?»

«Ja. Das ist so eine Sache bei Jocelyn. Sie steht auf, äh, Männer, die, äh...» Sie gestikulierte. «Auf Autoritätspersonen. Das wollte ich sagen. Sie ist scharf auf Autoritätspersonen.»

«Wie Christopholous.»

«Klar. Sie war eine ganze Weile scharf auf Jimmy. Aber er war nicht interessiert. Erzählen Sie ihm nicht, daß Sie das von mir haben, okay?»

«Okay.»

«Jeder wußte davon, und ich glaube, es war ihm unangenehm. Verdammt, keiner hat sich was dabei gedacht, verstehen Sie? Weil, so ist Jocelyn eben. Sie ist ein Mordskumpel, wissen Sie, also findet man sich eben mit allem anderen ab – die Männer, die Sauferei, das Chaos in der Garderobe – wir haben alle unsere Schrullen.»

«Chaos in der Garderobe?»

«Ja. Ist das eine Spur?»

«Erzählen Sie davon.»

«Also, haben Sie schon mal eine Theatergarderobe gesehen? Meistens ist's nicht so wie im Kino.» Sie grinste und tat so, als würde sie sich vor einem Spiegel die Haare richten, und dann imitierte sie die Stimme eines Inspizienten.

«‹Fünf Minuten, Miss Garbo.› Sie wissen schon. Es ist eher so wie die Umkleidekabine in einem billigen Laden. Man ist mit allen anderen in einen kleinen Raum gepfercht, alle rennen in Unterwäsche rum, ziehen das eine aus und das andere an. Es ist das reinste Chaos, und wenn jemand schlampig ist, dann wird das Chaos nur noch größer. Genaugenommen ist es ein einziger Nerv. Aber Jocelyn...» Deirdre zuckte mit den Achseln. «Sie konnte nie Ordnung halten. Sie ist sauber und ordentlich, sofern es sie selbst betrifft, aber ansonsten ist sie eine unglaubliche Schlampe. Sie müßten mal ihre Bude sehen.»

«Ihre Wohnung?»

«Ja, da sieht's aus wenn am Morgen nach dem letzten Tag von Pompeji. Das Bett völlig durcheinander, überall Klamotten, Make-up auf dem Boden. Irre.»

«Was würden Sie denken, wenn Sie in ihre Wohnung kommen, und alles ist sauber und ordentlich?»

Deirdre lachte.

«Ich würde denken, wahrscheinlich hatte sie Besuch von ihrer Mutter. Allerdings weiß ich, daß ihre Mutter schon lange tot ist.»

«Was ist mit dem Vater?» fragte ich.

«Ihr Vater hat sich aus dem Staub gemacht, als sie noch ein kleines Mädchen war», sagte Deirdre. «Ich glaube nicht, daß sie je was von ihm gehört hat. Ich glaube, sie weiß nicht mal, ob er tot ist oder noch lebt. Und sie sagt, es sei ihr auch egal.»

Ich nickte.

«Vielleicht aber auch nicht», sagte ich.

Kapitel 43

Beim Mittagessen verglichen wir, was wir herausgefunden hatten.

«In Chinatown will niemand mit uns reden», sagte Hawk.

«Meinst du, das ist eine Sache, die was mit Rasse zu tun hat?» fragte ich.

«Nee», erwiderte Hawk. «Ich glaube, die haben uns zusammen gesehen.»

Ich nickte. Mei Ling sah Hawk anerkennend an. Vinnie strich Frischkäse auf einen Bagel. Er wirkte völlig entspannt und locker, aber wie immer schaute er sich im Raum um, egal, was er sonst noch tat.

«Laut einer ihrer Freundinnen war Jocelyn in Christopholous verknallt.»

«Was er dir gegenüber bislang verschwiegen hat.»

«Richtig. Und ebenfalls laut dieser Freundin ist sie eine berühmte Schlampe.»

«Und?»

«Und als ich ihr Zimmer durchsucht habe, war alles picobello.»

«Wer ist diese Freundin?» fragte Hawk.

«Deirdre Thompson.»

«Unser Tittenmonster», sagte er.

Mei Ling errötete und kicherte albern.

«Meinst du, Jocelyn hätte vielleicht ihr Zimmer aufgeräumt, weil sie wußte, es könnte womöglich durchsucht werden?»

«Vielleicht», sagte ich.

«Wollen Sie damit sagen, sie wußte, daß man sie entführen wollte?» fragte Mei Ling. Sie sah so empört aus, wie Mei Ling empört aussehen konnte. Was nicht besonders viel war.

«Vielleicht», sagte ich. «Wären Sie bereit, sich mit mir illegalen Zugang zu Jocelyns Apartment zu verschaffen?» fragte ich Mei Ling.

Sie wirkte erschreckt und schaute dann Hawk an.

«Er möchte, daß Sie mal einen Blick drauf werfen, weil Sie eine Frau sind», erklärte Hawk. «Vielleicht sehen Sie Dinge, die er nicht sieht.»

«Ich hoffe, Sie halten das nicht für sexistisch», sagte ich.

Mei Ling lächelte.

«Nein, Sir», sagte sie. «Frauen sehen oft Dinge, die Männer übersehen.»

«Gut», sagte ich. «Auf geht's.»

Wieder sah Mei Ling Hawk an.

«Kommen Sie mit?»

«Ich fahre euch rüber, Missy. Warte direkt draußen.»

Ich ließ genug Geld für das Mittagessen auf dem Tisch liegen. Vinnie brauchte noch einen Moment, um sich mit seinem zweiten Bagel ein Frischkäse-Sandwich zu machen, es dann in eine Papierserviette einzuwickeln und in die Tasche zu stecken.

«Bin froh, wenn das hier endlich vorbei ist», murrte er. «Dann geh ich irgendwohin und besorg mir was Anständiges zu beißen.»

Jocelyn hatte eine Souterrainwohnung in der Nähe des Hafens, in die man über drei Stufen an der Seite eines zweistöckigen Schindelhauses gelangte. Die Treppe besaß ein Geländer aus schwarzem

Rohr, und die Fenster waren durch kräftigen Fliegendraht geschützt. Die Tür war schwarz gestrichen.

Da ich bereits Übung hatte, brauchte ich nur knapp eine Minute, um das Schloß zu knacken. Das Zimmer war noch genau, wie ich es verlassen hatte. Falls DeSpain es durchsucht haben sollte, dann hatte er es sehr ordentlich getan. Die Wohnung bestand aus einem Wohnschlafzimmer, einer Küche und einem Bad. Das Bad war gefliest. Die beiden anderen Zimmer waren sperrholzvertäfelt. Auf dem Bett lag eine rosa Decke.

«Schauen Sie sich um, Mei Ling. Achten Sie darauf, ob Ihnen irgendwas merkwürdig vorkommt. Ob es etwas gibt, das eigentlich hier sein sollte, aber nicht da ist. Etwas, das hier ist, aber nicht hier sein sollte. Irgend etwas, das Sie nicht erwarten würden.»

Mei Ling stellte sich in die Mitte des Zimmers und schaute sich um.

«Darf ich Schubladen und Schränke und so aufmachen?»

«Ja.»

Was sie dann auch tat. Sie ging dabei ziemlich systematisch vor. Sie fing mit einer Seite des Wohnschlafzimmers an und arbeitete sich von dort methodisch vor, dann kam die Küche und schließlich das Bad an die Reihe. Ich lehnte mich neben der Küchentheke an die Wand und schaute ihr zu. Ihr Gesicht war ernst, und zwischen ihren Augenbrauen tauchte eine kleine Konzentrationsfalte auf. Ihre Schneidezähne waren zu sehen, als sie sich leicht auf die Unterlippe biß, während sie alles aufmerksam begutachtete.

«Ihr Make-up ist nicht hier», verkündete Mei Ling. «Ihre Handtasche auch nicht.»

«Klingt logisch», sagte ich, «daß sie ihre Handtasche bei sich hatte, als sie entführt wurde. Ist es eine berechtigte Vermutung, daß sie ihr Make-up in der Handtasche hatte?»

«Ist sie attraktiv?» fragte Mei Ling. «Eine Schauspielerin, die Wert auf ihr Äußeres legt?»

«Ja.»

«Dann nein, Sir. Sie hätte Lippenstift in der Handtasche gehabt, vielleicht noch Rouge und das eine oder andere für die Augen. Aber sie hätte bestimmt nicht alles in ihrer Handtasche mit sich herumgeschleppt.» Mei Ling lächelte. «Es ist einfach zuviel. Das Licht in ihrem Bad ist nicht besonders gut. Es gibt dort kein Fenster. Sie besitzt bestimmt einen Vergrößerungsspiegel, vielleicht einen mit eingebauter Beleuchtung. Sie hat bestimmt auch einen Fön. Sie wird eine

Nachtcreme besitzen und Feuchtigkeitscreme und Grundierungscreme und Lidschatten und Mascara und...» Mei Ling spreizte hilflos die Hände. «So vieles. Und außerdem ist ihr Beauty-case weg.»

«Sie meinen einen Koffer für Make-up?»

«Ja.»

«Sie wissen, daß sie einen besitzen muß?»

Mei Ling lächelte mich beinahe herablassend an.

«Ja, Sir.»

«Sonst noch was?» fragte ich.

«Ich weiß nicht, welche Gepäckstücke sie besitzt», sagte Mei Ling. «Aber ein Koffer ist jedenfalls nicht hier.»

«Ja», sagte ich. «Das ist mir auch schon aufgefallen, aber zu dem Zeitpunkt war es nicht das, wonach ich gesucht habe.»

«Zahnbürste und Zahncreme sind allerdings noch da», sagte Mei Ling.

«Ja. Aber viele Leute haben Toilettenartikel doppelt.»

«Was bedeutet das, Sir?»

«Vielleicht hat Jocelyn für ihre Entführung gepackt», sagte ich.

«Wer würde ihr so was erlauben?»

«Niemand», sagte ich.

Kapitel 44

Ich war allein in Port City. Ich mußte nachdenken, und es interessierte mich nicht mehr, ob das den Death Dragons oder Lonnie Wu gefiel oder nicht. Der Himmel war dunkel, und vom Atlantik wehte eine frische Brise, aber der Regen war sanft und trieb leicht auf dem Wind. Ich schlenderte die Ocean Street parallel zum Wasser entlang, fort vom Theater, hatte den Kragen meiner schwarzen Lederjacke aufgestellt und die dazu passende White-Sox-Baseballkappe tief in die Stirn gezogen. Die Browning hatte ich aus dem Holster genommen und in meine rechte Jackentasche gesteckt, denn falls die Death Dragons tatsächlich Einwände gegen meine Anwesenheit erhoben, wäre es peinlich, wenn meine Kanone vor dem Regen trocken, behaglich und sicher unter dem Reißverschluß der Jacke geschützt war. Die meisten Fischerboote lagen im Hafen, und ihre Masten drängten sich in Ufernähe, schaukelten heftig auf dem kabbeligen Wasser der Farbe von Makadam. Möwen hatten sich auf den Booten und Pollern auf den Kaimauern niedergelassen. Eine verließ ihren Sitzplatz und schnappte sich ein Stück Abfall aus dem düsteren Wasser. Was bislang ungreifbar am Rand meines Bewußtseins geschwebt hatte, materialisierte sich plötzlich. Wie ein Name, an den ich mich lange vergeblich zu erinnern versucht hatte.

Ich machte kehrt und ging schnell zum Theater zurück; durch den Vordereingang, vorbei an der Kasse, die Treppe hinauf und weiter in den großen, leeren Konferenzraum mit seiner Galerie von Theaterplakaten. Ich marschierte schnurstracks zu dem Plakat, das die 1983er Produktion der Port City Stage Company von *The Trials of Emily Edwards* ankündigte.

Ordentlich gerahmt. Eins von fünfzig. Es zeigte das stilisierte Bild einer jungen Frau mit schwarzem Haar, die an einen Stuhl gefesselt und mit einem weißen Schal geknebelt war. Sie trug einen schwarzen Unterrock und schwarze, hochhackige Schuhe oder, genauer gesagt, einen schwarzen, hochhackigen Schuh. Der andere lag vor ihr auf dem Boden. Der Träger ihres Unterrocks war von der linken Schulter gerutscht. Kein BH-Träger. Ihre Knöchel und Knie waren mit Wäscheleine gefesselt. Einige Schleifen der gleichen Leine um ihre Taille hielten sie auf dem Stuhl. Der weiße Schal schien aus Seide zu sein. Er bedeckte ihr Gesicht von der Nase bis zum Kinn. Ihr dunkles Haar war ihr ins Gesicht gefallen und verdeckte das rechte Auge. Es war absolut identisch mit Jocelyns Dilemma auf dem Video. Sie hatte gelernt, wie sie ihre eigene Entführung inszenieren konnte, indem sie das Theaterplakat kopierte.

«Herr im Himmel», sagte ich. In dem leeren Konferenzzimmer klang es sehr laut.

Ich nahm das Plakat vom Haken und klemmte es mir unter den Arm. Niemand hielt mich auf, als ich das Theater verließ. Niemand sagte: «He, wo willst du mit dem Plakat hin?» Tatsächlich beachtete mich überhaupt kein Mensch. *Wenn ein Detektiv im Wald stürzt*, fragte ich mich, *macht er dann ein Geräusch?*

Ich verstaute das Plakat in meinem Wagen und fuhr nach Hause zu Susan.

Als ich dort eintraf, ging ich mit meinem Plakat an ihrem Wartezimmer vorbei. Einen flüchtigen Augenblick dachte ich daran, hineinzugehen. *Entschuldigen Sie, Doktor, aber ich glaube, ich brauche Ihren fachmännischen Rat*. Statt dessen ging ich nach oben. Ich legte meine Mütze auf den Tisch in ihrer Diele, damit sie sie sah, wenn sie von ihren nachmittäglichen Terminen raufkam, und keinen Schreck bekam, wenn sie die Wohnung betrat. Ich schloß Susans Wohnung mit meinem Schlüssel auf, ließ mit beträchtlich mehr Würde als Vergnügen ein dreiminütiges intensives Gelecke von Pearl über mich ergehen, zog dann die Jacke aus und machte mir einen doppelten Wodka-Martini on the rocks mit einem Zitronenschnitz. Ich stellte mein Plakat auf den Fernseher, schob das Video in den Recorder, drückte auf Wiedergabe, wartete, bis Jocelyn auf dem Bildschirm erschien, und klickte die Standbildtaste. Der Standbildmodus von Susans Videorecorder entsprach nicht dem neuesten Stand der Technik, aber es genügte. Dann setzten Pearl und ich uns auf die Couch und bewunderten die identischen Bilder, während ich meinen Martini schlürfte und über die Detektivbranche im allgemeinen sinnierte. Pearl verübte von Zeit zu Zeit einen Anschlag auf meinen Martini, den ich aber immer wieder abwehren konnte. Nach einigen Fehlschlägen gab sie schließlich auf, drehte sich zweimal im Kreis und legte sich hin, den Kopf auf der Lehne der Couch und den Hintern gegen mein Bein gedrückt.

Schon eine kleine Ewigkeit war ich nun mit drei Angestellten in Port City. Und die einzige Tatsache, die ich vorweisen konnte, war, daß Craig Sampson vor meinen Augen auf der Bühne des Port City Theater erschossen worden war. Die einzige Person in Port City, die mir etwas Brauchbares erzählt hatte, war Lonnie Wu. Er hatte gedroht, mich umzubringen, und selbst er hatte übertrieben. Zu Lonnies Verteidigung mußte ich allerdings einräumen, daß ich schwerer umzubringen war, als er erwartet hatte.

Mein Glas war leer. Ich stand auf und füllte nach. Pearl drehte den Kopf und sah mich verärgert an. Ich mixte einen ganzen Shaker Martinis, kehrte zurück und setzte mich wieder. Pearl seufzte und arbeitete noch ein bißchen an der bequemsten Stellung auf der Couch.

«Ja», sagte ich. «Ich weiß.»

Ich starrte die beiden Bilder an. Jocelyn mußte ihre Videokamera auf ein Stativ montiert, sich dann auf den Stuhl gesetzt und den Schal über ihren Mund gebunden haben. Anschließend könnte sie sich die Knöchel und Knie gefesselt haben, die Leine durch die Querstäbe der Stuhllehne gezogen, sie um ihre Taille gewickelt und mit den freien Händen hinter ihren Rücken gehalten haben. So konnte sie sich realistisch winden und zappeln und gedämpfte Laute durch den Schal ausstoßen und sich wieder befreien, indem sie das Seil hinter sich einfach losließ. Das alles könnte sie bei laufender Kamera getan haben, hatte dann ungefähr fünf Minuten ihre Gefesselt-und-hilflos-Nummer gespielt und anschließend das Band bis zu der Stelle gelöscht, an der sie mit ihrer Nummer anfing.

Ich schenkte mir noch einen Martini ein und prostete Jocelyn auf dem Bildschirm zu.

«Die ganze Welt ist Bühne[2], Jocelyn», sagte ich.

Ich sah Pearl an.

«Es ist eine Geschichte, von einem Idioten erzählt», fuhr ich fort. «Voller Schall und Raserei, ohne Bedeutung.[3]»

Pearl sah mich an, ohne ihren Kopf zu bewegen.

«Ich weiß, das sind Textpassagen aus verschiedenen Stücken», sagte ich zu ihr. «Aber Jocelyn weiß es wahrscheinlich nicht.»

Ich hörte Susans Schlüssel in der Wohnungstür. Pearl verließ explosionsartig die Couch, stemmte dabei eine Pfote in meinen Unterleib und jagte auf Susan zu, als sie hereinkam.

Susan sagte etwas zu ihr, das wie «Ei-tu-tu-tu-tu» klang, aber vielleicht auch nicht, kam ins Wohnzimmer und gab mir einen Kuß.

«Martinis», sagte sie und sah mir in die Augen. «Und mehr als einer.»

Ich deutete mit dem Kopf auf den Fernseher und das Plakat. Susan drehte sich um und starrte beides an. Sie brauchte nicht sehr lange.

«Um Himmels willen», sagte Susan nach weniger als einer Minute. «Sie hat ihre Entführung vorgetäuscht.»

«Und alle Leute bloße Schauspieler, die ihre Stunde auf der Bühne sich quälen und stolzieren.[4]»

«Du hast zwei Stücke durcheinandergebracht», sagte Susan.

Ich sah Pearl an.

«Siehst du», sagte ich. «Sie ist smarter als Jocelyn.»

Kapitel 45

Das erste, was ich sah, als ich aufwachte, war Susans rosa- und lavendelfarbenes Flanellnachthemd auf dem Boden. Das war ein hervorragendes Zeichen. Ich linste unter die Bettdecke. Susan war bis auf ein Paar dicke, weiße Tennissocken nackt. Noch ein gutes Zeichen. Normalerweise schlief Susan von Ende August bis Mitte Juli immer in dickes Flanell gehüllt. Die Sokken trug sie das ganze Jahr. Auf ihrem Nachttisch stand ein halbleeres Martiniglas. Ich versetzte mich in die vergangene Nacht zurück.

Meine Erinnerung an die Nacht bestätigte, wenn auch verschwommen, den Beweis des Morgens. Susan hatte sich, anscheinend auf der Basis eines ‹Wenn du sie nicht in die Pfanne hauen kannst, dann schließ dich ihnen an›, mit mir über die Martinis hergemacht, und wir hatten über alles mögliche außer Port City geredet, noch spät Spaghetti gegessen, waren ins Bett gegangen, und das Flanellnachthemd war am Ende auf dem Boden gelandet. Ich sah Susan an; sie hatte die Bettdecke bis über die Nase hochgezogen und die Augen geöffnet, sah mich an.

«Was hast du vor?» fragte sie.

«Nachdem ich uns Orangensaft geholt habe, werde ich deinen nackten Körper liebkosen, bis du vor Verlangen vergehst», sagte ich.

«Das weiß ich», sagte Susan. «Ich meine, was wirst du anschließend unternehmen, wegen Jocelyn?»

«Keine Ahnung. Sollte ich sie finden?»

Pearl schob ihre Nase durch den Türspalt, drückte so lange, bis sie sich durchzwängen konnte, und kam dann ins Schlafzimmer. Sie sprang aufs Bett und starrte die Laken an, bis ich sie hochhielt, dann schlängelte Pearl sich darunter, zwischen uns, und schlief sofort ein. Susan tätschelte sie.

«Wie willst du das anstellen?» fragte Susan.

«Wahrscheinlich ist sie in einem Motel», sagte ich. «Wenn man sich selbst kidnappen will, kommt es ja vielleicht in die Zeitungen; bei einem Freund kann man dann nicht unterschlüpfen.»

«Aber würde sie nicht einen falschen Namen benutzen?» meinte Susan.

«Sie wird eine Kreditkarte benötigen, und wahrscheinlich besitzt sie keine gefälschten.»

«Also wirst du einfach alle Motels in der Gegend überprüfen?»

«Ja.»

«Und sofern sie nicht einen Haufen Bargeld hat, wirst du sie auch finden.»

«Und sollte sie einen Haufen Bargeld haben, wird sich jemand genau deswegen an sie erinnern», sagte ich.

«Es ist schwerer unterzutauchen, als man denken könnte», sagte Susan.

«Besonders für Amateure. Aber sollte ich sie finden? Sie hat mit an Sicherheit grenzender Wahrscheinlichkeit diese Sache nur inszeniert, um meine Aufmerksamkeit zu erregen.»

«Ja», sagte Susan. «Aber wir wollen doch nicht, daß sie die Situation weiter eskalieren läßt, bis sie deine Aufmerksamkeit hat.»

«Gutes Argument», sagte ich.

Wir tranken Orangensaft und alberten ein bißchen herum, dann schaute Susan auf die Uhr und rollte sich aus dem Bett.

«Mein Gott», sagte sie. «Mein erster Termin kommt in einer Stunde.»

Sie düste ins Bad, während ich liegenblieb und sie beobachtete.

«Warum steigst du nicht ein bißchen früher aus den Federn?» sagte ich. «Dann brauchtest du jetzt nicht so herumzurasen.»

«Weil ich in den Klauen eines sexuell hyperaktiven Gangsters gewesen bin», sagte Susan, als sie in ihren Kleiderschrank starrte. Sie war der einzige mir bekannte Mensch, der in Eile sinnieren konnte.

«Passiert dir so was öfter?»

«Zum Glück, ja.»

Susan nahm eine Jacke heraus, musterte sie stürmisch und warf sie auf einen Stuhl. Sie nahm eine andere Jacke heraus, hielt sie sich vor und schaute in den Spiegel.

«Vielleicht würde es besser aussehen», sagte ich, «wenn du untenrum auch was anhättest.»

«Die Jungs im Fitneßcenter sagen immer genau das Gegenteil», erwiderte Susan.

«Ist ja vielleicht auch was dran», sagte ich.

Aber sie hörte mich nicht mehr; sie war längst ins Bad abgezischt und hatte die Tür geschlossen. Ich trank meinen Orangensaft aus, stand auf, zog die Hose an, ließ Pearl raus und fütterte sie. Ich hörte die Dusche laufen. Ich kehrte ins Schlafzimmer zurück und machte das Bett. Das blaue Nadelstreifenkostüm, zu dem sich Susan für den Tag entschieden hatte, hing ordentlich auf Bügeln an einem Haken auf der Innenseite der Schranktür. Die Kleidungsstücke, die sie verworfen hatte, lagen überall im Zimmer verstreut wie vom Westwind mitgerissene herbstliche Blätter. Ich hörte, wie das Wasser abgestellt wurde. Ich hing die Kleider wieder auf ihre Bügel. Im Schrank wurde sorgsam auf Abstand zwischen den Kleidern geachtet, damit nichts verknitterte. Ihre Regeln der Ordentlichkeit blieben mir stets ein tiefes Geheimnis. Wie auch immer sie lauteten, sie wurden außer Kraft gesetzt, wenn sie sich anzog. Ich brachte die Martinigläser in die Küche und stellte sie mit den Tellern und Töpfen unseres gestrigen Abendessens in die Spülmaschine. Dann machte ich Kaffee.

Ich saß vor der zweiten Tasse, als Susan nackt aus dem Bad auftauchte, fertig geschminkt und frisiert. Ich brachte den Kaffee ins Schlafzimmer, während sie sich anzog.

«Was wirst du unternehmen?» sagte sie.

«Ich schätze, ich werde mal sehen, ob ich Jocelyn finden kann.»

«Könnten wir uns irren?» fragte Susan. «Könnte jemand anderer dieses Plakat kopiert haben, als man sie gefesselt hat? Wird sie vielleicht wirklich gefangengehalten?»

«Wir könnten uns irren», sagte ich. «Aber nicht sehr wahrscheinlich. Wenn ich sie finde, werden wir's wissen.»

Susan nickte.

«Also halten wir uns an unsere Vermutung», sagte sie.

«Machst du das nicht auch so?»

«Bei der Therapie? Ja, ich denke schon, wobei ich mich von meiner Intelligenz und Erfahrung und noch etwas anderem leiten lasse.»

«Was anderem?» fragte ich.

«Ich hasse das Wort», sagte Susan, «aber ich meine Intuition.»

«Was auch immer», sagte ich. «Du arbeitest mit ein bißchen Wissenschaft und ein bißchen Kunst.»

«Ja.»

«Ich auch», sagte ich.

«Und das ziemlich gut», meinte sie. «Könntest du mir das hier mal zumachen?»

Tat ich. Als sie fort war und ihr Duft immer noch durch die Luft wirbelte, nahm ich eine Dusche, zog mich an und schaltete für Pearl CNN an, damit sie Unterhaltung hatte, solange sie allein war, und machte mich dann auf den Weg ins Büro.

Zuerst die Post nachsehen, dann Jocelyn finden.

Kapitel 46 Als ich dort eintraf, saß Rikki Wu auf dem Boden des Korridors vor meiner Bürotür. Sie hatte die Knie an ihre Brust hochgezogen und das Gesicht in den gefalteten Armen vergraben. Als ich vor ihr stehenblieb, schaute sie auf. Ihre Augen waren gerötet vom Weinen. Ihr Augen-Make-up war verschmiert. Ich hielt ihr eine Hand hin, die sie ergriff, dann half ich ihr auf. Ich hielt ihre Hand, während ich die Tür aufschloß, sie ins Büro führte und schließlich auf den Stuhl vor meinem Schreibtisch setzte. Dann nahm ich auf

dem Sessel auf der anderen Seite des Schreibtisches Platz, lehnte mich zurück und betrachtete sie.

«Was kann ich für Sie tun?» fragte ich.

Sie verschränkte die Arme und zitterte.

«Möchten Sie einen Kaffee?»

Sie verschränkte weiter die Arme und zitterte. Sie nickte kaum merklich. Ich stand auf, löffelte Kaffee in den Filter, kippte Wasser in den Vorratsbehälter und drückte auf den Knopf. Dann setzte ich mich wieder. Keiner von uns sagte ein Wort. Die Kaffeemaschine sprotzte. Rikki behielt die Arme verschränkt und starrte ins Nichts. Die Kaffeemaschine verstummte, ich stand auf und schenkte uns ein.

«Milch?» fragte ich. «Zucker?»

«Milch», antwortete sie leise. «Zwei Stücke Zucker.»

Ich stellte den Kaffee vor sie an die Schreibtischkante. Mit meiner Tasse kehrte ich hinter den Schreibtisch zurück und setzte mich. Sie nahm die Tasse in beide Hände und trank einen Schluck. Ihr Lippenstift hinterließ einen leuchtenden Halbmond auf dem Rand.

«Ich weiß nicht, zu wem ich sonst gehen sollte», sagte sie schließlich.

«Hm-hmh», machte ich.

«Ich kann niemandem vertrauen.»

Ich nickte.

Sie trank wieder einen Schluck, hob die Augen von der Tasse und sah mich dann zum erstenmal direkt an, seit ich gekommen war.

«Kann ich Ihnen vertrauen?» fragte sie.

«Ja», sagte ich. «Das können Sie.»

«Mein Mann ist weg.»

«Weg?»

«Sie haben ihn mitgenommen. Ich weiß, daß er tot ist.»

Sie trank noch einen Schluck, hielt den Becher vorsichtig mit beiden Händen. Die Post, die ich hatte durchgehen wollen, lag in einem Haufen auf dem Boden neben dem Briefschlitz.

«Erzählen Sie mir davon», sagte ich.

Rikki drückte den Kaffeebecher an ihre Wange, als wollte sie sich daran wärmen.

«Mein Mann bleibt normalerweise immer bis zehn Uhr in seinem Büro im Restaurant. Dann trinkt er an der Bar noch einen Scotch mit Soda und kommt nach Hause. Zwei der Jungs fahren ihn.»

«Jungs von den Death Dragons?»

«Ja. Gestern abend ist er nicht um zehn nach Hause gekommen. Ich habe in seinem Büro angerufen. Niemand ist rangegangen. Ich habe das Restaurant angerufen. Mein Mann war schon früh gegangen, allein. Den Jungs hat er gesagt, sie sollten dort auf ihn warten, er käme zurück. Die Jungs warteten immer noch. Er ist nicht mehr zurückgekommen.»

«Warum glauben Sie, daß er tot ist?»

Sie zuckte mit den Achseln.

«Andernfalls wäre er nach Hause gekommen. Sie haben ihn umgebracht.»

«Wer?»

«Sie. Die Leute, mit denen mein Mann Geschäfte gemacht hat.»

«Kennen Sie irgendwelche Namen?» fragte ich.

Sie zuckte wieder mit den Achseln.

«Ich habe mich aus den Geschäften meines Mannes herausgehalten. Es stand mir nicht zu, darüber Bescheid zu wissen. Aber es waren Geschäfte, bei denen man getötet werden konnte.»

«Waren Sie schon bei der Polizei?» fragte ich.

«Nein. Ich vertraue der Polizei nicht.»

«Warum nicht?»

Rikki schüttelte den Kopf.

«Ich vertraue denen einfach nicht», sagte sie.

«Aber mir vertrauen Sie.»

«Ja.»

«Warum?»

«Ich weiß nicht», sagte sie. «Aber es ist so.»

Ich hatte irgendwie mehr als das erhofft, aber man nimmt, was man kriegen kann.

«Was ist mit den Dragons?»

«Denen vertraue ich auch nicht.»

Ich nickte.

«Möchten Sie, daß ich Sie nach Port City begleite», fragte ich, «und helfe, Ihren Mann zu finden?»

«Ja.»

Ich nickte. Soviel zum Durchsehen meiner Post. Oder nach Jocelyn zu suchen. Jetzt konnte ich Lonnie suchen. Ich fragte mich, ob sein Verschwinden irgendwie mit Jocelyns Verschwinden im Zusammenhang stand. Vielleicht saßen die zwei zusammen in einem Motelzimmer und taten, als wären sie entführt worden. Das hier lief nicht so, wie es laufen sollte. Je mehr ich nachforschte und je mehr ich erfuhr, desto weniger verstand ich. Ich hatte schon Schwierigkeiten, den Überblick zu behalten, wer eigentlich mein Klient war. Arbeitete ich für Christopholous oder die Port City Stage Company oder Jocelyn Colby oder Rikki Wu? Oder für Susan? Da ich von niemandem bezahlte wurde, war es irgendwie schwer, sicher zu sein.

«Okay», sagte ich. «Lassen Sie mich vorher noch kurz telefonieren.»

Ich zog das Telefon herüber und rief Hawk an.

«Wen haben wir gesucht?» sagte ich.

«Jocelyn?»

«Ja.»

«Und es ist jemand bei dir, deswegen kannst du nicht richtig reden.»

«Ja. Ich glaube, es ist nicht alles so, wie es scheint. Ich glaube, die fragliche Person befindet sich in einem Motel in der Gegend. Freiwillig.»

«Sie hat es nur vorgetäuscht?»

«Ja.»

«Dann ist sie also unter ihrem eigenen Namen in einem Motel abgestiegen», sagte Hawk. «Sofern sie nicht einen Haufen Bares dabeihat.»

«Hm-hmh. Du und Vinnie, seht doch mal zu, ob ihr sie nicht finden könnt», sagte ich.

«Sie könnte bei jemand anderem sein», sagte Hawk.

«Wenn dem so ist, dann findet den oder die auch», sagte ich. «Unternehmt nichts. Macht sie einfach ausfindig und gebt mir Bescheid.»

«Klar. Gehst du ins Kino?»

«Lonnie Wu wird vermißt», sagte ich. «Seine Frau ist hier bei mir im Büro. Ich werde ihr helfen, ihn zu finden.»

Hawk schwieg einen langen Augenblick.

«Vielleicht ist Lonnie bei Jocelyn», sagte er nach einer Weile.

«Ja, vielleicht», sagte ich.

Hawk war wieder still.

Dann sagte er: «Das hier ist mit Abstand die albernste Sache, in die du mich je hineingezogen hast.»

«Ohne Frage», sagte ich.

«Vielleicht werden dich die Death Dragons nicht belästigen», sagte Hawk. «Wo du doch mit Mrs. Wu zusammen bist.»

«Wegen den Death Dragons mache ich mir keine Sorgen», sagte ich. «Wenigstens weiß ich, woran ich bei denen bin.»

«Keine Kleinigkeit», sagte Hawk, «in Port City.»

Kapitel 47

Es waren die Kids aus der Gang, die Lonnie Wu fanden. Draußen in dem Blockhaus für Hobbyornithologen an der Brant Island Road, wo ich in der Dunkelheit gestanden und die geisterhaften Asiaten einwandern gesehen hatte. Als Rikki und ich dort eintrafen, waren nur noch zwei von ihnen da, lehnten gegen einen schwarzen Firebird mit verchromten Auspuffrohren und silbernen, auf die Kühlerhaube gemalten Flügeln. Keiner von beiden sah alt genug für einen Führerschein aus. Sie sprachen auf chinesisch mit Rikki und deuteten mit dem Kopf auf das Blockhaus. Sie nahm meinen Arm, als wir dorthin gingen.

Lonnie war da. Zusammengesackt in einer Ecke, den Rücken gegen das niedrige Geländer gelehnt, die Beine gerade vor sich ausgestreckt. Man muß nicht viele Leichen gesehen haben, um eine zu erkennen, wenn man eine sieht. Ich hörte Rikki scharf einatmen und spürte, wie ihre Hand sich auf meinem Arm verkrampfte.

«Nicht nötig, genauer hinzusehen», sagte ich.

Sie gab mir keine Antwort. Wir gingen weiter, bis wir direkt vor ihm standen und auf ihn herabschauten. Er blickte nach Westen, hatte dem Meer den Rücken zugewandt, und die Sonne des frühen Nachmittags schien ihm voll ins Gesicht. Bevor Lonnie gestorben war, hatte jemand ihn nach Strich und Faden zusammengeschlagen. Seine Nase war gebrochen, eine Auge geschlossen. Seine Lippe war so stark angeschwollen, daß praktisch die Innenseite nach außen gekehrt war, und mehrere seiner Zähne fehlten. Auf der Brust war sein Hemd mit dunklem Blut vollgesogen. Rikki starrte einen Augenblick auf ihn hinab, dann drehte sie sich fort und drückte ihr Gesicht gegen meine Brust. Ich legte einen Arm um sie. Mehrere Möwen segelten auf dem Wind heran und ließen sich auf den Pollern des Dammes nieder, brachten nach dem Landen ihr Gefieder in Ordnung. Ein Kadaver auf der Straße war für sie ein Kadaver auf der Straße. Sie machten da keine feinen Unterschiede.

«Haben Sie eine Freundin, zu der Sie gehen könnten?» fragte ich Rikki Wu.

Das Gesicht immer noch an meine Brust gedrückt, schüttelte sie den Kopf.

«Familie?»

«Mein Bruder wird kommen.»

«Okay», sagte ich. «Ich möchte Sie bitten, sich für einen Moment allein in den Wagen zu setzen, dann fahren wir zusammen zurück.»

Sie erwiderte nichts, aber sie wehrte sich auch nicht, als ich sie umdrehte und zum Mustang zurückbrachte. Die beiden Kids beobachteten mich ausdruckslos. Sie machten auch keine feineren Unterschiede als die Möwen.

«Spricht einer von euch Englisch?» fragte ich.

Der kleinere der beiden trug eine übergroße Chicago-Bulls-Jacke. Er grinste breit. Der andere, größer, aber genauso zierlich, das lange Haar vom Wind nach vorn geblasen, zeigte überhaupt keine Gefühlsregung.

«Toll», sagte ich und ging zurück den Damm hinauf. Ich hörte, wie die Türen des Firebird geöffnet und zugeschlagen wurden, wie er angelassen wurde und dann fortdonnerte. Wer konnte ihnen einen Vorwurf machen. Es gab keinen Grund, noch länger hier herumzulungern. Sie arbeiteten nicht mehr für Lonnie Wu.

Ich hockte mich neben Lonnies Leiche. Es gefiel mir nicht, aber es war sonst niemand da, der's tun konnte. Ich tastete unter seine Jacke und fand das Holster an seinem Gürtel auf der rechten Hüfte. Das Holster war leer. Ich suchte nach Schußverletzungen oder Stichwunden. Fand nichts. Ich tastete seinen Brustkorb ab, spürte einige gebrochene Rippen. In einem Fall handelte es sich um einen offenen Bruch. Unwillkürlich verzog ich das Gesicht. Auch einige seiner Finger schienen gebrochen zu sein. Sein Fleisch war kalt, und er war steif. Seine Haare waren zerzaust, und Strähnen, steif durch Haarspray, standen in verrückten Winkeln vom Kopf ab. Er war dermaßen übel zugerichtet worden, daß es schwer zu sagen war, aber wahrscheinlich hatten sich die Möwen bereits an ihm gütlich getan.

Ich stand auf und schaute auf Lonnies Leiche hinab. Er war so weit wie nur möglich von China entfernt, am östlichen Rand des falschen Kontinents, am westlichen Rand des falschen Ozeans. Ich schaute auf die Wellen hinaus, die ereignislos vom Horizont hereingerollt kamen. Sie hatten einen weiten Weg bis zu dieser Küste hinter sich, aber nicht so weit wie Lonnie, und auch nicht annähernd so weit, wie er gegangen war.

Ich wandte mich ab, kehrte zu meinem Wagen zurück und stieg neben Rikki ein. Sie weinte nicht. Sie saß einfach nur da und starrte ins Nichts, das Gesicht beherrscht, die Hände auf dem Schoß gefaltet. Ich drehte den Zündschlüssel und ließ den Motor im Leerlauf.

«Wir sollten die Cops verständigen», sagte ich.

«Nein», sagte Rikki. «Ich werde meinen Bruder anrufen.»

«Eddie Lee?»

«Ja. Er wird sich um alles kümmern.»

«Die Leiche?»

«Um alles.»

«Und warum haben Sie ihn dann nicht direkt angerufen?» sagte ich. «Warum sind Sie erst zu mir gekommen?»

«Ich wollte nicht, daß er etwas erfährt», sagte sie. «Ich wollte ihn nicht wissen lassen, daß mein Mann verschwunden war. Ich wußte nicht, was wir herausfinden würden. Mein Bruder schätzt... schätzte meinen Mann nicht besonders. Er hielt ihn für oberflächlich und eingebildet. Ich wollte mich nicht beschämen.»

«Ihr Mann ist hier *dai low* geworden, weil er Sie geheiratet hat», sagte ich.

«Ja.»

«Könnte es sein, daß das *tong* ihn umgebracht hat?» fragte ich.

«Nein. Mein Bruder ist mein Bruder. Er würde niemandem erlauben, meinen Mann umzubringen.»

«Auch nicht, wenn er sich dem Kwan Chang gegenüber illoyal verhalten hat?»

«Mein Bruder würde niemandem erlauben, meinen Mann zu töten.»

«Irgendwer hat ihn aber umgebracht», sagte ich.

«Es war jedenfalls kein Chinese», entgegnete sie entschieden.

Ich nickte und gab ihr das Autotelefon. Sie wählte und sprach auf chinesisch, während ich den Wagen wendete und zurück zur Stadt fuhr. Als Rikki fertig war, rief ich Mei Ling an.

Kapitel 48

Zwei stumme chinesische Frauen waren gekommen, um Rikki Wu in ihrer Wohnung Gesellschaft zu leisten, und ich saß allein mit Fast Eddie Lee und Mei Ling in dem Büro hinter dem Restaurant. Es war ein kleines Zimmer mit einem Rollschreibtisch und einem Computer auf einem kleinen Arbeitstisch. An der Wand über dem Schreibtisch hing ein Bild von Tschiang Kai-schek in seiner Generalissimusuniform, deren Hemdbluse eng am Hals anliegend zugeknöpft war.

Eddie war ein stabiler, alter Mann, nicht sehr groß, aber dick, mit einem rundlichen Gesicht und Stummelfingern. Er hatte dünnes, weißes Haar, und die durchschimmernde Kopfhaut war mit Leberflecken übersät. Er trug eine schwarze Hose und ein weißes Hemd, und er saß auf Lonnie Wus Drehstuhl, hatte beide Füße fest auf den Boden gestellt und die Hände auf die Knie gelegt. Er betrachtete mich eine ganze Weile mit ausdrucksloser Miene.

«Sie haben die Leiche?» sagte ich zu ihm.

Er nickte.

«Sprechen Sie Englisch?» fragte ich.

«Ein bißchen», sagte er. «Besser Chinesisch.» Langsam drehte er den Kopf und sah Mei Ling an. Sie lächelte und sagte etwas auf Chinesisch. Er antwortete ihr kurz und drehte dann wieder langsam den Kopf, um mich erneut anzusehen.

«Sie wissen, woran er gestorben ist?» sagte ich.

Er nickte. Er sprach zu Mei Ling.

«Er sagt, sein Arzt hätte Mr. Wu untersucht», sagte Mei Ling. «Er ist erschlagen worden.»

Ich nickte.

«Wo ist die Leiche jetzt?» fragte ich.

Eddie Lee sah Mei Ling an. Sie übersetzte. Er antwortete.

«Er sagt, man wird sich angemessen um die Leiche kümmern.»

Ich nickte. Eddie und ich sahen uns wieder eine Zeitlang stumm an. Mei Ling saß neben mir auf einem Sitzkissen, hielt die Knie züchtig zusammengedrückt. Das einzige Licht kam von der Schreibtischlampe mit dem grünen Schirm hinter Eddie Lee. Ich hatte das Gefühl, als müßte irgendwo ein Bursche stehen, der auf einen Gong schlug.

«Und die Cops?»

Eddie sagte etwas zu Mei Ling.

«Er sagt, dies gehe die Polizei nichts an. Er sagt, es wäre allein eine Sache des Kwan Chang.»

«Es geht auch mich etwas an», sagte ich.

Mei Ling übersetzte. Eddie hörte zu und sah mich an.

«Nein», sagte er. «Sein chinesische Angelegenheit.»

«Ich respektiere Ihre Gefühle», sagte ich. «Aber es ist nicht nur eine chinesische Angelegenheit, es ist auch noch eine familiäre Angelegenheit.»

Mei Ling übersetzte.

«Mich müssen Sie allerdings auch verstehen. Ich bin Detektiv. Das mache ich, und was ich mache, definiert auch weitgehend, wer ich bin.»

Ich wartete auf Mei Ling. Eddie hörte zu und schwieg.

«Also wird jemand vor meinen Augen erschossen, und da ich nun mal Detektiv bin und alles, denke ich mir, ich sollte herausfinden, wer es getan hat.»

Mei Ling übersetzte. Fast Eddie hörte zu. Er hatte es nicht eilig. Soweit ich erkennen konnte, hatte er alle Zeit dieser Welt.

«Und ich komme nicht weiter. Ich werde bedroht, man schießt auf mich, man belügt mich, man trickst mich aus. Es gibt Schatten und Nicht-Schatten und Querverbindungen, von denen ich nichts weiß. Es kommt zu einer Entführung, die vielleicht gar keine Entführung ist, und alles, was ich kriege, sind Verblüffung, Beunruhigung und Verwirrung.»

Ich schwieg für Mei Ling.

«Ich weiß nicht, wie ich austricksen übersetzen soll», sagte sie.

«Reingelegt», sagte ich.

Sie übersetzte. Fast Eddie lächelte. Mit seinem schütteren, weißen Haar und der gelassenen Haltung wirkte er wie ein freundlicher alter Mann. Der er nicht war, wie ich wußte. Er sprach zu Mei Ling.

«Er sagt, er hat Mitleid mit Ihnen. Er versteht, wie frustrierend das alles sein muß. Er bedankt sich dafür, daß Sie seiner Schwester helfen.»

Ich nickte.

Fast Eddie sprach wieder.

«Aber Sie würden gut daran tun, den Mord an Mr. Wu ihm zu überlassen», sagte Mei Ling.

Ich schüttelte den Kopf.

«Nein», sagte ich. «Ich werde herausfinden, was hier los ist.»

Mei Ling und Fast Eddie redeten eine Weile.

«Er sagt, Sie kommen ihm wie ein harter Mann vor.»

«Sagen Sie ihm, man muß schon selbst einer sein, um einen zu erkennen», erwiderte ich.

Mei Ling sprach. Eddie hörte zu und lächelte. Er sah mich an.

«Ja», sagte er. «So ist es.»

Eddie zog ein Päckchen Lucky Strikes aus der Brusttasche seines Hemdes, klopfte eine heraus und steckte sie in seinen Mund. Er gab sich mit einem Zippo Feuer. Dann legte er die Hände wieder auf seine Knie und sah mich an. Von Zeit zu Zeit zog er an der Zigarette und stieß Rauch aus, ohne sie aus dem Mund zu nehmen. Davon abgesehen rührte er sich nicht.

«Ich weiß Bescheid über das Einschmuggeln von illegalen Einwanderern», sagte ich.

Mei Ling übersetzte. Eddie nahm die Neuigkeit gelassen auf.

«Und?» sagte er.

«Und hier ist mein Vorschlag», sagte ich. «Sie hören auf, Menschen ins Land zu schmuggeln. Ich halte den Mund gegenüber der Einwanderungsbehörde. Ich werde weiter herumstöbern, bis ich weiß, was zum Teufel hier los ist. Sie halten die Death Dragons an der kurzen Leine. Ich werde Sie auf dem laufenden halten.»

Mei Ling übersetzte. Fast Eddie saugte mehr Zigarettenqualm ein und stieß ihn wieder aus. Die Asche an seiner Zigarette wurde länger.

«Warum sollte ich auf Ihren Vorschlag eingehen?» fragte er.

«Weil es erheblich einfacher ist als zu versuchen, mich auszuschalten.»

Mei Ling übersetzte. Eddie Lee lächelte wieder und kniff ein Auge zu, als der Rauch seiner Zigarette vorbeizog.

«Sie glauben, Sie seien schwer zu töten?»

«Ja», sagte ich. «Sehr schwer.»

Eddie Lee kramte eine weitere Zigarette aus der Tasche und steckte sie an der Glut der ersten an, ließ die Kippe dann in eine kleine, mit Sand gefüllte Vase fallen und behielt die neue Zigarette in seinem Mundwinkel. Dann sah er mich an und sagte etwas auf chinesisch. Ich erwiderte seinen Blick, und als er fertig war, übersetzte Mei Ling.

«Er sagt, er ist ein vernünftiger Mann», sagte Mei Ling. «Er sagt, er erkennt, daß es Schwierigkeiten mit Ihren Freunden, von denen einige bei der Polizei sind, provozieren würde, wenn er Sie jetzt tötet. Er sagt, das bedeutet aber nicht, daß er Sie nicht doch töten könne, sondern vielmehr, daß er entschieden hat, es vorläufig nicht zu tun. Er sagt, der Menschenschmuggel wird nicht aufhören. Aber es wird in Port City aufhören. Und er sagt, wenn Sie ihn auf dem laufenden halten und keinen Ärger machen, dann können Sie mit Ihren Nachforschungen fortfahren. Kein Chinese wird Sie belästigen.»

«Weiß er etwas, das mir weiterhelfen könnte?» sagte ich.

Eddie Lee schüttelte den Kopf, bevor Mei Ling übersetzen konnte.
«Wissen Sie etwas über eine Frau namens Jocelyn Colby?»
Bei dieser Frage mußte Eddie Lee auf Mei Ling warten. Der Name verwirrte ihn wahrscheinlich. Als sie übersetzt hatte, schüttelte er den Kopf.
«Haben Sie den Namen schon mal gehört?»
Er schüttelte den Kopf.
«Wurde DeSpain von Lonnie geschmiert?» fragte ich.
«Ja», bestätigte Eddie Lee.
«Aber Sie wollen nicht, daß er in den Fall hineingezogen wird?»
Eddie Lee schaute Mei Ling an. Sie übersetzte. Eddie Lee schüttelte den Kopf.
«Sein chinesische Angelegenheit», sagte Eddie Lee. Dann lächelte er plötzlich. «Und Ihre», fügte er hinzu.

Kapitel 49

Hawk trug einen weißen Ledertrenchcoat und eine Pilotenbrille. Er lehnte an seinem weißen Jaguar, als ich mich mit ihm auf dem Parkplatz des *Holiday Inn* in Portsmouth Circle traf, direkt südlich der Brücke über den Piscataway River. Auf der anderen Seite der Brücke war bereits Maine. Es war kalt am Wasser, und Hawk hatte den Kragen aufgestellt.

«Ist ein bißchen weiter abgezwitschert, als wir dachten», sagte ich.

«Sie ist im ersten Stock hinten», sagte Hawk. «Vinnie ist hinter dem Haus und behält das Zimmer im Auge. Der einzige Weg hinaus führt durch die Lobby und diese Tür da.»

«Hattest du Schwierigkeiten mit dem Empfangschef?» fragte ich auf dem Weg zum Eingang.

«Nee. Hab dich aufmerksam beobachtet. Ich glaube, ich lerne.»

«Manchmal können einem Empfangschefs das Leben ganz schön schwermachen», sagte ich.

Wir betraten die kleine Lobby. Der Speiseraum lag rechts. Die Rezeption direkt geradeaus. Dahinter stand eine gutaussehende junge Schwarze mit großen Kreolen. Sie strahlte Hawk an. Er nickte ihr zu.

«Und manchmal nicht», murmelte ich.

Im ersten Stock sagte Hawk: «Nummer 208, hier unten rechts.»

«Hast du einen Hauptschlüssel?» fragte ich.

Hawk grinste und zog ihn aus der Tasche.

«'türlich hab ich», sagte er.

«Was hast du ihr erzählt?»

«Der Schwester unten an der Rezeption? Hab ihr erzählt, sie sei die aufregendste Frau, die ich je hatte», sagte er.

«Und?»

«Hab ihr gesagt, du wärst mein Chef, und es wär dein erster Hochzeitstag, und du wolltest deiner Frau eine nette kleine Überraschung machen.»

«Und du brauchst natürlich einen Schlüssel, um alles vorzubereiten.»

«Hm-hmh.»

«Und dann hast du wieder die Bemerkung fallenlassen, daß sie dir wahnsinnig viel bedeutet.»

«Hm-hmh.»

«Das schmeckt nach sexistischer Ausbeutung», sagte ich.

«Ja», meinte Hawk, «nicht wahr?»

Vor 208 blieben wir stehen. Hawk steckte den Schlüssel ins Schloß.

«Wenn sie die Kette vorgelegt hat, brechen wir sie gemeinsam auf», sagte ich.

Hawk nickte, drehte den Schlüssel und drückte. Die Tür öffnete sich gut zehn Zentimeter, wurde dann von einer Sicherheitskette aufgehalten.

«Wer ist da», fragte eine Frau.

Hawk straffte die Schultern und trat einen Schritt zurück.

«Bei drei», sagte ich. «Eins, zwei, drei.»

Wir krachten gleichzeitig gegen die Tür. Hawk mit der linken Schulter, ich mit der rechten. Die Sicherheitskette wurde aus dem Türrahmen gerissen, die Tür flog auf und krachte gegen die Wand. Schon waren wir bei Jocelyn im Zimmer.

Ich machte die Tür hinter uns zu.

Jocelyn Colby saß in Jeans und einem viel zu großen T-Shirt zurückgelehnt auf einem Kissen auf dem Bett. Der Fernseher lief, und auf ihrem Schoß lag aufgeschlagen eine *Elle*. Sie starrte uns mit offenem Mund an. Ich ging am Bett vorbei zum Fenster, schaute nach unten und winkte Vinnie vom Parkplatz hinter dem Motel herauf. Dann drehte ich mich um, plazierte mein Hinterteil an der Fensterbank, verschränkte die Arme und sah Jocelyn an.

«Wir sind gekommen, um Sie zu retten», sagte ich.

Jocelyn glotzte weiter mit offenem Mund. Dann machte sie ihn zu und schwang die Beine vom Bett.

«Oh, Gott sei Dank, daß Sie hier sind», sagte sie.

Sie stand auf, schmiegte sich an mich und schlang einen Arm um meine Taille. Ich sah Hawk an. Er grinste.

«Soll ich rausgehen?» fragte er.

Dann kam Vinnie herein. Der Kopfhörer des Walkmans hing um seinen Hals. Als er uns sah, schien er es sogar noch komischer zu finden als Hawk.

«Wirst du gebumst?» sagte er.

«Vinnie», sagte ich. «Du besitzt die Seele eines Poeten.»

«Longfellow», sagte er und kicherte leise vor sich hin. Das gefiel Hawk.

«Longfellow», wiederholte er. Und er und Vinnie lachten beide.

Jocelyn schien nichts davon mitzubekommen. Sie hielt den Kopf an meine Brust gedrückt und die Arme fest um mich gelegt.

«Gott sei Dank, Gott sei Dank, Sie haben mich gefunden.»

Ich nahm an, sie wollte nur Zeit schinden, während sie fieberhaft versuchte, sich eine Geschichte einfallen zu lassen.

Ich schaute mich unterdessen an ihr vorbei im Zimmer um. Der typische Motelstandard: beigefarbene Wände, Doppelbett mit beigefarbener Tagesdecke, Kommode mit Fernseher oben drauf, Bad und Kleiderschrank in einer Nische, Nachttisch mit beigefarbenem Telefon, Stuhl.

«Kann mal einer von euch Poeten den Kleiderschrank und die Kommode nach Spuren absuchen», sagte ich.

Immer noch glücklich über die Longfellow-Bemerkung, sahen beide nach. Hawk verschwand in der kombinierten Bad-/Schrank-Nische und kam mit einer auf ein Stativ montierten Videokamera wieder raus. Vinnie durchsuchte die Kommode und fand einen schwarzen Unterrock, einen weißen Seidenschal und ungefähr acht Meter Wäscheleine. Hawk schnappte sich den Stuhl und stellte ihn vor die leere Wand neben der Tür dem Fenster gegenüber. Die Videokamera auf ihrem Stativ stellte er ein, zwei Meter davor auf. Vinnie drapierte den schwarzen Unterrock und den weißen Schal über der Stuhllehne und legte die aufgewickelte Leine auf die Sitzfläche.

«Jocelyn», sagte ich.

Sie vergrub ihr Gesicht fester an meine Brust. Ich nahm ihre Oberarme und drückte sie auf Armeslänge von mir weg.

«Jocelyn», sagte ich. «Schluß jetzt mit der Scheiße.»

Sie begann zu weinen.

«Okay», sagte ich. «Gut. Und jetzt heb dein tränenüberströmtes Gesicht und schau mir flehend in die Augen.»

Sie trat zurück und sah uns alle drei an. Ich nutzte die Gelegenheit, um meinen Hintern von der Fensterbank zu hieven und mich hinzustellen.

«Eine Frau», sagte sie, «und drei Männer. Und die Männer stehen da und lachen. Ist das nicht wieder typisch?»

Ich hatte keine Ahnung, wie typisch das war, also ließ ich es dabei bewenden.

«Ist euch nicht klar, daß ich die Hölle durchgemacht habe?» fragte sie.

«Kann schon sein, daß Sie die Hölle durchgemacht haben, Jocelyn, aber gekidnappt worden sind Sie jedenfalls nicht.»

«Bin ich wohl», protestierte sie. Sie weinte jetzt heftiger, auch wenn es ihre Stimme nicht zu behindern schien.

Hawk verschwand ins Bad.

«Nee», sagte ich. «Sie haben sich mit Ihrer eigenen Kreditkarte in diesem Hotel angemeldet. Sie haben sich selbst an diesen Stuhl hier gefesselt und gefilmt, haben dabei ein altes Theaterplakat kopiert, auch wenn Ihnen das vielleicht gar nicht mal bewußt ist.»

Jocelyn wich einen weiteren Schritt zurück und ließ sich auf die Bettkante sinken. Hawk kam mit einer Handvoll Kleenex aus dem Bad zurück. Er reichte sie Jocelyn. Sie nahm sie mechanisch und hielt sie zusammengeknüllt in der Hand.

«Erzählen Sie mir davon», sagte ich.

«Wozu», sagte sie, während Tränen über ihr Gesicht rollten. «Sie glauben mir ja sowieso nicht.»

«Sie waren diejenige, die Christopholous nachgestellt hat, stimmt's?» sagte ich.

Sie vergrub das Gesicht in den Händen und schluchzte lauter. Zusätzlich zu den Tränen gab's jetzt auch noch Buh-huuuh.

«Sie waren in ihn verknallt, und er ist nicht darauf angesprungen, also sind Sie ihm überallhin gefolgt.»

Sie drehte sich um, warf sich aufs Bett, vergrub das Gesicht im Kopfkissen und schluchzte.

«Wir haben Zeit, Jocelyn. Müssen nirgendwo hin. Wenn Sie mit Heulen fertig sind, können Sie mir alles erzählen.»

Sie weinte lauter und vergrub ihren Kopf tiefer im Kissen. Hawk lehnte an der Wand und beobachtete Jocelyn, so wie man einen interessanten, aber emotional nicht sonderlich rührenden Film verfolgt. Vinnie hatte die Arme verschränkt, lehnte an der Tür und schaute quer durch das Zimmer aus dem Fenster. Die Kopfhörer saßen wieder auf seinen Ohren. Er hörte Musik. Jocelyns Fäuste waren geballt, die unbenutzten Kleenex immer noch von der rechten Faust umklammert. Dann begann sie auf die Matratze einzuhämmern. Und fing an zu strampeln. Nach einer Weile klang das Weinen allmählich ab. Das Hämmern hörte auf, und das Treten kam nur noch sporadisch. Sie fing an zu stöhnen – «Oh, Gott, oh, mein Gott» – und krümmte sich wie unter Schmerzen auf dem Bett. Und schließlich hörte auch das auf, und sie lag ganz still da, das Gesicht immer noch im Kissen, während ihr Atmen sich zu normalisieren begann. Sie brauchte mehr Luft, also hob sie den Kopf vom Kissen und drehte ihn fort von uns zum Fenster. Stille im Raum.

«Also, warum haben Sie sich selbst gekidnappt?» sagte ich.

Ich sah, wie Jocelyn über meine Frage und ihre Antwort nachdachte, und ich konnte sehen, wie ihr Körper in einer Art physiologischer Kapitulation erschlaffte.

«Sie würden mir ja sowieso nicht glauben», sagte Jocelyn. Ihre Stimme war zittrig. «Ich mußte Sie überzeugen, daß ich Hilfe brauchte.»

«Hilfe bei was?» sagte ich.

«Oh, Gott», sagte sie.

«Bei dem brauchen wir alle Hilfe», sagte ich. «Was noch.»

«Es ist, was...» Sie unterbrach sich und schnappte nach Luft. «...Es ist, was jede Frau braucht.»

«Die Liebe eines guten Mannes», sagte ich. Ich verfiel in ihre Sprachmuster.

«Genau», sagte sie. Den abschließenden Vokal zog sie in die Länge. «Sie waren alles, was ich mir je gewünscht habe, aber Sie hatten *sie*!»

Wie sie das *sie* aussprach, klang es, als hätte sie von Graf Dracula gesprochen.

«Susan», sagte ich.

«Ja. *Susan*. *Susan, Susan, Susan*. Es gibt immer irgendeine gottverdammte *Susan*.»

«Schöne Scheiße», sagte ich. «Hatte DeSpain auch eine Susan?»

Ihr ganzer Körper versteifte sich. Sie drehte mir den Kopf zu, rollte sich auf die Seite und sah mich an, als hätte ich unverständliches Zeug gebrabbelt.

«DeSpain?»

«Ja. Hatten Sie nicht was mit ihm in Framingham? Vor ungefähr zehn Jahren? Sie waren damals bei der Metro West Theater Group. Jemand hat Ihnen nachgestellt. DeSpain war der ermittelnde Polizeibeamte.»

Jocelyn setzte sich auf die Kante des zerwühlten Bettes. Ihre Augen waren gerötet und verquollen, die Tagesdecke hatte sich in ihrem Gesicht abgemalt. Sie zupfte an ihrem Haar, versuchte, ihr Äußeres wieder halbwegs in Schuß zu bekommen.

«An die Episode erinnere ich mich nur noch schwach», sagte sie.

«Obwohl doch ebenderselbe DeSpain heute Chief of Police in Port City ist, wo Sie arbeiten und leben, wenn Sie sich nicht gerade in Hotelzimmern fesseln?»

«Das ist etwas, das ich hinter mir gelassen habe. Es ist schon sehr lange her, und es war ausgesprochen unschön.»

«Er war verheiratet, richtig?»

«Ja. Mit einer grauenhaften Karikatur von Frau.»

«Und er hat sie Ihretwegen verlassen.»

«Er wollte mich, er brauchte mich.»

«Und was ist dann passiert?»

«Was meinen Sie damit?»

«Warum halten Sie heute nicht mehr Händchen mit DeSpain?» sagte ich.

Sie runzelte die Stirn.

«Ich hab's Ihnen doch schon mal gesagt», sagte sie. «Es ist aus.»

«Wie sich herausstellte, war er nicht alles, was Sie immer wollten? War er ein Schwein?»

Ich wartete. Sie sah mich an und an mir vorbei und an Hawk und Vinnie vorbei auf Dinge, die keiner von uns je gesehen hatte. Sie holte tief Luft und stieß sie mit einem langen Seufzer wieder aus.

«Ich wollte Liebe», sagte sie. «Er wollte Sex.»

«Diese Kombination wird nie funktionieren», sagte ich.

«Nein.»

Ich wartete wieder. Sie ließ sich nicht weiter darüber aus.

«Und wie kam's, daß Sie beide in Port City gelandet sind?» fragte ich.

«Ich bin hergekommen, um zu arbeiten», sagte sie.

«Und DeSpain?»

«Da werden Sie ihn schon selbst fragen müssen.»

«Wer hat Ihnen in Framingham nachgestellt?» sagte ich.

«Ich habe halbtags in einem Kinderheim gearbeitet», erklärte sie. «Mein Vorgesetzter hat mir nachgestellt.»

«Hat man ihn verurteilt?»

Sie lachte. Es war ein überraschendes Lachen, kehlig und humorlos.

«Das Männersystem verurteilt doch keinen der eigenen Art», sagte sie.

«Da scheint aber irgendwas nicht zu stimmen», sagte ich. «Eine Menge Burschen sitzen im Knast.»

«Sie wissen genau, was ich meine», sagte sie.

«Sicher.»

Wir schwiegen. Der Tag war inzwischen in den Spätnachmittag übergegangen. Das nach Osten führende Motelfenster bot einen Blick auf einen dunkler werdenden Parkplatz. Außer der Lampe neben dem Bett brannte kein Licht im Zimmer, und ihr gelblicher Schein ließ den Rest des Raumes nur noch grauer wirken.

«Erzählen Sie mir von Christopholous», sagte ich.

«Es ist nicht so, wie Sie meinen», sagte sie.

Ich sagte nichts. Ihre Stimme klang ruhig, und wenn auch noch recht kleinlaut, so gewann sie doch wieder Kraft. Ich erkannte, daß sie langsam an ihrer Vorstellung Gefallen fand. Im Mittelpunkt der Aufmerksamkeit dreier Männer begann sie es zu genießen.

«Wir waren total verrückt aufeinander», sagte sie. «Wir konnten uns so gerade eben noch bremsen, sonst wären wir uns in aller Öffentlichkeit in die Arme gefallen.»

«Warum sollten Sie sich nicht in aller Öffentlichkeit in die Arme fallen?» fragte ich.

«Er verging vor Leidenschaft», sagte Jocelyn. «Und ich liebte ihn mehr als mein Leben.»

«Aber jetzt nicht mehr?»

Lange Zeit sagte sie nichts.

«Es ist aus», antwortete sie schließlich.

«Weil?»

«Weil er jemand anderen gefunden hat», sagte sie.

«Eine andere Susan», sagte ich.

Jocelyn nickte langsam, um viel Nachdruck hineinzulegen.

«Genau», sagte sie. «Eine andere gottverdammte Susan.»

«Kannten Sie sie?»

Jocelyn schüttelte den Kopf.

«Aber es mußte eine andere sein, stimmt's?»

«Er hat mich angebetet», sagte sie, «bis irgendeine Schlampe ihre Krallen in ihn geschlagen hat.»

«Also mußten Sie ihm überallhin folgen, um herauszufinden, wer es war.»

Jocelyn nickte energisch.

«Und um in seiner Nähe zu sein. Um ihn ansehen zu können, wenn auch nur von weitem. Um für ihn da zu sein, falls er mich brauchte.»

«War schon in Ordnung, daß sich der Mistkerl ein bißchen unbehaglich fühlte», sagte ich.

«Der Bastard», sagte Jocelyn.

«Sind Sie dahintergekommen, wer die Susan war?» sagte ich.

«Ich hab sie nie zusammen erwischt», sagte Jocelyn. «Aber ich hatte so meinen Verdacht. Wie sie immer miteinander getuschelt haben, wie sie ihn immer angesehen hat. Wie sie eine Besprechung des Vorstands früher verließ oder zu spät zu einer Aufführung kam. Und er war nicht in seinem Büro, genau wie sie nicht immer dort war, wo sie angeblich sein sollte. Ich hatte so meinen Verdacht.»

Das Herz in meiner Brust fühlte sich an wie ein Stein. Ich sah genau, worauf wir hier zusteuerten.

«Rikki Wu», sagte ich.

«Absolut», sagte Jocelyn. «Sie hatte ihre Haken bis zu den Knochen in ihn geschlagen.»

«Also haben Sie einen anonymen Anruf gemacht», sagte ich.

Sie schien ein wenig überrascht.

«So einen wie auch an Susan bezüglich meiner Wenigkeit», sagte ich.

Sie sah noch überraschter aus.

«Sie haben Lonnie Wu angerufen und angedeutet, seine Frau würde mit anderen Männern rummachen.»

«Sie mußte aufgehalten werden», sagte Jocelyn. «Er war alles, was ich jemals wollte.»

Der Ausdruck war so was wie ein Paßwort. Ihre Augen leuchteten, und ihr Gesicht war leicht gerötet. Ihre Zungenspitze bebte auf ihrer Unterlippe. Eine Menge *Ers* waren schon alles gewesen, was sie jemals wollte. Ich war nicht sicher, ob sie genau wußte, von welchem *Er* sie gerade sprach.

«Jesus Christus», sagte Hawk hinter mir.

Ohne mich umzudrehen, nickte ich ein *Ja*.

«Also hat Lonnie sich um die Sache gekümmert und herausgefunden, daß Sie recht hatten. Seine Frau machte Blödsinn, aber nicht mit Christopholous. Wen hat sie gebumst, Hawk?»

«Craig Sampson», antwortete Hawk.

«Bingo», sagte ich.

«Also hat Lonnie eines seiner Kids losgeschickt», sagte Hawk, «und hat ihn ausschalten lassen.»

«Gerade als er den Refrain von ‹Lucky in Love› anstimmte», sagte ich. «Die Symbolik muß Lonnie gefallen haben.»

«Besser jedenfalls als Sampson», meinte Hawk.

Der Raum war still. Wir drei standen da und sahen Jocelyn an. Draußen war das letzte Tageslicht verschwunden. In dem dunkel gewordenen Zimmer wurde nur Jocelyns Gesicht von der Nachttischlampe beleuchtet. Ich sah es lange an. Hübsch auf eine verschwommene Art, nicht das Aussehen einer Hauptdarstellerin, sondern jemand, der vielleicht die Hausangestellte spielte oder die Freundin des Gangsters. Nicht sehr alt, nicht sehr smart. Harmlos, meistens leer, ein ausdrucksloses Gesicht, auf dessen leere Fassade das Leben nicht die Spur von Erfahrung gegraben hatte. Sie hatte nie etwas Handfestes erlebt. Sie hatte ein Leben stereotyper Fixierungen geführt. Falls sie irgend etwas dabei empfand, wie sich die Dinge entwickelt hatten, dann ging dieses Gefühl zumindest nicht sonderlich tief. Selbst ihre Obsessionen wirkten oberflächlich... Sie stieß einen langgezogenen Seufzer aus.

«Wissen Sie, was so tragisch ist?» sagte sie. «Nach allem, was ich getan habe, nach allem, was ich durchgemacht habe, bin ich immer noch allein.»

Ich sagte nichts. Es gab nichts zu sagen. Ich sah einfach nur ihr nichtssagendes, leeres, verständnisloses Gesicht an, bodenlos in der ständigen Beschäftigung nur mit sich selbst, das Gesicht eines Monsters.

«Packen Sie Ihren Kram zusammen», sagte ich zu Jocelyn. «Wir gehen.»

Einen Augenblick lang schien sie sich aus einem Tagtraum zu reißen und starrte uns in dem dunklen Zimmer an, als hätte sie nicht gewußt, daß wir zu dritt waren. Alles, was sie tat, schien vor einer laufenden Kamera getan zu werden. Vinnie ging zum Kleiderschrank, nahm ihren Koffer heraus und öffnete ihn für sie auf dem Bett. Er deutete darauf. Achselzuckend riß sie sich zusammen, stand auf und fing an, ihre Sachen zu packen.

«Hast du eine Idee, wer Lonnie umgelegt hat?» fragte Hawk. In der Dunkelheit war er auf unsichtbare Weise anwesend, lehnte immer noch bewegungslos an der Wand.

«Ja.»

«Und es gefällt dir nicht besonders.»

«Nein.»

«Besonders viele Alternativen bleiben nicht», sagte Hawk.

«Nicht viele», sagte ich.

«Also fahren wir wieder nach Port City», sagte Hawk.

«Ja.»

«Was machen wir mit Norma Desmond?» fragte Hawk.

«Wir nehmen sie mit. Vielleicht erweist sie sich als nützlich.»

«Sicher», sagte Hawk. «Es gibt für alles ein erstes Mal.»

Kapitel 50

Ich war im Polizeirevier von Port City, in DeSpains Büro, und die Tür war geschlossen. DeSpain hatte gerötete Augen und sah fertig aus, wie er dort hinter seinem Schreibtisch saß. Er beugte den Kopf nach vorn und begann, sich mit der linken Hand den Nacken zu massieren.

«Ich habe Jocelyn Colby gefunden», sagte ich.

Er hörte auf zu massieren, hielt aber den Kopf nach vorn geneigt.

«Ist sie okay?» fragte er. Seine Stimme klang rauh, so als hätte er sie aus einem finsteren Loch hochgeschleift.

«Sie ist unverletzt», sagte ich.

«Gut.»

Eine Zeitlang saßen wir schweigend da. DeSpain schaute immer noch nach unten, seine linke Hand lag bewegungslos auf seinem Nakken. Aus dem Großraumbüro fiel Licht durch die Milchglastür in DeSpains Büro. Auf dem Schreibtisch brannte die Tischleuchte mit dem grünen Schirm. Also war es nicht dunkel im Raum. Aber es war schattig und wirkte wie alle Büros bei Nacht, selbst die von Cops.

«Sie hat die Entführung vorgetäuscht», sagte ich nach einer Weile.

DeSpain dachte einen Moment darüber nach, schaute dann langsam auf, die linke Hand immer noch auf dem Nacken, während sich die dicken Finger in die Muskeln vergruben.

«Oh, Scheiße», sagte er.

«Genau», sagte ich.

Ich griff in die Innentasche meiner Jacke und zog den Umschlag mit DeSpains Personalakte heraus, den Healy mir gegeben hatte. Ich warf ihn zwischen uns auf den Schreibtisch. DeSpain senkte seinen Blick darauf, sah den Absender Department of Public Safety. Er nahm den Umschlag in die Hand, ganz langsam, zog die Hand aus dem Nacken fort, ganz langsam, öffnete den Umschlag, ganz langsam, nahm die Akte heraus, faltete sie auseinander und las sie, ganz langsam. Wir hatten es nicht eilig, DeSpain und ich. Port City war ewig, und es gab keinen Grund zur Eile. Sorgfältig studierte DeSpain die Fotokopie seiner Akte bei der State Police sowie die beigefügte Kopie der Anzeige wegen sexueller Belästigung, die von Herrn Rechtsanwalt Victor Quagliosi im Auftrag seiner Mandantin Jocelyn Colby eingereicht worden war. Er las, obwohl er es wahrscheinlich auswendig kannte, sein ebenfalls beigefügtes Abschiedsgesuch. Als er fertig war, strich er die Unterlagen glatt, faltete sie dann sorgfältig wieder so, wie sie gewesen waren, und steckte sie in den Umschlag. Den Umschlag schob er mir über den Schreibtisch zu. Ich nahm ihn und verstaute ihn wieder in der Jackentasche. DeSpain lehnte sich auf seinem Drehstuhl zurück, verschränkte die Arme und sah mich an.

«Und?»

«Wollen Sie über Jocelyn reden?» fragte ich.

«Was gibt's da groß zu sagen?»

«Sie ist verrückt», sagte ich.

«Ja», sagte DeSpain, und dabei schien seine Stimme immer noch von einem Ort ganz weit unten heraufzupoltern. «Das ist sie.»

Ich sagte nichts. DeSpain sah mich an. Tiefe Furchen verliefen von den Nasenflügeln zu den Mundwinkeln. Ich hörte sein langsames Ein- und Ausatmen. Er nahm die Arme auseinander und stützte das Kinn auf der linken Hand ab, den Ellbogen auf der Lehne des Stuhls, den Daumen unter dem Kinn, den Knöchel des Zeigefingers an die Oberlippe gedrückt. Er blies die Wangen auf und stieß in kurzen Intervallen Luft durch die leicht geschlossenen Lippen aus.

Es machte leise, ploppende Geräusche.

«Sie war schon verrückt, als ich sie kennengelernt habe», sagte De-

Spain. «Nur daß ich es damals noch nicht wußte. Sie wirkt nicht verrückt, wissen Sie.»

«Ich weiß.»

«Ich war verheiratet», sagte DeSpain. «Hatte erwachsene Kinder. Meine Frau trank ein bißchen, mochte ein paar Schlückchen vor dem Abendessen. Auf Parties artete es manchmal etwas aus, aber wir kamen miteinander zurecht. Und dann kommt da diese kleine Braut mit ihrer Geschichte, daß ihr jemand nachstellt, und ich muß den Fall übernehmen.»

DeSpain schüttelte den Kopf. In dem schattenhaften Zimmer wirkten seine Augen wie zwei dunkle Winkel, eingegraben unter seiner Stirn.

«Und... Herr im Himmel. Sie befühlt meine Muskeln, will meine Kanone sehen, will wissen, ob ich schon jemanden umgebracht habe und wie's gewesen ist, und ob ich mich um sie kümmern würde, und dann hat sie ihre kleinen Titten an mich rangeschoben und zu mir aufgeschaut, und so was ist mir mein ganzes Leben noch nicht passiert. Die zweite Nacht arbeite ich an dem Fall, und schon waren wir im Bett, und sie war ein Vulkan. Meine Alte hat's immer in ihrem Flanellnachthemd gemacht, verstehen Sie? Mit fest zugedrückten Augen.»

«Was war mit dem Schatten?» sagte ich.

«Der Fall war ein Haufen Bockmist», sagte DeSpain. «Der Typ hat ihr nicht nachgestellt. Sie hat ihn angemacht, und er hat ihr einen Korb gegeben, und dann hat sie sich alles aus den Fingern gesogen.»

«Das hat Sie nicht gewarnt?» fragte ich.

«Wenn sie mir in den Bauch geschossen hätte, wär das auch noch keine Warnung gewesen», sagte DeSpain. «Ich konnte nicht genug von ihr bekommen.»

«Also haben Sie Ihre Frau abserviert.»

«Ja. Weiß nicht mal, wo sie heute steckt. Was aus ihr geworden ist. Die Kinder weigern sich, mit mir zu sprechen.»

Er schwieg und lehnte sich zurück. Er preßte die Hände zusammen und betrachtete sie, als sähe er sie zum erstenmal. Dann begann er sie langsam zu reiben, lehnte sich beim Sprechen zurück, so daß ich jetzt nicht mehr von ihm sehen konnte als die Hände, die sich langsam im Schein der Lampe rieben.

«Der Vorgesetzte aus dem Kinderheim, der ihr, wie sie behauptet, nachgestellt hat, drohte damit, sie wegen Verleumdung zu verklagen, also bin ich hin und hab ihn ein bißchen in die Mangel genommen, verstehen Sie, um ihn davon abzuhalten, und der Dreckskerl besorgt sich einen Anwalt und rennt schnurstracks zu meinem Chef.»

«Der Dreckskerl», sagte ich.

«Ja, also mein Chef konnte ihn beruhigen. Hat irgendein Übereinkommen getroffen, von dem nichts in die Papiere gekommen ist, und ich mußte gehen. Mein Chef mochte mich, aber ihm blieb keine andere Wahl.»

In dem dunklen Raum klang DeSpains Stimme, als spräche er durch ein rostiges Rohr.

«Aber Sie hatten ja immer noch Jocelyn», sagte ich.

«Ja. Sobald ich allerdings zu ihr zog...» Er zuckte mit den Achseln. «Sie verlor das Interesse. Sagte zu mir, ich sei nur ein Tier, nur auf Sex aus wie ein schmutziges Tier. Eines Tages bin ich dann nach Hause gekommen, und sie war nicht mehr da. Kein Abschiedsbrief, kein Danke-für-die-schönen-Stunden.»

«Sie waren keine verbotene Frucht mehr», sagte ich.

«Sicher», erwiderte DeSpain. «Aber ich wußte immer noch, wie man ein Cop ist. Es war kein Problem, sie zu finden. Also bin ich auch hergekommen. Mein alter Chef kannte hier oben ein paar Leute. Sie brauchten einen neuen Chief. Mein alter Chef rührte für mich die Werbetrommel.»

«Um in ihrer Nähe zu sein.»

DeSpain sagte nichts. Die Hände im Schein der Lampe bewegten sich nicht mehr. Hinter ihm durch das Fenster sah ich einen kleinen Blitz über den Himmel zucken. Das Gewitter war so weit fort, daß ich das Donnern nicht hörte.

«Und Lonnie Wu?» sagte ich. «Wann haben Sie sich mit Lonnie Wu zusammengetan?»

«Ich habe sie nie belästigt», sagte DeSpain.

Nun beugte er sich vor, schob das Gesicht zurück ins Licht, während seine fleischigen Hände immer noch aneinandergedrückt auf dem Schreibtisch lagen.

«Manchmal hab ich sie mir in einem dieser bescheuerten, beschissenen Stücke angesehen, bei denen sie mitmachte», sagte er. «Sie konnte nicht den Furz schauspielern. Aber ich bin ihr nie zu nahe getreten. Ich wußte einfach nur irgendwie gern, wo sie war, wollte in der Nähe sein, falls sie vielleicht mal Hilfe brauchte oder so.»

«Lonnie?» wiederholte ich.

«Beschissenes Schlitzauge», sagte DeSpain. «Hat Chinesen ins Land geschmuggelt. Das ging schon ziemlich lange so. Als die Textilindustrie hier den Bach runterging, sattelten die Leute auf dem Berg, denen die Webereien gehörten, auf Fischverarbeitung um. Sie brauchten billige Arbeitskräfte.»

«Also blieben die meisten illegal eingeschmuggelten Chinesen hier?»

«Zunächst, ja, dann waren alle Jobs in den Fischfabriken vergeben. Lonnie schmuggelte Nachschub für Leute ins Land, die starben oder genug gespart hatten, um sich aus dem Staub zu machen, oder umgebracht wurden, weil sie mit der Zahlung ihrer Schulden für die Reise im Rückstand waren. Die anderen schleuste er nach Boston weiter, und das *tong* brachte sie dann irgendwo unter.»

«Kwan Chang», sagte ich.

DeSpain nickte.

«Lonnie war Fast Eddie Lees Schwager», sagte ich.

«Ich wußte, daß er gute Verbindungen hatte», sagte DeSpain.

«Und Ihnen hat er Geld gegeben, damit Sie beide Augen zudrückten.»

«Ja.»

«Sie wissen, wer Sampson umgebracht hat?» fragte ich.

«Ja.»

«Wissen Sie auch, warum?»

«Er hat mit Rikki Wu rumgemacht.»

«Wissen Sie, wie er dahintergekommen ist?» sagte ich.

«Jocelyn hat's ihm erzählt», sagte DeSpain.

«Wissen Sie auch, warum Sie es ihm erzählt hat?»

«Wahrscheinlich war sie hinter Sampson her», sagte DeSpain. «Hat mich nie weiter interessiert.»

«Sie war hinter Christopholous her», sagte ich. «Sie dachte, Rikki stünde ihr im Weg.»

Eine Weile sagte DeSpain nichts.

«Also die richtige Braut, der falsche Bursche», sagte er schließlich. «Warum hat sie die Entführung vorgetäuscht?»

«Um meine Aufmerksamkeit zu bekommen», sagte ich.

«Sie war auch hinter Ihnen her?» fragte DeSpain.

«Ich war an der Reihe.»

DeSpain ließ sich nach hinten sacken und blieb so sitzen, der Körper entspannt, die Arme schlaff, die Hände unbeweglich auf dem Schoß.

Er sagte nichts. Ich auch nicht. Hinter ihm zuckte wieder ein Blitz auf, und danach war, weit entfernt und nicht besonders laut, ein Donnern zu hören.

«Sie dachten, Lonnie hätte sie kassiert, stimmt's?» sagte ich.

DeSpain schwieg.

«Sie dachten, weil sie ihm von Sampson erzählt hatte, würde sie auch wissen, daß Lonnie hinter dem Mord steckte, und jetzt wollte er sie zum Schweigen bringen.»

DeSpain starrte immer noch auf irgendeinen Punkt am Rande des Lichtscheins.

«Ich dachte, sie würde ihn erpressen», sagte DeSpain.

«Hätte zu ihr gepaßt.»

«Und er würde sie nicht einfach umlegen?»

«Er wußte Bescheid über sie und mich. Er wußte, daß er nicht ungeschoren damit durchkommen würde, wenn er sie umbrachte. Ich dachte, er hätte sie entführt und wollte irgendwas mit mir aushandeln.»

«Also sind Sie losgezogen, haben ihn sich geschnappt und raus nach Brant Island geschleift. Dort haben Sie versucht, aus ihm herauszuprügeln, wo sie steckte», sagte ich.

DeSpain rührte sich nicht und blieb stumm.

«Außer, natürlich, daß er es nicht wußte», sagte ich.

Draußen blitzte es wieder, beleuchtete einen stroboskopischen Augenblick die auf dem Parkplatz stehenden Streifenwagen, und dann kam das Donnern, viel schneller jetzt, und Regen begann gegen DeSpains Fensterscheibe zu prasseln.

«Also haben Sie ihn totgeschlagen», sagte ich.

Darüber dachte DeSpain sehr lange nach, die Hände absolut still vor ihm im Lichtkegel auf dem Schreibtisch.

«Ja», sagte DeSpain schließlich, «das habe ich.»

Kapitel 51

Es regnete inzwischen stark, und dicke, silbrig glänzende Tropfen spülten in Strömen über DeSpains Fenster, wenn es blitzte.

«Haben Sie sie mitgebracht?» fragte DeSpain.

«Sie ist bei Hawk und Vinnie», sagte ich, drüben im *Puffin' Muffin*.»

«Ich möchte sie sehen.»

«Darf ich telefonieren?» fragte ich.

Er deutete mit dem Kopf auf das Telefon. Ich stand auf, nahm den Hörer ab und rief Healy an.

«Ich glaube, Sie sollten besser herkommen», sagte ich zu Healy. «Der Port City Police Chief hat gerade eben einen Mord gestanden. Ich bin in seinem Büro.»

«Ich will sie sehen», sagte DeSpain.

Ich nickte, während Healy sprach.

«Healy möchte mit Ihnen reden», sagte ich.

DeSpain schüttelte den Kopf.

«Er will nicht mit Ihnen reden», sagte ich in den Hörer. «Sie finden uns in einem Lokal namens *Puffin' Muffin* in der Passage am Port City Theater.»

DeSpain war bereits aufgestanden, als ich auflegte, und ging zur Tür. Ich folgte ihm. Was so ziemlich genau das war, was ich getan hatte, seit ich nach Port City gekommen war, ich war einfach nur immer irgendwem hinterhergehinkt, ungefähr zehn Schritte hinter dem, was hier wirklich abging. DeSpain durchquerte das Revier, ohne ein Wort an irgendwen zu richten, ging durch den Vordereingang hinaus und die Stufen hinunter. Es regnete heftiger, als wir ins Freie kamen. Wir bogen links auf die Ocean Street ein und marschierten zum Theater. Ich trug meine Lederjacke und die White-Sox-Baseballkappe. DeSpain hatte nichts auf dem Kopf und auch keine Jacke an. Der Regen glitzerte auf dem Knauf seiner Dienstwaffe, die hinten auf der rechten Hüfte an seinem Gürtel steckte. Wir waren noch keine fünf Schritte gegangen, da war sein Haar schon an den Schädel geklatscht. Es schien ihm nichts auszumachen. Meine Jacke war offen, und mein Hemd wurde naß, aber ich wollte den Reißverschluß über meiner Kanone nicht hochziehen.

Jocelyn saß mit dem Gesicht zur Tür, als wir hereinkamen. Hawk saß neben ihr, und Vinnie stand an der Theke und besorgte Kaffee. Neben ihnen auf dem Boden standen Einkaufstüten. Hawk lehnte sich auf seinem Stuhl leicht zurück, damit seine Jacke aufsprang. An der Theke stellte Vinnie die Kaffeetasse ab und drehte sich zu uns um. Er stand bewegungslos da, die Jacke offen, die Schultern gelockert. Die Kellnerin mit den blonden Haaren und der süßen Uniform warf DeSpain einen nervösen Blick zu und verzog sich schnell ans andere Ende der Theke.

DeSpain ging sofort zu Jocelyn und blieb vor ihr stehen. Sie sah ihn an, wie man ein schmutziges, triebhaftes Tier anschaut. Einen Augenblick lang musterte er ihr Gesicht, als sehe er jemanden, den er zu kennen glaubte, ohne sich aber ganz sicher zu sein. Hawk warf mir einen fragenden Blick zu. Ich gab ihm zu verstehen, nichts zu unternehmen. Hawk sah wieder DeSpain an.

«Du blutrünstige kleine Fotze», sagte DeSpain ruhig und schlug ihr hart ins Gesicht. Der Schlag schleuderte sie vom Stuhl und warf sie auf den Boden. Hawk war aufgesprungen und stellte sich zwischen sie.

«Geh mir aus dem Weg», sagte DeSpain.

Hawk rührte sich nicht.

«DeSpain», sagte ich.

Er versuchte, an Hawk vorbeizukommen, doch Hawk schob sich wieder vor ihn. Ich stellte mich dicht hinter ihn.

«DeSpain», sagte ich.

Draußen krachte ein Blitz, und gleichzeitig donnerte es. DeSpain drehte sich kurz zu mir um. Dann sah er Hawk an, wirbelte plötzlich herum und trat von uns allen fort. Seine Hand schwebte in der Nähe der Hüfte.

«Ich mußte es tun. Es war's wert», sagte er.

Jocelyn war auf dem Boden geblieben, lag auf der Seite, das Gesicht verständnislos vor Entsetzen. Blut tropfte aus ihrer Nase.

«Jetzt ist es vorbei», sagte ich.

«Ist Healy unterwegs?» fragte DeSpain.

«Er schickt ein paar Leute von den Topsfield Barracks.»

DeSpain nickte. Sein Gesicht war immer noch feucht vom Regen, seine Haare klatschnaß, sein durchnäßtes Hemd klebte an seinem Körper. Plötzlich lächelte er das alte, wölfische Lächeln.

«Gottverdammt, das hat mir gefallen», sagte er. «Sie hat's verdient, und noch verdammt viel mehr.»

«Dagegen kann ich nichts sagen», sagte ich. «Aber ich kann nicht zulassen, daß Sie's noch mal machen.»

«Macht nichts», sagte DeSpain. «Einmal reicht.»

Er grinste mich an.

«Glauben Sie, Sie können mich hier für Healy festhalten?»

«Ja», sagte ich. «Ich glaube, das können wir.»

DeSpain griff langsam nach hinten und löste den Sicherheitsverschluß an seinem Holster. Das Lächeln wurde noch breiter, erinnerte noch mehr an einen Wolf. Die Stimme war wieder kräftig, und die

Augen, die immer noch tief in ihren Höhlen lagen, schienen beinahe zu glühen.

«Wollen doch mal sehen», sagte DeSpain. «Ich gehe jetzt. Wenn jemand versucht, mich aufzuhalten, knalle ich ihn ab.»

«Wir sind zu dritt, DeSpain. Das ist Selbstmord.»

«Ja.» DeSpains Grinsen wurde noch breiter. «Vielleicht haben Sie mich noch nie schießen sehen.»

Er bewegte sich Richtung Tür, ich schob mich davor, und DeSpain zog seine Kanone. Er hatte sie halb aus dem Holster, als Vinnie ihn erschoß. Vier Schüsse, genau in die Brust, so schnell hintereinander, daß es sich wie ein einziger Schuß anhörte. DeSpain stolperte drei Schritte zurück, ging langsam zu Boden und fiel nach hinten auf den Rücken. Das Korn seiner Pistole steckte immer noch im Holster. Ich sah Hawk an. Er und ich hatten gezogen. Ich ließ meine Kanone ins Holster zurückgleiten und hockte mich neben DeSpain. Ich tastete seinen Hals ab. Kein Puls. Ich warf einen Blick auf seine Brust. Vinnie hatte seine Schüsse so plaziert, daß man alle vier mit einer Spielkarte abdecken konnte. Ich schaute zu Jocelyn hinüber; sie hatte sich inzwischen aufgerichtet, saß immer noch auf dem Boden, umklammerte ihre Knie. Ihre Augen glänzten, und ihre Zungenspitze zuckte über die Unterlippe. Ich stand auf. Vinnie hatte seine Kanone weggesteckt. Er nahm seine Tasse von der Theke und trank einen Schluck Kaffee. Alle anderen Gäste des Restaurants lagen flach auf dem Boden.

«Es ist vorbei, Leute», sagte ich. «Die State Police ist schon unterwegs.»

Keiner rührte sich. Ich sah Vinnie an.

«Schnell», sagte ich.

Vinnie nickte.

«Sehr», sagte er.

Hawk griff nach unten und zog Jocelyn auf die Beine.

«Das Tier», sagte sie leise. «Er hat mich geschlagen. Ich bin froh, daß er tot ist!»

«Halt's Maul», sagte Hawk.

Jocelyn wollte noch etwas sagen, sah Hawk an, bremste sich und schwieg. Ich stand auf und starrte eine Weile zu DeSpain hinab. Einer der hartesten Typen, denen ich je begegnet war. Ich warf Hawk einen Blick zu. Auch er sah DeSpain an.

«Das kurze, glückliche Leben», sagte ich, «von Francis Macomber.»[5]

Kapitel 52

An einem strahlend blauen, windstillen Novembertag mit Temperaturen zwischen fünf und zehn Grad hatte ich gerade die letzte Verandatür in den neuen Anbau des Hauses in Concord eingesetzt, als Hawks Jaguar in die Zufahrt einbog.

«Ich hab Mittagessen besorgt», sagte Hawk, als er aus seinem Jaguar stieg, herumging und Mei Ling die Beifahrertür öffnete. «Wir sind in Chinatown gewesen, und Mei Ling hat bestellt.»

«Keine Hühnerfüße», sagte ich. «Wir mögen keine Hühnerfüße.»

«Amerikaner sind ziemlich komisch», sagte Mei Ling.

Sie trug eine sehr große Einkaufstüte. Pearl the Wonder Dog, stets wachsam, nahm natürlich sofort die Witterung auf und schnüffelte stürmisch. Mei Ling sah nervös aus.

«Was für ein Hund ist das?» fragte sie.

«Pearl mag es nicht, Hund genannt zu werden», sagte Hawk.

Er hob Pearl auf die Arme und ließ sich von ihr eine Weile das Gesicht ablecken, bis Mei Ling das Essen sicher ins Haus gebracht hatte.

Es war schon zu sehr Herbst, um noch draußen essen zu können, daher stand der Campingtisch jetzt drinnen, an einer Stelle, die eines schönen Tages einmal ein Eßzimmer sein würde. Susan und Mei Ling räumten die Werkzeuge fort, breiteten das blaue Tischtuch aus und begannen, das chinesische Essen auszupacken. Hawk ging zum Kühlschrank, der direkt neben der Tischsäge stand, machte ihn auf und nahm zwei Rolling Rock mit den langen Flaschenhälsen heraus. Er reichte mir eins, und wir stellten uns etwas abseits und tranken. Hawk war fürs Land angezogen. Schwarze Jeans, weißes Seidenhemd, anthrazitbraunes Tweed-Kaschmir-Sakko und teure Cowboystiefel.

«Kommst du gerade von einem Tangowettbewerb?» erkundigte ich mich.

«Ich und Mei Ling haben uns, äh, von unserem Port-City-Martyrium erholt.»

«Essen ist fertig», rief Susan.

Wir setzten uns. Pearl strich um den Tisch, suchte nach einer Chance. Wir hatten Pappteller und reichten die vielen Kartons herum. Es war eine exotische Auswahl asiatischer Kochkunst, wovon ich nicht alles erkannte. Hawk und ich tranken einige Biere. Susan und Mei Ling tranken Wein. Ich vermutete, daß damit die Arbeit für heute beendet war.

«Was passiert nun mit Jocelyn?» fragte Mei Ling.

«Nicht genug», sagte Hawk.

«Kann man sie wegen Irreführung der Polizei vor Gericht stellen?» fragte Susan.

«Du meinst die Entführung?»

«Ja.»

«Nein. Sie hat nichts anderes getan, als mir ein Video zu schicken, auf dem sie vortäuscht, gefesselt zu sein. Healy arbeitet mit dem Staatsanwalt an einer Anzeige wegen strafbarer Verabredung, aber sie sind nicht sicher, ob sie damit durchkommen.»

«Auf die eine oder andere Art ist sie für drei Todesfälle verantwortlich», sagte Susan.

«Ja», sagte ich. «Sie hat in Port City grassiert wie ein Virus.»

«Wenigstens haben Sie das Einschmuggeln illegaler Einwanderer unterbunden», sagte Mei Ling.

Sie saß neben Hawk auf der Bank vor dem Campingtisch. Sie saß sehr dicht neben ihm und sah ihn ununterbrochen an. Er lächelte sie an.

«Er hat's nicht unterbunden. Es läuft jetzt nur woanders», sagte er.

«Natürlich, das stimmt. Alle Chinesen wissen, was sich ändern kann und was nicht», sagte Mei Ling.

«Also kommt sie vielleicht ungeschoren davon.»

«Vielleicht», sagte ich.

Ich gab Pearl ein Schweinebällchen und nahm mir selbst auch eins. Ich trank einen Schluck Bier.

«Während einerseits eine Bestrafung befriedigend wäre», sagte Susan, «braucht sie natürlich andererseits in Wirklichkeit eine Therapie.»

«Unwahrscheinlich, daß sie eine haben möchte», sagte ich.

«Dann wird sie noch mehr Schaden anrichten», sagte Susan.

«Vielleicht hat Vinnie den falschen erschossen», sagte ich.

Susan sah mich einen Augenblick lang sehr ernst an und dachte darüber nach.

«Auch die Amerikaner müssen lernen», sagte Susan und lächelte Mei Ling an, «was sich ändern kann und was nicht, vermute ich.»

«Vielleicht kann ich sie überreden, zu dir zu kommen und sich mit dir zu unterhalten», sagte ich.

«Ich hoffe es», sagte Susan.

«Aber vielleicht kann ich's nicht.»

«Solange du nur weiterhin kommst, Tootsie», sagte Susan. «Das genügt schon.»

Mei Ling klaubte mit Stäbchen ein Shrimpsbällchen von ihrem Teller und bot es Hawk an. Er öffnete den Mund, und sie ließ es hineinfallen. Was Pearl sehr aufmerksam beobachtete. Sie ging hinüber und legte ihren Kopf auf Mei Lings Schoß. Mei Ling sah ein wenig ängstlich aus, nahm aber ein weiteres Shrimpsbällchen und fütterte Pearl damit. Ich schaute Susan über den Tisch hinweg an und spürte, wie die bedrückende Atmosphäre Port City's langsam wich.

«Ja», sagte ich. «Das genügt schon.»

Anhang

1 William Shakespeare: Die Sonette, 73; *That time of year thou mayst in me behold, When yellow leaves, or none, or few, do hang, Upon those boughs which shake against the cold, Bare ruin'd choirs, where late the sweet birds sang.* (...)
2 William Shakespeare: Wie es euch gefällt, 2. Akt, 7. Szene, Jaques; (...) *All the world's a stage, And all the men and women merely players* (...)
3 Diese und die folgende Anmerkung beziehen sich auf: William Shakespeare: Macbeth, 5. Akt, 5. Szene, Macbeth; (...) *Life's but a walking shadow, a poor player, that struts and frets his hour upon the stage, and then is heard no more; it is a tale told by an idiot, full of sound and fury, signifying nothing.* (:)
4 Bei diesem Satz handelt es sich um ein leicht modifiziertes Mischzitat aus William Shakespeare: Wie es euch gefällt, 2. Akt, 7. Szene, Jaques; (...) *All the world's a stage, And all the men and women* (Parker benutzt hier *people*) *merely players* (...)
und
William Shakespeare: Macbeth, 5. Akt, 5. Szene, Macbeth; (...) *Life's but a walking shadow, a poor player, that struts and frets his hour upon the stage* (...)

Zitiert nach den deutschen Übersetzungen von Hanno Helbling (*Die Sonette*, Zürich: Manesse, 1993), Barbara Rojahn-Deyk (*Macbeth*; Stuttgart: Reclam, 1991) und August Wilhelm von Schlegel (*Wie es euch gefällt*, Stuttgart: Reclam, 1990).
5 «The Short Happy Life of Francis Macomber», Kurzgeschichte von Ernest Hemingway

Serientäter

Larry Beinhart
Priester waschen weißer
(thriller 3043)
Tony Cassella schlüpft in die Rolle eines irischen Priesters um den Tod von Wendy Tavetian und einem Japaner aufzuklären.
Zahltag für Cassella
(thriller 2932)
Bei Privat Eye Tony Cassella steht eine Steuerprüfung an. Genau in dem Augenblick, als er genügend Beweismaterial gegen den Justizminister persönlich zusammen hat...

K. C. Constantine
Ein unbeschriebenes Blatt
Ein Fall für Mario Balzic
(thriller 2776)
«Constantine ist ein wunderbarer Autor. Lang lebe Polizeichef Balzic!»
New York Times
Blues für Mario Balzic
(thriller 3002)
Schwere Zeiten für Mario Balzic: ein Mord geschieht, seine Mutter wurde mit einem Schlaganfall ins Krankenhaus eingeliefert und seine Frau hat wenig Verständnis für sein Pflichtbewußtsein.

William Krasner
Opfer einer Razzia
(thriller 3001)
Organisiertes Verbrechen + illegales Glücksspiel = Unmoral & Prostitution - Charley Hagen, Partner von Detective Captain Sam Brige, zieht wieder einmal voreilige Schlüsse.
Die letzte Tat des Mr. Goodman
(thriller 2937)

Jean-Bernard Pouy
Sprengsatz aus der Vergangenheit
(thriller 3021)
Der Schlüssel zur Affäre
(thriller 2977)

Schwarze Beute
Stories von berühmten Autoren und neuen Talenten finden sich in den thriller-Magazinen und immer wieder – Shock, Thrill and Fun.
thriller–Magazin 5
Herausgegeben von Norbert Klugmann und Peter Mathews
(thriller 2969)
thriller–Magazin 6
Herausgegeben von Janwillem van de Wetering
(thriller 3000)
thriller-Magazin 8
Herausgegeben von Maj Sjöwall
(thriller 3093)

Die Reihe *rororo thriller* wird herausgegeben von Bernd Jost. Ein Gesamtverzeichnis aller lieferbaren Titel finden Sie in der *Rowohlt Revue*. Jedes Vierteljahr neu. Kostenlos in Ihrer Buchhandlung.

rororo thriller

Crime Ladies

«Es liegt in der Tradition des Kriminalromans, daß Frauen bessere Morde erfinden. Aber warum? Diese Frage kann einen wirklich um den Schlaf bringen!»
Milena Moser in «Annabelle»

Patricia Highsmith
Venedig kann sehr kalt sein
(thriller 2202)
Peggy liegt eines Morgens tot in der Badewanne. Niemand zweifelt, daß sie sich selbst die Schlagader aufgeschnitten hat. Nur für den Vater ist klar: der Ehemann muß schuldig sein...
«Unter den Großen der Kriminalliteratur ist Patricia Highsmith die edelste.»
Die Zeit

Nancy Livingston
Ihr Auftritt, Mr. Pringle!
(thriller 2904)
Pringle vermißt eine Leiche
(thriller 3035)
«Wer treffenden, sarkastischen, teils tief eingeschwärzten Humor und exzentrische Milieus schätzt, komm mit Privatdetektiv G.D.H. Pringle, einem pensionierten Steuerbeamten, der die Kunst liebt, ganz auf seine Kosten.»
Westdeutscher Rundfunk

Anne D. LeClaire
Die Ehre der Väter
(thriller 2902)
Herr, leite mich in Deiner Gerechtigkeit
(thriller 2783)
Peter Thorpe zieht an die Küste von Maine und hat zum erstenmal in seinem Leben den Eindruck ehrlichen, rechtschaffenen Menschen zu begegnen. Hier gibt es keine Lügner, Diebe, Mörder. Oder doch?

Jen Green (Hg.)
Morgen bring ich ihn um! *Ladies in Crime I - Stories*
(thriller 2962)
Diese Anthologie von sechzehn Kriminalgeschichten von Amanda Cross über Sarah Paretsky bis Barbara Wilson zeigt in Stil und Humor die breite schriftstellerische Palette der Autorinnen.

Jutta Schwarz (Hg.)
Je eher, desto Tot *Ladies in Crime II - Stories*
(thriller 3027)

Irene Rodrian
Strandgrab
(thriller 3014)
Eine Anzeige verführt so manches Rentnerpaar, die Ersparnisse in ein traumhaftes Wohnprojekt im sonnigen Süden zu investieren. Sie können ja nicht ahnen, daß sie nicht nur ihr Geld verlieren, sondern auch ihr Leben aufs Spiel setzen.
Tod in St. Pauli *Kriminalroman*
(thriller 3052)
Schlaf, Bübchen, schlaf
(thriller 2935)

rororo thriller

Janwillem van de Wetering

«Seine Helden sind eigensinnig wie Maigret, verrückt wie die Marx-Brothers und grenzenlos melancholisch: Der holländische Krimiautor **Janwillem van de Wetering**, der mitten in den einsamen Wäldern des US-Bundesstaats Maine lebt, schreibt mörderische Romane als philosophische Traktate.»
Die Zeit

Der blonde Affe
(thriller 2495)

Der Commissaris fährt zur Kur
(thriller 2653)

Eine Tote gibt Auskunft
(thriller 2442)

Der Feind aus alten Tagen
(thriller 2797)

Inspektor Saitos kleine Erleuchtung
(thriller 2766)

Die Katze von Brigadier de Gier
Kriminalstories
(thriller 2693)

Ketchup, Karate und die Folgen
(thriller 2601)

«... ein hochkarätiger Cocktail aus Spannung und Witz, aus einfühlsamen Charakterstudien und dreisten Persiflagen.»
Norddeutscher Rundfunk

Massaker in Maine
(thriller 2503)

Kuh fängt Hase *Stories*
(thriller 3017)

Outsider in Amsterdam
(thriller 2744)

Rattenfang
(thriller 2744)

Der Schmetterlingsjäger
(thriller 2646)

So etwas passiert doch nicht!
Stories
(thriller 2915)

Ticket nach Tokio
(thriller 2483)
«Dieses Taschenbuch macht süchtig: nach weiteren Krimis von Janwillem van de Wetering und nach Japan.»
Südwestfunk

Tod eines Straßenhändlers
(thriller 2464)

Der Tote am Deich
(thriller 2451)

Drachen und tote Gesichter
Japanische Kriminalstories 1
(thriller 3036)

Totenkopf und Kimono
Japanische Kriminalstories 2
(thriller 3062)

Jerry Oster

Jerry Oster arbeitete viele Jahre als Journalist und Filmkritiker in New York, bevor er begann, Bücher zu schreiben. Die *New York Times* bezeichnet ihn als den besten Krimiautor der letzten Jahre.

Saint Mike
(thriller 2924)
Susan Van Meter ist ein Undercover-Narco. Deckname: Saint Mike. Ihr Mann hat an einem brisanten Fall gearbeitet, bis er von einer unbekannten Schönen eiskalt hingerichtet wurde. Saint Mike muß diesen Fall aufklären.

Death Story
(thriller 3011)
Herzschuß. Der Mittelfinger ist abgetrennt und steckt im Mund der Leiche. An der Wand prangt kryptisch das Graffiti: Raleigh... Kein leichter Job für Joe Cullen, denn er muß gegen Kollegen ermitteln.

Violent Love
(thriller 3037)
Die New Yorker Intellektuellen-Schickeria trägt eine der Ihren zu Grabe, es ist die brutal ermordete Maklerin Karin Justice... Ein neuer Fall für Detective Joe Cullen.

Nowhere Man
(thriller 2925)
Der dritte Gedanke des Joggers war sein letzter, denn das, was die Gestalt ihm entgegenhielt, war kein wertloses Schmuckstück, auch keine Hand, die ihn stoppen wollte, sondern eine Pistole. Die Kugel schlug ein Loch in seine Stirn und beendete das Denken...

Dschungelkampf
(thriller 2773)
In der U-Bahn stirbt Carlos Pabon mit einem Loch in der Stirn. Die Zeitungen reden vom «Samariter-Killer», denn Pabon war ein mieser und kaputter streetboy. Weitere Morde passieren. Detective Jake Neumann und sein Partner setzen sich auf die Spur...

rororo thriller wird herausgegen von Bernd Jost. Ein Gesamtverzeichnis der Reihe finden Sie in der *Rowohlt Revue*. Jedes Vierteljahr neu. Kostenlos in Ihrer Buchhandlung.

Tony Hillerman

«Bei **Tony Hillerman** wird das Erkunden fremder Welten zum Abenteuertrip. Nach wie vor gibt es keinen aufregenderen Weg, die Kultur und die Denkweise der Navajos und Pueblos kennenzulernen, als Tony Hillermans Kriminalromane, in denen endlich einmal nicht nur tote Indianer gute Indianer sind.»
Hannoversche Allgemeine Zeitung

Die Wanze
(thriller 2897)
Vorwahlkampf in einem US-Bundesstaat. Erst stürzt ein Reporter im Capitol in den Tod, dann wird ein zweiter Opfer eines angeblichen Verkehrsunfalls. Der Journalist Joseph Cotton hat zunächst nur eines im Sinn – sein eigenes Leben zu retten...
«Eine Mordsgeschichte.»
Darmstädter Echo

Der Wind des Bösen
(thriller 2849)
Ein Privatflugzeug stürzt im Reservat der Hopi- und Navajo-Indianer in New Mexico ab. Offenbar ist bei einer Schmuggelaktion mit Rauschgift etwas schiefgelaufen. Im Flugzeugwrack findet Navajo-Polizist Jim Chee einen Toten und einen sterbenden Mann... «eine faszinierende Story, gut geschrieben und spannend bis zum letzten Buchstaben.»
Norddeutscher Rundfunk

Wolf ohne Fährte
(thriller 3022)
Neuauflage des lange vergriffenen Erfolgs-Thrillers. Der erste Ethnokrimi von Tony Hillerman (1970).

Tod der Maulwürfe
(thriller 2853)
Während Chee redete, kurz die Tat, den Mörder und dessen Pistole beschrieb und hinzufügte, daß der Mann vermutlich mit einem neuen, grün-weißen Plymouth unterwegs wäre, tastete er mit der linken Hand das Haar der Schwester ab. Knapp unter dem Rand der Haube entdeckte er ein kleines, kreisrundes Loch...

Wer die Vergangenheit stiehlt
(thriller 2931)

Das Labyrinth der Geister
(thriller 2857)

rororo thriller wird herausgegeben von Bernd Jost. Ein Gesamtverzeichnis der Reihe finden Sie in der *Rowohlt Revue*. Jedes Vierteljahr neu. Kostenlos in Ihrer Buchhandlung.